Karin Heidenstecker-Menke

Die Bestandsgarantie völkerrechtlicher Verträge im österreichischen und deutschen Recht

VERÖFFENTLICHUNGEN
DES INSTITUTS FÜR INTERNATIONALES RECHT
AN DER UNIVERSITÄT KIEL

Herausgegeben von

Jost Delbrück · Wilhelm A. Kewenig · Rüdiger Wolfrum

98

Die Bestandsgarantie völkerrechtlicher Verträge im österreichischen und deutschen Recht

Eine rechtsvergleichende Untersuchung

Von

Karin Heidenstecker-Menke

DUNCKER & HUMBLOT / BERLIN

CIP-Kurztitelaufnahme der Deutschen Bibliothek

Heidenstecker-Menke, Karin:
Die Bestandsgarantie völkerrechtlicher Verträge im österreichischen und deutschen Recht: e. rechtsvgl. Unters. / von Karin Heidenstecker-Menke. — Berlin: Duncker u. Humblot, 1987.
(Veröffentlichungen des Instituts für Internationales Recht an der Universität Kiel; 98)
ISBN 3-428-06253-1

NE: Institut für Internationales Recht (Kiel): Veröffentlichungen des Instituts . . .

Satz und Druck: Vollbehr u. Strobel, Kiel
Printed in Germany
ISBN 3-428-06253-1

Inhaltsverzeichnis

Abkürzungsverzeichnis

a.A.	=	anderer Auffassung
a.a.O.	=	am angegebenen Ort
Abs.	=	Absatz
a.F.	=	alte Fassung
AJIL	=	American Journal of International Law
Anm.	=	Anmerkung
AnwBl.	=	Anwaltsblatt
AöR	=	Archiv des öffentlichen Rechts
Appl.	=	Application (an die Europäische Menschenrechtskommission)
Art.	=	Artikel
Aufl.	=	Auflage
AVG	=	Österreichisches Allgemeines Verwaltungsverfahrensgesetz
BayVBl.	=	Bayerische Verwaltungsblätter
BayVerfGH	=	Bayerischer Verfassungsgerichtshof
BB	=	Betriebs-Berater
Bd.	=	Band
BFHE	=	Sammlung der Entscheidungen und Gutachten des Bundesfinanzhofs
BG	=	Bundesgesetz
BGB	=	Bürgerliches Gesetzbuch
BGBl.	=	Bundesgesetzblatt
BGHSt	=	Entscheidungen des Bundesgerichtshofs in Strafsachen
BGHZ	=	Entscheidungen des Bundesgerichtshofs in Zivilsachen
BlgNR	=	Beilagen zu den Stenographischen Protokollen des Nationalrats
BR-Drucks.	=	Verhandlungen des Bundesrates, Drucksachen
BT-Drucks.	=	Verhandlungen des Deutschen Bundestags, Drucksachen
BVerfG	=	Bundesverfassungsgericht
BVerfGE	=	Entscheidungen des Bundesverfassungsgerichts
BVerfGG	=	Gesetz über das Bundesverfassungsgericht
BVerwGE	=	Entscheidungen des Bundesverwaltungsgerichts
ders.	=	derselbe
DGV	=	Deutsche Gesellschaft für Völkerrecht
DÖV	=	Die öffentliche Verwaltung
DVBl.	=	Deutsches Verwaltungsblatt
EB.	=	Erläuternde Bemerkungen
ebd.	=	ebenda
EFTA	=	Europäische Freihandelsassoziation
EG	=	Europäische Gemeinschaft
EGMR	=	Europäischer Gerichtshof für Menschenrechte
EGMRE	=	Golsong / Petzold / Furrer, Entscheidungen des Europäischen Gerichtshofs für Menschenrechte, 3 Bände
EGVG	=	Einführungsgesetz zu den Verwaltungsverfahrensgesetzen
EKMR	=	Europäische Kommission für Menschenrechte
EMRK	=	(Europäische) Konvention zum Schutze der Grundfreiheiten und der Menschenrechte
Erl.	=	Erläuterungen
EuGRZ	=	Europäische Grundrechte Zeitschrift

EvBl. = Evidenzblatt der Rechtsmittelentscheidungen der Österreichischen Juristen-Zeitung

f., ff. = folgende (Seite) / (Seiten)
FamRZ = Zeitschrift für das gesamte Familienrecht
FN = Fußnote

GATT = General Agreement on Tariffs and Trade
GG = Grundgesetz
GP = Gesetzesperiode

H = Heft
Hrsg. = Herausgeber

i. S. = im Sinne
i. V. m. = in Verbindung mit

JBl. = Juristische Blätter
JöR = Jahrbuch des öffentlichen Rechts
JurBüro = Das juristische Büro
JZ = Juristenzeitung

KG = Kammergericht
LG = Landgericht

lit. = Litera
LSK = Leitsatzkartei der Österreichischen Juristen-Zeitung

MDR = Monatsschrift für Deutsches Recht
MRK = Menschenrechtskonvention
m. w. Hinw. = mit weiteren Hinweisen
m. w. Nachw. = mit weiteren Nachweisen

n.F. = neue Fassung
NJW = Neue Juristische Wochenschrift
Nr. = Nummer

ö = österreichisch
ÖJT = Österreichischer Juristentag
ÖJZ = Österreichische Juristen-Zeitung
öRGBl. = österreichisches Reichsgesetzblatt
ÖZÖR (V) = Österreichische Zeitschrift für Öffentliches Recht, ab 1978: (und Völkerrecht)
ÖZW = Österreichische Zeitschrift für Wirtschaftsrecht
OGH = Oberster Gerichtshof
OLG = Oberlandesgericht

RdA = Recht der Arbeit
Rdnr. = Randnummer
RGZ = Entscheidungen des Reichsgerichts in Zivilsachen
RV = Regierungsvorlage

s. = siehe
S. = Seite
s. a. = siehe auch
Serie A = Amtliche Sammlung der Entscheidungen des Europäischen Gerichtshofs für Menschenrechte
sog. = sogenannt
StGBl. = Staatsgesetzblatt
StGG = Staatsgrundgesetz über die allgemeinen Rechte der Staatsbürger

u. a.	=	unter anderem
UN	=	United Nations
UNO	=	United Nations Organization
VerwRspr.	=	Verwaltungsrechtsprechung
VfGH	=	Verfassungsgerichtshof
VfGH Slg.	=	Amtliche Sammlung der Erkenntnisse und Beschlüsse des Verfassungsgerichtshofs
vgl.	=	vergleiche
VN	=	Vereinte Nationen
VVDStRL	=	Veröffentlichungen der Vereinigung der Deutschen Staatsrechtslehrer
VwGH	=	Verwaltungsgerichtshof
VwGH Slg.	=	Erkenntnisse und Beschlüsse des Verwaltungsgerichtshofs
WRV	=	Weimarer Reichsverfassung
WVRK	=	Wiener Konvention über das Recht der Verträge
ZaöRV	=	Zeitschrift für ausländisches öffentliches Recht und Völkerrecht
z. B.	=	zum Beispiel
ZfV	=	Zeitschrift für Verwaltung
Ziff.	=	Ziffer
ZP	=	Zusatzprotokoll
ZVR	=	Zeitschrift für Völkerrecht

Einleitung

Nach den Empfehlungen der Enquete-Kommission Verfassungsreform zum Thema ‚Internationale Probleme' hat es bisher keine Korrektur der grundgesetzlichen Bestimmungen zum völkerrechtlichen Vertragsrecht gegeben. Trotzdem ist die Diskussion des Verhältnisses von innerstaatlichem Recht zu den internationalen Verträgen nicht verstummt. Die Anwendung des Grundsatzes „lex posterior derogat legi priori" auf völkerrechtliche Verträge in Gesetzesrang wird weiterhin als unbefriedigend empfunden. Allerdings ist dem Gesetzgeber der Wille zur völkerrechtskonformen Rechtsetzung zu unterstellen. Kommt es dennoch ungewollt zum Widerspruch zwischen nationalem und internationalem Recht, so wird der verfassungsrechtliche Grundsatz der Völkerrechtsfreundlichkeit bemüht, um den Normenkonflikt zugunsten des Völkerrechts zu lösen. Daneben wird die internationale Vorschrift als lex specialis gewertet, um die Normenkollision auszuräumen. Unabhängig von der völkerrechtsfreundlichen Grundhaltung der deutschen Rechtsordnung ist die lex posterior-Regel geltendes Recht und bewirkt die Derogation der internationalen durch eine spätere deutsche ranggleiche Rechtsregel.

Die Zunahme begrenzt mehrseitiger und universeller normsetzender internationaler Verträge und damit korrespondierend ein sich wandelndes Souveränitätsverständnis sind deshalb der Anlaß, das Verhältnis der völkerrechtlichen Vereinbarungen zur nationalen Rechtsordnung erneut zu überdenken. Die wechselseitige Verflechtung von nationalem und internationalem Recht, insbesondere die sich häufig deckenden oder zumindest überschneidenden Regelungsbereiche könnten es erforderlich machen, ihr Verhältnis zueinander neu zu gestalten.

Das österreichische Verfassungsrecht trägt der internationalen Rechtsentwicklung Rechnung, indem es bestimmte völkerrechtliche Verträge der nationalen Verfassung gleichstellt. Aufgrund der gefestigten Rechtsposition innerhalb der österreichischen Rechtsordnung sind sie der Verfügung des staatlichen Gesetzgebers entzogen. Eine Übertragung dieser Verfassungsrechtslage auf das deutsche Recht könnte den Bestand der völkerrechtlichen Verträge langfristig sichern. Da eine entsprechende Neuregelung weitgehende rechtliche und rechtspolitische Konsequenzen nach sich zöge, wird die österreichische Rechtslage zu dieser Frage exemplarisch untersucht und bildet den Ausgangspunkt einer Diskussion über die Möglichkeit einer entsprechenden Grundgesetzänderung.

1. Teil

Ausgewählte Probleme der Eingliederung völkerrechtlicher Verträge in das deutsche Recht

A. Die Stellung des völkerrechtlichen Vertrages im deutschen Recht

I. Art. 59 GG als rechtliche Grundlage

Art. 59 GG regelt im Bereich der auswärtigen Gewalt die völkerrechtliche Vertretung des Bundes sowie die Mitwirkungsrechte der gesetzgebenden Körperschaften des Bundes beim Abschluß völkerrechtlicher Verträge. Absatz 1 stattet den Bundespräsidenten mit der Vertretungsbefugnis aus, die Bundesrepublik Deutschland als Ganzes gegenüber anderen Völkerrechtssubjekten nach außen zu vertreten, während Absatz 2 für den innerstaatlichen Raum die Rechtsgültigkeit der einzelnen völkerrechtlichen Vertretungsakte an die Zustimmung anderer Verfassungsorgane bindet. Dieser Zustimmung der gesetzgebenden Körperschaften als Abschluß innerstaatlicher Willensbildung kommt eine dreifache rechtliche Bedeutung zu.

1. *Ermächtigung des Bundespräsidenten*

Zum einen ermächtigt die parlamentarische Zustimmung in Form eines Gesetzes den Bundespräsidenten zur Ratifikation eines bestimmten völkerrechtlichen Vertrages.

2. *Parlamentarische Kontrolle*

Weiter beinhaltet die Notwendigkeit der parlamentarischen Mitwirkung eine Kontrolle der Legislative über die Exekutive. Das Prinzip der Regierungskontrolle durch den Bundestag und gegebenenfalls durch den Bundesrat bei der Gestaltung der außenpolitischen Beziehungen tritt bei der Bewertung des Vertragsgesetzes für die in Art. 59 Abs. 2 S. 1 GG genannten Vertragsformen wieder deutlicher in den Vordergrund.[1] Darüber hinaus wird die erforderliche Zustimmung aufgrund der aktiven

[1] *Jarass*, Die Erklärung von Vorbehalten zu völkerrechtlichen Verträgen, in: DÖV, Bd. 28 (1975), 121; *Rojahn*, in: *v. Münch*, Art. 59 GG Rdnr. 38.

Teilnahme des Parlaments an der völkerrechtlichen Willensbildung als eine Ergänzung des Mißtrauensvotums (Art. 67 GG) empfunden, weil diese Sanktionsmaßnahme diejenigen außenpolitischen Regierungsakte unberührt läßt, die auf den Abschluß eines völkerrechtlichen Vertrages gerichtet sind.[2] Bei Verträgen, die sich auf Gegenstände der Bundesgesetzgebung in Abgrenzung zur Bundesverwaltung beziehen[3], tritt zum Prinzip der Regierungskontrolle die weitere Kompetenz des Bundestages, sein Gesetzgebungsmonopol.[4] Mit dem Erfordernis der Zustimmung in Form eines Gesetzes will der Gesetzgeber verhindern, daß völkerrechtliche Verträge mangels Gesetzesbeschluß innerstaatlich nicht vollzogen werden können und daß über einen internationalen Vertragsschluß verfassungsrechtliche Kompetenzen des Gesetzgebers von der Bundesregierung übergangen werden.

3. *Übernahme in das innerstaatliche Recht*

Schließlich liegt die rechtliche Bedeutung der parlamentarischen Mitwirkung in der Integration der völkerrechtlichen Verträge in die deutsche Rechtsordnung. Die Zustimmung in Gesetzesform ist gleichzeitig ein Akt der Rechtsetzung, soweit sich der Vertragsinhalt mit Gegenständen der Gesetzgebung deckt. Die Einbeziehung als Bestandteil des Bundesrechts begründet einmal die innerstaatliche Geltung; das heißt, ein Vertrag kann im nationalen Bereich Rechtswirkungen entfalten. Ob das Vertragsgesetz aber gleichzeitig auch nur solche Bestimmungen zur Rechtsanwendung freigibt, die den einzelnen oder staatliche Organe unmittelbar berechtigen oder verpflichten[5], muß jeweils gesondert ermittelt werden. Unterschiedliche Beurteilung findet die Frage im Zusammenhang mit dem Vertragsgesetz, wo der Geltungsgrund eines völkerrechtlichen Vertrages für das deutsche Recht anzusiedeln ist: Nach der Transformationstheorie[6], in der Tradition des Dualismus stehend[7], wird der Vertragsinhalt Bestandteil des Zustimmungsgesetzes und mittels dieses Transformators in eine innerstaatliche Rechtsquelle umgewandelt. Demgegenüber sieht die Vollzugslehre[8], sowohl mit dem Dualismus als auch mit einem monisti-

---

[2] *Bayer*, Die Aufhebung völkerrechtlicher Verträge im deutschen parlamentarischen Regierungssystem, Köln/Berlin 1969, 171.

[3] s. BVerfGE 1, 372, 388 f.

[4] *Jarass* (FN 1), 120.

[5] *Stern*, Das Staatsrecht der Bundesrepublik Deutschland, Bd. I, 2. Aufl., München 1984, 505 f.

[6] *Bleckmann*, Grundgesetz und Völkerrecht, Berlin 1975, 290; *Rudolf*, Völkerrecht und deutsches Recht, Tübingen 1967, 205 ff.

[7] *Anzilotti*, Lehrbuch des Völkerrechts, Bd. 1, Berlin 1929, 36 ff.; *Triepel*, Völkerrecht und Landesrecht, Leipzig 1899, 8 f., 111; *Walz*, Völkerrecht und staatliches Recht, Stuttgart 1933, 260 f.

[8] *Boehmer*, Der völkerrechtliche Vertrag im deutschen Recht, Köln/Berlin 1965, 45 f.; *Partsch*, Die Anwendung des Völkerrechts im innerstaatlichen Recht, in: Bericht DGV 6 (1964), 13 ff.

schen Weltbild[9] vereinbar, in dem Vertragsgesetz einen Anwendungsbefehl für die innerstaatliche Vollziehung, ohne daß der Geltungsgrund und der Systemzusammenhang vom Völkerrecht gelöst werden. Unabhängig von diesen rechtstheoretischen Auseinandersetzungen ordnen beide Ansichten die mit dem Vertragsgesetz übernommenen Bestimmungen in den Rang von Bundesgesetzen ein, wenn auch mit unterschiedlicher Begründung. Die Transformationstheorie bestimmt den Rang nach dem Zustimmungsgesetz[10], das die völkerrechtliche Norm inhaltlich in eine solche des staatlichen Rechts umwandele. Die Vollzugslehre leitet den Gesetzesrang aus dem Rang des Vollzugsbefehls ab, den die Rechtsunterworfenen als Gesetzesbeschluß wie jedes andere Gesetz zu befolgen hätten.[11] Auch die deutsche Rechtsprechung wendet solche völkerrechtlichen Bestimmungen wie Bundesgesetze an.[12]

Die Folge der Eingliederung des völkerrechtlichen Vertrages in das staatliche Recht durch ein Vertragsgesetz ist, daß dieses Gegenstand der Prüfung der Verfassungsmäßigkeit durch das Bundesverfassungsgericht sein kann. Eine gerichtliche Entscheidung kann bereits vor Inkrafttreten erwirkt werden, um das Eingehen einer verfassungswidrigen völkerrechtlichen Verpflichtung zu verhindern.

B. Die Bestandsgarantie völkerrechtlicher Verträge im deutschen Recht

I. Die lex posterior-Regel

Für völkerrechtliche Verträge mit normativem Inhalt stellt sich die Frage nach der Sicherung ihres Bestandes nach Aufnahme in die deutsche Rechtsordnung. Als in Gesetzesrang stehend können Vertragsbestimmungen von einer späteren ranggleichen Norm verdrängt werden[13], wenn sie für denselben Sachverhalt eine widersprechende Rechtsfolge anordnen. Die vom Gesetzgeber regelmäßig unbeabsichtigte Aufhebung gründet auf seinem Willen, dem jeweils jüngeren Gesetzgebungsakt den Vorrang einzuräumen. Die Verdrängung der älteren Norm erfolgt durch die Derogationsregel „lex posterior derogat legi priori", deren Inhalt als Kollisionsregel Bestandteil der Rechtsordnung ist. Allerdings wird die lex posterior-Regel aus unterschiedlichen rechtstheoretischen Grundlagen

---

[9] *Kelsen*, Reine Rechtslehre, 2. Aufl., Wien 1960, 328 ff.; *Verdross*, Völkerrecht, 5. Aufl., Wien 1964, 113 f.

[10] *Bleckmann* (FN 6), 277.

[11] *Boehmer* (FN 8), 67.

[12] BVerfGE 1, 396, 410; 29, 348, 360; BGHZ 26, 200, 202; BVerwGE 52, 313, 334; s. a. *Dürig*, in, *Maunz / Dürig / Herzog*, Art. 1 Abs. 2 GG Rdnr. 58.

[13] OLG Bremen, NJW 1960, 1265 f.; *Rojahn*, in: *v. Münch*, Art. 59 GG Rdnr. 43.

abgeleitet. So versteht man den lex posterior-Grundsatz als „sich aus der immanenten Logik der Normen ergebende Regel"[14]. Gegen die Heranziehung einer auf die Rechtslogik gegründeten ungeschriebenen Norm wendet sich *Merkl*. Nach seinem Rechtsverständnis muß die Verfassung als oberste Rechtserzeugungsnorm auch Regelungen der Aufhebung oder Abänderung einmal gesetzten Rechts enthalten.[15] Da eine ausdrückliche Derogationsregel in den Verfassungen nicht verankert ist, wird aus der Ermächtigung zur Rechtsetzung auch die Legitimation begründet, bereits bestehende ranggleiche Normen abzuändern.[16] Im Ergebnis bleibt somit kein Widerspruch.

Aufgrund der Übernahme der völkerrechtlichen Verträge in Gesetzesform bildet die Kollisionsregel eine Gefahr für den Bestand der innerstaatlich geltenden Vertragsartikel, soweit sie sich inhaltlich mit der Gesetzgebungskompetenz des Bundes überschneiden. Spätere innerstaatliche Gesetze können den völkerrechtlichen Vertragsbestimmungen ihre innerstaatliche Rechtsverbindlichkeit nehmen.

II. Die praktischen Auswirkungen der lex posterior-Regel

1. *Die Ausschaltung der Kollisionsregel durch den Gesetzgeber*

Für die Zukunft drohende Kollisionen zwischen nationalen und internationalen Rechtsnormen im deutschen Recht hat der Gesetzgeber in Einzelfällen zu umgehen versucht, indem er zum einen in typischerweise mit völkerrechtlichen Verträgen kollidierenden Gesetzen ausdrücklich den Vorrang bestimmter Vertragsgruppen ausgesprochen hat. § 2 Abgabenordnung und § 55 Abs. 3 Ausländergesetz geben den völkerrechtlichen Verträgen den Vorrang, die inhaltlich den Regelungen der Abgabenordnung bzw. des Ausländergesetzes widersprechen.[17] Zum anderen hat sich der Gesetzgeber in den meisten Niederlassungsverträgen die Anwendung bestimmter nationaler Gesetze vorbehalten. Beachtet werden muß allerdings in diesem Zusammenhang, daß diese mögliche Kollisionen regelnden Bestimmungen lediglich eine Selbstbindung des Gesetzgebers darstellen.

---

[14] *Forsthoff*, Die Umbildung des Verfassungsgesetzes, in: *Barion / Forsthoff / Weber* (Hrsg.), Festschrift für *Schmitt*, Berlin 1959, 38 FN 5; *Kelsen*, Reichsgesetz und Landesgesetz nach österreichischer Verfassung, in: AöR, Bd. 32 (1914), 206.

[15] *Merkl*, Die Rechtseinheit des österreichischen Staates, in: AöR, Bd. 37 (1918), 75 ff.; später ihm folgend *Kelsen* (FN 9), 210, 280 ff.; zum Teil wird die lex posterior-Regel auch als „apriorisch" angesehen, so: *Hensel*, in: *Anschütz/Thoma* (Hrsg.), Handbuch des deutschen Staatsrechts, Bd. II, Tübingen 1932, 314.

[16] *Bydlinski*, Juristische Methodenlehre und Rechtsbegriff, Wien 1982, 574.

[17] s. a. § 27 Gesetz über die Kontrolle von Kriegswaffen; Art. 3 Abs. 2 EGBGB.

2. *Die Kollisionsfälle zwischen internationalen und nationalen Rechtsvorschriften*

Obwohl der deutsche Gesetzgeber bei nationalen Gesetzen mit internationale Verträge berührenden Regelungsinhalten versucht, den Normenkonflikt zu regeln, kommt es trotzdem als Folge des internationalen Bedürfnisses nach umfassenden Kodifikationen zu weiteren Kollisionen. Durch ein immer dichter werdendes Netz von internationalen Bestimmungen sind Berührungspunkte mit originärem staatlichen Recht nicht selten. Völkerrechtliche Verträge normieren in zunehmendem Maße Rechtsmaterien, die bislang dem innerstaatlichen Recht vorbehalten blieben.

Das Gesetz zur Änderung der Strafprozeßordnung und des Gerichtsverfassungsgesetzes vom 19. 12. 1964[18] löste den Widerspruch zwischen der Strafprozeßordnung[19] und der 1952 in das deutsche Recht aufgenommenen EMRK[20]. In zwei Entscheidungen hatte die Europäische Kommission für Menschenrechte[21] zuvor einen Verstoß gegen Art. 6 Abs. 1 S. 1 EMRK darin gesehen, daß einem in Haft befindlichen Angeklagten im Revisionsverfahren ein Pflichtverteidiger verweigert worden war.

Eine Kollision mit der EMRK, diesmal ausgelöst durch ein späteres innerstaatliches Gesetz, das Kostenänderungsgesetz von 1975, beseitigte das Gesetz zur Änderung der Bundesgebührenordnung der Rechtsanwälte von 1980[22]. Es folgte damit wiederum einer Entscheidung der Europäischen Kommission für Menschenrechte, die eine Verletzung von Art. 6 Abs. 3 lit. e EMRK für den Fall bejaht hatte[23], daß verurteilte Ausländer nur vorläufig von den Dolmetscherkosten freigestellt wurden. Die Novelle beendete eine langwierige Kontroverse um die Auslegung von Art. 6 Abs. 3 lit. e EMRK.[24]

Obwohl sich aus dem Verhältnis zwischen EMRK und Strafverfahrensrecht[25] die meisten Konflikte ergeben, werden auch zivilrechtliche Vorschriften, soweit sie nach der EMRK in Kraft getreten sind, von der Rechtsprechung auf ihre Vereinbarkeit untersucht.[26]

---

[18] BGBl. I, 1067.

[19] In der Fassung vom 12. 9. 1950.

[20] BGBl. II, 686.

[21] Rechtssache Wemhoff, Appl. 2122/64, Collection of decisions 14, 29; Rechtssache Gericke, Appl. 2294/64, Collection of decisions 15, 50.

[22] BGBl. I, 1503.

[23] EKMR, NJW 1979, 1091.

[24] Vgl. OLG Köln, NJW 1975, 1615 f.; LG Berlin, AnwBl 1980, 30; OLG Düsseldorf, MDR 1981, 74 f.; OLG München, NJW 1982, 2739; zur Diskussion: *Vogler*, Das Recht auf unentgeltliche Beiziehung eines Dolmetschers, in: EuGRZ, Bd. 6 (1979), 640 ff.

[25] Gegenwärtige Fassung der StPO vom 1. 1. 1975.

[26] z. B.: § 1705 S. 1 BGB im Verhältnis zu Art. 8, 14 EMRK, KG, FamRZ 1982, 95 f.

3. *Der Wille des Gesetzgebers zur völkerrechtskonformen Gesetzgebung*

Die Derogationswirkung späterer Gesetze gegenüber innerstaatlich geltenden völkerrechtlichen Verträgen ist kein bewußtes Ziel des Gesetzgebers.[26a] Vielmehr gilt die Auslegungsregel, der Gesetzgeber habe sich im Zweifel nicht über eine bestehende völkerrechtliche Verpflichtung hinwegsetzen wollen.[27] Die Rechtsprechung bemüht sich weitgehend um eine sachgerechte Ausräumung etwa zu Tage tretender Kollisionsfälle.[27a] Seine völkerrechtsfreundliche Grundhaltung bringt der Gesetzgeber auch dadurch zum Ausdruck, daß er zur Abwendung zukünftiger Feststellungen der Verletzungen der EMRK durch die Konventionsorgane vorbeugend deutsche Gesetze abändert.[28]

Trotz alledem steht der völkerrechtliche Vertrag als innerstaatliches Gesetz zur Dispositionsbefugnis der gesetzgebenden Organe, die es ihnen ermöglicht, den Vertragsinhalt aufzuheben. Eine irgendwie geartete Bindung, abgesehen von einer möglichen Selbstbindung, gibt es nicht, so daß nach der Übernahme der völkerrechtlichen Verträge in das deutsche Recht deren Bestand nicht garantiert ist.

III. Vorschläge zur Bestandssicherung

Während die Rechtsprechung[29] grundsätzlich die lex posterior-Regel anwendet, wird in der Literatur vertreten, diese Kollisionsregel werde für völkerrechtliche Verträge in Gesetzesrang von anderen Rechtsinstituten verdrängt.

1. *Der Grundsatz pacta sunt servanda*

So ist man der Ansicht, daß völkerrechtliche Verträge am Rang der allgemeinen Regeln des Völkerrechts teilhaben, weil sie Bestandteil des mit dem Rang des Art. 25 GG übernommenen Grundsatzes pacta sunt servanda seien.[30] Der Gedanke hat sich aber nicht durchsetzen können,[31]

[26a] BVerfGE 6, 309, 363.

[27] RGZ 71, 293, 296; VGH Stuttgart, VerwRspr 8, 355 ff.; *Seibert*, Europäische Menschenrechtskonvention und Bundesverfassungsgericht, in: *Vogel / Simon / Podlech* (Hrsg.), Festschrift für *Burkhard Hirsch*, Baden-Baden 1981, 525; *Walz* (FN 7), 392 ff.

[27a] BGH, NJW 1966, 2023 f.; OLG Koblenz, NJW 1972, 404 f.

[28] Sog. Urteilsvorwirkungen, s. *Ress*, Die EMRK und die Vertragsstaaten, in: Europäischer Menschenrechtsschutz, 274 f.

[29] BGHZ 26, 200, 202; OLG Bremen, NJW 1982, 1735; OLG Koblenz, NJW 1972, 404; KG, FamRZ 1982, 95 f.

[30] U. a. *Grewe*, Die auswärtige Gewalt der Bundesrepublik, in: VVDStRL, Bd. 12 (1954), 149.

[31] s. *Partsch* (FN 8), 72 ff.

denn dieser Grundsatz gilt für das Rechtsverhältnis zwischen Völkerrechtssubjekten als vertragschließenden Parteien, ohne für den Staatsbürger unmittelbar anwendbar zu sein. Zudem geht Art. 59 Abs. 2 GG gegenüber Art. 25 GG als speziellere Norm vor.

2. *Die lex specialis-Regel*

Der Vorrang des Völkervertragsrechts vor dem späteren Gesetzesrecht wird unter Heranziehung der Kollisionsregel — lex posterior generalis non derogat legi priori speciali — auf das Prinzip der Spezialität gestützt.[32] Bei sich unterscheidenden Regelungsinhalten ist dem zuzustimmen. Sollte der Gesetzgeber aber trotzdem entgegen der zu seinen Gunsten bestehenden Vermutung, sich über bestehende Verträge nicht hinwegsetzen zu wollen, dieselbe Materie erneut — vor allem im Sinne einer Grundsatzregelung — normieren, verbleibt es bei der Derogationswirkung.

3. *Der Grundsatz der Völkerrechtsfreundlichkeit*

Das Prinzip der Völkerrechtsfreundlichkeit der deutschen Rechtsordnung,[33] das sich aus der Präambel, Art. 1 Abs. 2, Art. 24—26, Art. 59 GG ergibt, dokumentiert die Tendenz des Grundgesetzes, sich für das Völkerrecht zu öffnen, und wird deshalb zur Bestandssicherung von völkerrechtlichen Bestimmungen herangezogen. Unstreitig findet dieser Grundsatz als Bestandteil der verfassungsrechtlichen Ordnung bei der Auslegung von deutschem Recht[34] und bei der Auslegung der deutschen Regeln über das Verhältnis von Völkerrecht und Landesrecht[35] seine Anwendung, um dem Völkerrecht zu einer größtmöglichen Effektivität zu verhelfen.

Darüber hinaus wird die Völkerrechtsfreundlichkeit des Grundgesetzes auch als Verfassungsgrundsatz mit der selbständigen Rechtsfolge gewertet,[36] daß ein Gesetz, das mit einem früheren Vertrag kollidiert, wegen Verstoßes gegen den Verfassungsgrundsatz verfassungswidrig sei.[37] Die lex posterior-Regel soll aber dann nicht verdrängt werden, wenn andere

---

[32] *Bleckmann* (FN 6), 278; *Boehmer* (FN 8), 71; vgl. für die EMRK: LG Frankfurt, JurBüro 1978, 1687.

[33] BVerfGE 18, 112, 121; 31, 58, 75 f.; *Bleckmann*, Die Völkerrechtsfreundlichkeit der deutschen Rechtsordnung, in: DÖV, Bd. 32 (1979), 309; *Isensee*, Die staatsrechtliche Stellung des Ausländers in der Bundesrepublik Deutschland, in: VVDStRL, Bd. 32 (1974), 57 f.; *Stern* (FN 5), 476; *Tomuschat*, Der Verfassungsstaat im Geflecht der internationalen Beziehungen, in: VVDStRL, Bd. 36 (1978), 18.

[34] *Seibert* (FN 27), 529.

[35] *Bleckmann* (FN 6), 278.

[36] *Bleckmann* (FN 6), 298 ff.; *Bleckmann* (FN 33), 309 ff.; *Isensee* (FN 33), 57 FN 18.

[37] *Bleckmann* (FN 6), 279; *Bleckmann* (FN 33), 314.

verfassungsrechtliche Allgemeininteressen, wie etwa ein nationaler Notstand, den Vorzug des späteren Gesetzes notwendig machen.

Gegen diese „Konstruktion"[38] spricht, daß sich zwar aus dem Grundgesetz das allgemeine Prinzip der Völkerrechtsfreundlichkeit ergibt, ein Verfassungsgrundsatz im Sinne von Art. 20 und 79 Abs. 3 GG aber nicht vorliegt. Selbst wenn man diesem Prinzip Verfassungsrang zuspricht, fehlt es an dessen Bestimmtheit, die Außerkraftsetzung der lex posterior-Regel zu begründen. Die Völkerrechtsfreundlichkeit des Grundgesetzes, basierend auf einer Vielzahl von Verfassungsbestimmungen, läßt sich nicht dahin konkretisieren, daß ihr neben auslegungssteuernder Kraft auch entnommen werden kann, sie hebe für völkerrechtliche Verträge in Gesetzesrang die Kollisionsregel auf. Rechtstechnisch ist es ohne weiteres möglich, durch eine verfassungsrechtliche Bestimmung die lex posterior-Regel auszuschalten. Eine sich aus der Normenhierarchie ergebende logische Regel bedarf ebenso wie eine Rechtsnorm bei einem Widerspruch zu verfassungsrechtlichen Prinzipien einer ausdrücklichen Aufhebung. Hätte der Verfassungsgeber diese Rechtsfolge gewünscht, hätte er sie aussprechen müssen. Daß er vielmehr den völkerrechtlichen Verträgen im deutschen Recht nicht eine übergeordnete Stellung einräumen wollte, ergibt sich aus einem Rangvergleich zu den allgemeinen Regeln des Völkerrechts.[39] Der bewußten Gleichordnung der Vertragsnormen mit den nationalen Gesetzen steht nicht entgegen, daß die Rechtsprechung sich aufgrund einer völkerrechtsfreundlichen Auslegung um eine kollisionsfreie Rechtsanwendung des Vertragsrechts bemüht.[39a]

4. Die Sonderstellung der internationalen Menschenrechtskodifikationen

Wegen des bedeutungsvollen Regelungsinhalts der in das deutsche Recht integrierten Menschenrechtsverträge wurde bisher insbesondere für diese Vertragsgruppe eine Rangerhöhung angestrebt, um sie einer möglichen Derogation zu entziehen.

a) Da sich das Grundgesetz in Art. 1 Abs. 2 zu den unverletzlichen und unveräußerlichen Menschenrechten als Grundlage jeder menschlichen Gemeinschaft bekennt, wird den in der Bundesrepublik Deutschland rechtsgültigen internationalen Menschenrechtskodifikationen Verfassungsrang zugesprochen.[40] Diese Ansicht knüpft an den materiell übereinstimmenden Regelungsinhalt von Grundgesetz und Menschenrechtsverträgen an.

---

[38] *Bleckmann* (FN 6), 279.

[39] s. S. 25 f.

[39a] s. S. 22.

[40] *Echterhölter*, Die Europäische Menschenrechtskonvention im Rahmen der vertion zum Schutz der Menschenrechte und Grundfreiheiten, Frankfurt 1965, 44.

b) Speziell für die EMRK wurde früher vertreten, die materiell-rechtlichen Vorschriften der EMRK seien allgemeine Regeln des Völkerrechts im Sinne von Art. 25 GG[41], oder mit dem Ratifikationsgesetz zur EMRK habe der Gesetzgeber einen dinglichen Verzicht auf die lex posterior-Regel ausgesprochen[42]. Außerdem wird auf Art. 13 EMRK als „wirksame Kontrolle" unter Rückgriff auf Art. 1 Abs. 2 GG hingewiesen, der einen höheren Rang als die Verfassung selbst für die EMRK verlangen könne.[43] Schließlich stützt man den Ausschluß der lex posterior-Regel auf das dem besonderen Rechtscharakter der EMRK entsprechende stillschweigende Votum des Gesetzgebers.[44]

Zusammenfassend muß dieser materiell-rechtlich ausgerichteten Argumentation entgegengehalten werden, daß der innerstaatliche Übernahmeakt als formelles Kriterium den Rang des Vertrages im nationalen Recht bestimmt. Rechtslogisch läßt sich dies überzeugend begründen:[45] Besteht die innerstaatliche Rechtsordnung aus Rechtsquellen unterschiedlicher Geltungskraft im Sinne eines Stufenverhältnisses, so findet mit jedem Rechtsetzungsakt eine Einordnung in die bestehende Normenhierarchie statt. Der Gesetzgeber gibt durch die Wahl des Verfahrens und durch die Kennzeichnung einer Norm zum Ausdruck, welche Rechtssatzform er gestaltet. Der einfache Gesetzgeber, der dem Vertragsrecht gemäß Art. 59 Abs. 2 GG zustimmt, ist mangels Kompetenz nicht in der Lage, Verfassungsrecht zu schaffen. Das Zustimmungsgesetz setzt somit den Rang der völkerrechtlichen Verträge und damit den Grad der Abänderbarkeit fest, ohne daß aber gleichzeitig der politische Stellenwert festgeschrieben wird.

C. Der rechtspolitische Bedeutungswandel des völkerrechtlichen Vertrages

I. Die rechtspolitische Stellung des völkerrechtlichen Vertrages im Verhältnis zu den allgemeinen Völkerrechtsregeln

1. Der Rang der allgemeinen Regeln des Völkerrechts

Während der Verfassungsgeber für das Völkervertragsrecht den Gesetzesrang als ausreichend ansah, um im innerstaatlichen Bereich den

---

[41] *Guradze*, Die Europäische Menschenrechtskonvention, Berlin/Frankfurt 1968, 15, 17, 19; nur einige Bestimmungen der EMRK (Art. 3, 4 Abs. 1) werden als „allgemeine Regeln" angesehen, *Seibert* (FN 27), 522; *Silagi*, Die allgemeinen Regeln des Völkerrechts als Bezugsgegenstand in Art. 25 GG und Art. 26 EMRK, in: EuGRZ, Bd. 7 (1980), 645; s. a. BayVerfGH, BayVBl. 1963, 351; 1966, 57.

[42] *Herzog*, Das Verhältnis der Europäischen Menschenrechtskonvention zu späteren deutschen Gesetzen, in: DÖV, Bd. 12 (1959), 47.

[43] *Bleckmann*, Allgemeine Grundrechtslehren, Berlin 1979, 24.

[44] *Ress*, Wechselwirkungen zwischen Völkerrecht und Verfassung bei der Auslegung völkerrechtlicher Verträge, in: Bericht DGV 23 (1982), 52 FN 223.

[45] Entgegen *Guradze* (FN 41), 13; *Menzel*, Die Einwirkung der Europäischen Menschenrechtskonvention auf das deutsche Recht, in: DÖV, Bd. 23 (1970), 513.

völkerrechtlichen Verpflichtungen nachzukommen, gehen gemäß Art. 25 GG die allgemeinen Regeln des Völkerrechts dem Bundesrecht vor.

Die Rangeinstufung der allgemeinen Regeln[46] ist wegen des auslegungsbedürftigen Wortlauts von Art. 25 GG in der Diskussion, wobei zumindest eine Einordnung über dem Bundesgesetzesrecht einen gemeinsamen Ausgangspunkt bildet. So wird vertreten, daß die allgemeinen Regeln Überverfassungsrang[47] oder daß sie Verfassungsrang haben[48], wobei zum Teil darüber hinaus eine Bindung an den Vorbehalt des Art. 79 Abs. 3 GG bejaht wird[49]. Überwiegend wird ihnen ein Zwischenrang über dem einfachen Gesetzesrecht und unter dem Verfassungsrecht eingeräumt.[50]

Ohne auf die Diskussion einzugehen, läßt sich aus den Materialien belegen, daß der Verfassungsgeber selbst einen Überverfassungsrang anstrebte.[51] Jedenfalls hat er bewußt für die ins deutsche Recht übernommenen internationalen Rechtsquellen unterschiedliche Rangeinstufungen vorgesehen und ihnen somit eine unterschiedliche Bedeutung beigemessen.

2. *Die Ursachen für die unterschiedliche Rangeinstufung von Völkervertragsrecht und den allgemeinen Regeln des Völkerrechts*

Aus der Entstehungsgeschichte des Grundgesetzes läßt sich unmittelbar keine Begründung für die uneinheitliche Rangbestimmung aufzeigen. Demgegenüber verdeutlicht Art. 4 WRV[52], der ebenfalls keine ausdrückliche Rangeinstufung enthielt, aber nach der herrschenden Meinung die allgemeinen Regeln in Gesetzesrang übernahm[53], daß der Verfassungsgeber des Bonner Grundgesetzes jedenfalls eine Rangstärkung des ungeschriebenen Völkerrechts anstrebte.

---

[46] s. zur Begriffsbestimmung: *Maunz*, in: *Maunz / Dürig / Herzog*, Art. 25 GG Rdnr. 14 ff.; *Rojahn*, in: *v. Münch*, Art. 25 GG Rdnr. 5 ff.; *Rudolf* (FN 6), 246 ff.

[47] *Menzel*, in: Bonner Kommentar, Art. 25 GG Erl. II 4; *Pigorsch*, Die Einordnung völkerrechtlicher Normen in das Recht der Bundesrepublik Deutschland, Hamburg 1959, 25; *Silagi* (FN 41), 647.

[48] *Doehring*, Die staatsrechtliche Stellung des Ausländers in der Bundesrepublik Deutschland, in: VVDStRL, Bd. 32 (1974), 22.

[49] *Curtius*, Völkerrechtliche Schranken der Änderung des GG, in: DÖV, Bd. 7 (1954), 145 ff.

[50] Statt aller: *Maunz*, in: *Maunz / Dürig / Herzog*, Art. 25 GG Rdnr. 25; *Papadimitriu*, Die Stellung der allgemeinen Regeln des Völkerrechts im staatlichen Recht, Berlin 1972, 94; *Partsch* (FN 8), 61 ff.

[51] Entstehungsgeschichte der Artikel des GG, in: JöR Bd. 1 (1951), 235.

[52] Art. 4 WRV: Die allgemein anerkannten Regeln des Völkerrechts gelten als bindende Bestandteile des deutschen Reichsrechts.

[53] Statt aller: *Fleischmann*, in: *Anschütz / Thoma*, Handbuch des Staatsrechts, Bd. I, Tübingen 1930, 221.

Diese Bestandssicherung der allgemeinen Regeln des Völkerrechts wurde aus zeitgeschichtlichem Anlaß vorgenommen. Sie ist als Reaktion auf die politische Situation Deutschlands in der ersten Hälfte dieses Jahrhunderts zu werten. Der Nationalismus führte zu einer politischen, wirtschaftlichen und kulturellen Introvertiertheit. Die ausschließliche Wahrung nationaler Interessen prägte das staatliche Handeln und mündete in zwei Weltkriegen. Als Resultat der mit dieser Politik gemachten Erfahrung ist die Verfassungsentscheidung für internationale Zusammenarbeit zu sehen,[54] manifestiert in dem Prinzip der Völkerrechtsfreundlichkeit des Grundgesetzes. Einen konkreten Bestandteil dieses Grundsatzes bildet die Rangstärkung der allgemeinen Regeln des Völkerrechts. Diese gewährleisteten zum damaligen Zeitpunkt erstmals die Übernahme einer internationalen Wertordnung in das deutsche Recht, ohne daß sie verneint werden konnten. Insbesondere das Völkergewohnheitsrecht als damals dominierende internationale Rechtsgrundlage erschien den Verfassungsgebern angemessen, in einer privilegierten Stellung den staatlichen Rechtsquellen beigeordnet zu werden. Art. 25 GG ist Ausdruck einer bewußten Öffnung zum und Orientierung am internationalen Rechtswertesystem.

II. Die rechtspolitische Entwicklung der völkerrechtlichen Verträge

1. Die internationale Rechtsentwicklung

Nach dem Zweiten Weltkrieg kam es zu einem Strukturwandel der internationalen Rechtsquellen. Das Völkergewohnheitsrecht wurde von internationalen Abkommen in seiner Bedeutung zurückgedrängt. Internationale Probleme wie eine umfassende Streitbeilegung, die Sicherheitspolitik, die Gewinnung von Rohstoffen, der Energiebedarf sowie die wirtschaftliche Entwicklung — um nur einige Beispiele zu nennen — machten es erforderlich, internationale Abmachungen zu ihrer Lösung zu treffen. Ebenso war die weltweite Mißachtung der Menschenrechte Ursache für vertragliche Schutzsysteme. Ferner besteht als Folge der weltweiten Interdependenz allgemein das Bedürfnis nach Rechtssicherheit; die zahlreichen Kodifikationen von bisher ungeschriebenem Recht ermöglichten eine weitreichende Konkretisierung, aber auch eine inhaltliche Weiterentwicklung. Die der nationalen Rechtsetzung vorbehaltenen Regelungsinhalte wurden in zunehmendem Maße auch von der internationalen Gemeinschaft normiert. Schließlich spiegeln die Bemühungen, das Völkergewohnheitsrecht durch Kodifikationen zu ersetzen und weiterzuentwickeln, auch die Bestrebungen der Staaten der Dritten Welt

---

[54] s. *Tomuschat* (FN 33), 16 ff.; *Vogel*, Die Verfassungsentscheidung des Grundgesetzes für eine internationale Zusammenarbeit, Tübingen 1964, 10 ff.

wider, das ursprünglich von der westlichen Welt geprägte Völkerrecht mitzubestimmen.

2. *Die nationale Rechtsentwicklung*

Diesem internationalen Trend folgend ist die Bundesrepublik Deutschland neben bilateralen und multilateralen Verträgen, die nur einer begrenzten Anzahl von Staaten offenstehen, auch Vertragswerken beigetreten, die einen universellen Anspruch erheben. So ist eine Vielzahl von völkerrechtlichen Verträgen zu deutschen Rechtsgrundlagen geworden. Der internationale Bedeutungswandel bildet somit die Ursache für eine Verdrängung der allgemeinen Regeln des Völkerrechts durch das Völkervertragsrecht auch im deutschen Recht.

Allerdings erfährt das auch in völkerrechtlichen Verträgen enthaltene Gewohnheitsrecht infolge der Rangzuordnung gemäß Art. 59 Abs. 2 GG keine Rangrückstufung. Als allgemeine Regel des Völkerrechts bleibt die kodifizierte Norm nach Art. 25 GG gleichwohl dem Bundesrecht vorrangig.[55] Die Zweckmäßigkeit dieses Ergebnisses steht im Widerspruch zu dem Bedürfnis nach Rechtssicherheit.[56]

Den Strukturwandel im internationalen Rechtsquellensystem hat der Verfassungsgeber nicht vorausgesehen. Es stellt sich deshalb die Frage, ob nicht eine erhöhte Rangeinstufung der völkerrechtlichen Verträge im deutschen Recht ihrer tatsächlichen Bedeutung als wichtigste internationale Rechtsquelle besser gerecht würde.

D. Formen übergeordneter Stellung völkerrechtlicher Verträge in ausländischen Verfassungen

Andere europäische Verfassungen haben nach dem 2. Weltkrieg der internationalen Rechtsentwicklung Rechnung getragen und räumen völkerrechtlichen Verträgen nach ihrer Übernahme in das nationale Recht eine dem einfachen Gesetzesrecht übergeordnete Position ein.

In den Niederlanden können die Kammern der Generalstaaten mit qualifizierter Mehrheit einem Völkerrechtsvertrag in Gesetzesform ihre Zustimmung erteilen, wenn der Vertrag von Bestimmungen des Grundgesetzes abweicht (Art. 63).[57]

---

[55] *Rojahn*, in: v. *Münch*, Art. 25 GG Rdnr. 9, m. w. Nachw.
[56] *Silagi* (FN 41), 643 f.
[57] s. dazu: *Bauer*, Die niederländische Verfassungsänderung von 1956 betreffend die auswärtige Gewalt, in: ZaöRV, Bd. 18 (1957/58), 148 ff.; *Sperduti*, Le principe de souveraineté et le problème des rapports entre le droit international et le droit interne, in: Recueil des Cours, Bd. 153 (1976 V), 396 f.

Nach der französischen Verfassung stehen völkerrechtliche Vereinbarungen über den einfachen Gesetzen, sind jedoch der Verfassung untergeordnet (Art. 55).[58] Eine sogenannte Rangklausel erfordert zusätzliche Publikation und Gegenseitigkeit der Anwendung durch andere Vertragspartner. Verstößt ein internationales Abkommen gegen die französische Verfassung, muß diese vor dem Übernahmeakt ausdrücklich geändert werden (Art. 54). Andererseits besagt Art. 55 nicht, daß Gesetze mit internationalen Verträgen übereinstimmen müssen, sondern er beinhaltet eine Rangregel. Eine Berechtigung der ordentlichen Gerichte und Verwaltungsgerichte, die Gesetze auf ihre Vertragsmäßigkeit hin zu überprüfen, ist in den gerichtlichen Zuständigkeiten zumindest nicht ausdrücklich vorgesehen.[58a]

Dem Beispiel der Anpassung des nationalen an das internationale Recht sind auch auf dem afrikanischen Kontinent zahlreiche Staaten gefolgt. Der Tradition europäischer Verfassungen verbunden, haben hauptsächlich ehemalige französische Kolonien in ihren jungen Grundgesetzen den Vorrang des völkerrechtlichen Vertragsrechts gegenüber den nationalen Gesetzen festgeschrieben. Als beispielhaft sind in diesem Zusammenhang Tunesien, Niger Elfenbeinküste, Senegal, Kongo-Brazzaville, Mali, Gabun, Madagaskar, Mauretanien, Togo und die Republik Zentralafrika zu nennen.[59] Aber auch Staaten außerhalb Europas und Afrikas haben ihre positive Haltung zur internationalen Rechtsordnung durch die Privilegierung des Völkervertragsrechts gegenüber dem eigenen Gesetzesrecht zum Ausdruck gebracht. Die Verfassungen von Syrien, Zypern, Kuwait, Costa Rica, Paraguay und Peru bevorzugen ebenfalls internationales Vertragsrecht bei der innerstaatlichen Rechtsanwendung.[60]

Zurückkehrend zum europäischen Rechtskreis weist das österreichische Bundes-Verfassungsgesetz bei der Einräumung einer innerstaatlichen Vorrangstellung für Völkervertragsrecht eine Besonderheit auf. Bei der Übernahme in das staatliche Recht differenziert es bei der Rangeinstufung nach dem Vertragsinhalt: Gemäß Art. 50 Abs. 3 B-VG werden die Völkerrechtsverträge mit der für Verfassungsgesetze erforderlichen Mehrheit genehmigt und somit dem österreichischen Verfassungsrecht gleichgestellt, die die österreichische Bundesverfassung abändern oder ergänzen. Die übrigen internationalen Abkommen, sei es, daß sie politischen, gesetzesändernden oder -ergänzenden Inhalt haben, werden mit den für Gesetze vorgesehenen Mehrheiten beschlossen.

---

[58] *Ress*, Der Rang völkerrechtlicher Verträge nach französischem Verfassungsrecht, in: ZaöRV, Bd. 18 (1957/58), 456; *de Visscher*, Cours général de droit international public, in: Recueil des Cours, Bd. 153 (1976 V), 396 f.

[58a] Vgl. *Ress* (FN 58), 476 ff.

[59] *Sperduti* (FN 57), 395.

[60] a.a.O.

Aufgrund der abgestuften Systematik, nach der nur einigen Verträgen ein hervorragender Status zukommt, soll die österreichische Rechtslage zum verfassungsrangigen Völkerrechtsvertrag in der Folge den Gegenstand der Untersuchung bilden. Die Einordnung völkerrechtlicher Verträge in das nationale Verfassungsrecht sichert zumindest einige Verträge in ihrem Bestand. Die Privilegierung inhaltlich bestimmbarer internationaler Abkommen erscheint am ehesten geeignet, Grundlage einer rechtsvergleichenden Diskussion werden zu können.

E. Die Berechtigung der Verfassungsrechtsvergleichung zur Bestandsgarantie völkerrechtlicher Verträge

I. Rechtsvergleichung im Verfassungsrecht

Rechtsvergleichung als Gegenüberstellung verschiedener Rechtsordnungen dient in der Regel einem bestimmten Zweck; gleichwohl kann der Vergleich der „ordnenden Erkenntnis"[61] dienen, ohne ein weitergehendes Ziel zu verfolgen. Zu unterscheiden ist der Vergleich der allgemeinen Methode im Umgang mit bestimmten Rechtsgebieten von der Untersuchung konkreter Einzelprobleme und ihrer Lösung.

Charakteristisch für die Privatrechtsvergleichung ist das Herausgreifen von Normen oder Instituten unter funktionalem Aspekt, durch die bestimmte Sachprobleme oder Interessenkonflikte im Zivilrechtsbereich geregelt sind.[62]

Auch für die Verfassungsrechtsvergleichung gilt das Prinzip der Funktionalität.[63] Vergleichbar kann hier ebenfalls nur das sein, was sich in Funktion und Aufgabe entspricht. Hinzu kommt im Verfassungsrecht stärker als im Privatrecht die Einbindung des zu untersuchenden Rechtssatzes in das ihn umgebende Rechtsgebiet. Die Struktur der Verfassung steht in der Regel in engem Zusammenhang mit dem Einzelproblem. Der Stellung innerhalb des Verfassungsrechts muß deshalb besondere Beachtung geschenkt werden. Schließlich ist der Einfluß von außerrechtlichen Komponenten zu beachten, die Eingang in das Verfassungsrechtsleben finden. Jedes Gemeinwesen mit historisch gewachsenem Staatsgefüge wird auch von nichtrechtlichen Elementen[64] beeinflußt. Neben rechtsethnologischen und -soziologischen Strömungen wirkt sich vor allem das politische Leben auf das Verfassungsrecht aus. Rechtliche Entscheidungen werden weit-

[61] *Strebel*, Vergleichung und vergleichende Methode im öffentlichen Recht, in: ZaöRV, Bd. 24 (1964), 406.

[62] s. dazu *Zweigert / Kötz*, Einführung in die Rechtsvergleichung, Bd. I, 2. Aufl., Tübingen 1984, 34.

[63] *Strebel* (FN 61), 414, mit Hinweis auf Erich Kaufmann.

[64] a.a.O., 409 ff.

gehend von politischen Erwägungen geleitet. Deshalb kommt insbesondere der Rechtspolitik als mit dem Verfassungsrecht eng verknüpftem Gebiet Bedeutung in der Verfassungsrechtsvergleichung zu.

II. Gemeinsame Strukturprinzipien des österreichischen und des deutschen Verfassungsrechts

Vor einer exemplarischen Untersuchung der Rechtslage zum völkerrechtlichen Vertrag im österreichischen Recht, vor allem zu der Frage der Gleichstellung mit nationalem Verfassungsrecht, bedarf es der Untersuchung, ob die österreichische und die deutsche Rechtsordnung gemeinsame Strukturen aufweisen, die einen Vergleich von verwandten Rechtsinstituten gestatten. Grundlegendes gemeinsames Wesensmerkmal beider Verfassungen ist die Entscheidung für die freiheitlich demokratische Grundordnung,[65] die in nahezu parallel auftretenden verfassungsrechtlichen Strukturprinzipien ihren Ausdruck findet. Österreich ist eine demokratische Republik mit bundesstaatlichem Aufbau. Außerdem bilden das rechtsstaatliche, das gewaltentrennende und das liberale Prinzip die leitenden Grundsätze des österreichischen Verfassungsrechts.[66] Das Bonner Grundgesetz hat sich ebenfalls für eine demokratische republikanische Staatsform entschieden. Bestandteil der verfassungsmäßigen Ordnung ist der soziale Rechtsstaat, wobei die Verfassungsstaatlichkeit, die Freiheit und Rechtsgleichheit, die Gewaltentrennung, die Rechtsgebundenheit der staatlichen Organe, der gerichtliche Schutz, ein Entschädigungssystem und der Grundsatz der Verhältnismäßigkeit mit dem Postulat nach sozialer Sicherheit verbunden worden sind.[67] Schließlich prägt der bundesstaatliche Aufbau die verfassungsmäßige Grundordnung. Gemeinsam ist beiden Verfassungen die abgesicherte Existenz einer Verfassungsgerichtsbarkeit.

Diese sich entsprechenden Strukturprinzipien, die Folge einer gemeinsamen Rechtstradition sind, bilden demnach die Grundlage für den Vergleich paralleler Rechtsinstitute.

III. Die systematischen Unterschiede bei der Eingliederung völkerrechtlicher Verträge in die Rangordnung des innerstaatlichen Rechts

Des weiteren hat neben den gemeinsamen staatstragenden Leitentscheidungen auch das zu vergleichende Rechtsinstitut systematische Ähnlichkeiten aufzuweisen. Zum Vergleich stehen in concreto die verfassungsrechtlichen Bestimmungen, aufgrund derer die Rangeinstufung völ-

[65] Vgl. dazu a.a.O., 421 ff.
[66] s. zu den Prinzipien des österreichischen Verfassungsrechts S. 58.
[67] Zum rechtsstaatlichen Prinzip *Stern* (FN 5), 784 ff.

kerrechtlicher Verträge vorgenommen wird, und die sich aus ihnen ergebenden Rechtsfolgen.

Die jeweils vorhandene Rechtslage zur Übernahme internationaler Verträge unterscheidet sich einmal dahingehend, daß das Bonner Grundgesetz ein Vertrags„gesetz" zur Integration eines Vertrages vorschreibt, das die Rechtsgrundlage für die innerstaatliche Anwendung bildet, unabhängig davon, ob man den Geltungsgrund der Vertragsnormen im internationalen oder nationalen Bereich ansiedelt. Demgegenüber bildet in Österreich der Völkerrechtsvertrag eine eigenständige innerstaatliche Rechtssatzform, die gleichgeordnet den nationalen Rechtsquellen koordiniert ist. Eine Integration mit Hilfe originärer innerstaatlicher Rechtsformen findet nicht statt. Vielmehr ist für Verträge, die der parlamentarischen Mitwirkung bedürfen, ein Parlamentsbeschluß ausreichend.

Eine weitere Differenz ergibt sich aus der Befugnis, Staatsverträge in Österreich nicht nur auf Gesetzes- und Verordnungsebene, sondern auch auf Verfassungsebene einzustufen. Dabei zeigt der Vertragsinhalt dem zuständigen Verfassungsorgan an, nach welchen formellen Voraussetzungen die Übernahme zu erfolgen hat.

Somit liegen grundsätzliche Unterscheidungsmerkmale zwischen der deutschen und österreichischen Eingliederungssystematik vor. Wie eingangs bereits erwähnt, darf es bei der Rechtsvergleichung nicht zu einer isolierten Betrachtungsweise der einzelnen Institute kommen.[68] Entscheidend bleibt vielmehr die Einbindung in das rechtliche Umfeld. Nur so läßt sich die Effektivität der zu prüfenden Norm bewerten.

Als Ausgangspunkt zum österreichischen Länderbericht ist deshalb ausreichend, daß eine Funktionsverwandtschaft trotz der unterschiedlichen konstruktiven Wege sichtbar ist. Zumindest für völkerrechtliche Verträge in Gesetzes- und Verordnungsrang zeigt sich trotz der systematischen Differenz bei der Rechtsanwendung ein übereinstimmendes Ergebnis. Das internationale Vertragsrecht bildet in beiden Ländern neben dem originären nationalen Recht eine adäquate Rechtsgrundlage. Nur für Völkerrechtsverträge in Verfassungsrang fehlt es an einer deutschen Parallele. Gerade diese von der österreichischen Rechtsordnung geschaffene Besonderheit bildet deshalb die Grundlage einer Diskussion zur Problemlösung im deutschen Verfassungsrecht.

IV. Der Zweck der Rechtsvergleichung

Da die gegenwärtige Rechtslage in Österreich seit 1964, dem Zeitpunkt der ausdrücklichen verfassungsrechtlichen Regelung des verfassungsrangigen Völkerrechtsvertrages, eine kontinuierliche Rechtsentwicklung auf-

---

[68] *Strebel* (FN 61), 429 Leitsatz 10.

weist, bietet sie sich als Anregung zu einer entsprechenden Neuregelung im deutschen Recht an. Ziel der Rechtsvergleichung kann es nur sein, eine zweckmäßige rechtliche Lösung herauszustellen.

Als Mittel kommt nur bei evidenter Überlegenheit eines fremden Rechtsinstituts dessen Übertragung in Betracht.[69] Ansonsten ist es Aufgabe der Rechtsvergleichung, zur rationalen Diskussion anzuregen, Erfahrungen zu vermitteln sowie brauchbare Anhaltspunkte für eine Neuregelung zu geben.[70] Das Ergebnis kann eine Verbesserung des in Frage kommenden Rechtsinstituts unter Verwendung von Elementen der fremden Lösung sein.

Eine unveränderte Übernahme des österreichischen Verfassungsmodells entfällt schon wegen des unterschiedlichen Rechtssatzcharakters der völkerrechtlichen Verträge in beiden Rechtsordnungen. Als Ansatz könnte sich jedoch die systematische Eingliederung völkerrechtlicher Verträge in das deutsche formelle Verfassungsrecht empfehlen.

Nach einem Überblick über die Stellung des Völkerrechts im österreichischen Recht steht deshalb der verfassungsrangige Völkerrechtsvertrag im Mittelpunkt der Untersuchung.

---

[69] *Zweigert*, Stichwort: Rechtsvergleichung, in: *Strupp / Schlochauer* (Hrsg.), Wörterbuch des Völkerrechts, 3. Bd., Darmstadt 1978, 81.

[70] *Mössner*, Rechtsvergleichung und Verfassungsrechtsprechung, in: AöR, Bd. 99 (1974), 241.

2. Teil

Völkerrechtliche Verträge im österreichischen Recht als der Verfassung koordinierte innerstaatliche Rechtsquellen

A. Die gegenwärtige Rechtslage des Völkerrechts im österreichischen Recht unter besonderer Berücksichtigung der völkerrechtlichen Verträge

I. Der völkerrechtliche Vertrag im österreichischen Recht

1. Kategorien von Staatsverträgen

Das österreichische Verfassungsrecht kennt drei Kategorien völkerrechtlicher Verträge, die im folgenden mit der Terminologie des österreichischen Bundes-Verfassungsgesetzes (B-VG) stets als Staatsverträge bezeichnet werden.[71] Charakteristisch für die Übernahme internationaler Vertragsnormen in das österreichische Recht ist, daß der einzelne Staatsvertrag nicht mittels einer originären innerstaatlichen Rechtsquelle Eingang in die nationale Rechtsordnung findet. Das B-VG von 1920 in der Fassung von 1929 schaffte als Besonderheit vielmehr den Staatsvertrag als eigenständige innerstaatliche Rechtssatzform, der den nationalen Rechtsquellen zur Seite gestellt wird.

Das B-VG teilt die Staatsverträge in drei Kategorien ein, bestimmbar nach formellen Kriterien.

Staatsverträge, die den nationalen Verordnungen entsprechen, werden vom Bundespräsidenten abgeschlossen (Art. 65 Abs. 1 B-VG).[72] Den Abschluß bestimmter Staatsverträge kann der Bundespräsident auf die

---

[71] Art. 9 Abs. 2, 10 Abs. 1 Ziff. 2, 10 Abs. 3, 16, 48, 49, 50, 65 Abs. 1, 66 Abs. 2, 89 Abs. 1, 140 a B-VG.

[72] Art. 65 Abs. 1 B-VG: Der Bundespräsident vertritt die Republik nach außen, empfängt und beglaubigt die Gesandten, genehmigt die Bestellung der fremden Konsuln, bestellt die konsularischen Vertreter der Republik im Ausland und schließt die Staatsverträge ab. Er kann anläßlich des Abschlusses eines nicht unter Artikel 50 fallenden Staatsvertrages anordnen, daß dieser Staatsvertrag durch Erlassung von Verordnungen zu erfüllen ist.

Bundesregierung oder auf die zuständigen Mitglieder der Bundesregierung delegieren.[73]

Für Staatsverträge mit politischem, gesetzesänderndem oder -ergänzendem Inhalt benötigt der Bundespräsident zum Abschluß die vorangegangene Genehmigung durch den Nationalrat (Art. 50 Abs. 1 B-VG).[74,75] Die Genehmigung erfolgt in Beschlußform. Staatsverträge, die einfachen Bundesgesetzen koordiniert sind, unterliegen demselben Beschlußerfordernis wie einfache Bundesgesetze.[76]

Staatsverträge, die Bundesverfassungsgesetze ändern oder ergänzen und der Kategorie der verfassungsändernden Staatsverträge angehören, bedürfen zum Abschluß der für Bundesverfassungsgesetze vorgesehenen Mehrheiten (Art. 50 Abs. 3 i. V. m. Art. 44 Abs. 1 B-VG); außerdem muß der Beschluß über einen solchen Vertrag höchster rechtlicher Autorität die ausdrückliche Kennzeichnung als „verfassungsändernd"[77] enthalten, wobei die Änderung begrifflich die Ergänzung mitumfaßt.

2. *Die verfassungsrechtliche Entscheidung zur internationalen Zusammenarbeit*

Für bestimmte Staatsverträge innerhalb von Art. 50 Abs. 3 B-VG hat der Bundesverfassungsgesetzgeber eine grundsätzliche verfassungsrechtliche Regelung zur Einordnung in das staatliche Recht geschaffen. Seit der Bundes-Verfassungsgesetz-Novelle von 1981[78] liegt eine ausdrückliche Verfassungsentscheidung zur internationalen Zusammenarbeit vor.

---

[73] Art. 66 B-VG: (1) . . .
(2) Der Bundespräsident kann zum Abschluß bestimmter Kategorien von Staatsverträgen, die nicht unter die Bestimmung des Artikels 50 fallen, die Bundesregierung oder die zuständigen Mitglieder der Bundesregierung ermächtigen; eine solche Ermächtigung erstreckt sich auch auf die Befugnis zu Anordnungen nach Artikel 65 Absatz 1 zweiter Satz.

[74] Art. 50 B-VG: (1) Politische Staatsverträge, andere nur, sofern sie gesetzändernden oder gesetzesergänzenden Inhalt haben, dürfen nur mit Genehmigung des Nationalrates abgeschlossen werden.
(2) Anläßlich der Genehmigung eines unter Absatz 1 fallenden Staatsvertrages kann der Nationalrat beschließen, daß dieser Staatsvertrag durch Erlassung von Gesetzen zu erfüllen ist.
(3) Auf Beschlüsse des Nationalrates nach Absatz 1 und Absatz 2 sind die Bestimmungen des Artikels 42 Absatz 1 bis 4 und, wenn durch den Staatsvertrag Verfassungsrecht geändert oder ergänzt wird, die Bestimmungen des Artikels 44 Absatz 1 sinngemäß anzuwenden; in einem gemäß Absatz 1 gefaßten Genehmigungsbeschluß sind solche Staatsverträge oder solche in Staatsverträgen enthaltene Bestimmungen ausdrücklich als „verfassungsändernd" zu bezeichnen.

[75] Nationalrat: die Abgeordnetenkammer des Bundesparlaments.

[76] Art. 31 B-VG: Zu einem Beschluß des Nationalrates ist, soweit in diesem Gesetz nicht anderes bestimmt oder im Bundesgesetz über die Geschäftsordnung des Nationalrates für einzelne Angelegenheiten nicht anderes festgelegt ist, die Anwesenheit von mindestens einem Drittel der Mitglieder und die unbedingte Mehrheit der abgegebenen Stimmen erforderlich.

[77] Art. 50 Abs. 3 B-VG (FN 74).

[78] öBGBl. 1981/350.

Während bis zu diesem Zeitpunkt jeder Staatsvertrag, der die Übertragung von Hoheitsrechten auf internationale Organisationen vorsah oder der die Ausübung fremder Hoheitsmacht in Österreich gestattete, als verfassungsändernd mit qualifizierter Mehrheit beschlossen werden mußte, schafft Art. 9 Abs. 2 B-VG[79] hierzu nun eine grundsätzliche Ermächtigung. Zukünftig bedürfen diese Staatsverträge nur der Genehmigung des Nationalrats mit einfacher Mehrheit. Sie stehen formell in Gesetzesrang.[80]

3. *Die Funktionen des Genehmigungsbeschlusses des Nationalrats gemäß Art. 50 B-VG*

Die Zustimmung des Nationalrats zur Eingehung einer völkerrechtlichen Verpflichtung gemäß Art. 50 B-VG legitimiert den Bundespräsidenten innerstaatlich zur Ratifikation. Voraussetzung ist allerdings zusätzlich, daß ein Antrag der Bundesregierung ihn dazu auffordert.[81]

Als parlamentarischer Mitwirkungsakt hat der Genehmigungsbeschluß überdies Kontrollfunktion der demokratischen Repräsentanz über die auswärtige Gewalt,[82] wobei sich die Mitwirkung des Nationalrats auf die Zustimmung oder Ablehnung beschränkt. Hinzu tritt ein Einspruchsrecht des Bundesrates, der Länderkammer des Bundesparlaments.[83]

Schließlich bildet die Genehmigung die wesentliche Voraussetzung zur Rechtmäßigkeit des Staatsvertrages.[84] Für gesetzes- und verfassungskoordinierte Verträge ist sie rangbestimmend und entspricht formell dem Rechtsetzungsakt für originäre österreichische Rechtsquellen.

4. *Der Erfüllungsvorbehalt*

Art. 50 Abs. 2 B-VG[85] ermächtigt den Nationalrat, anläßlich der Genehmigung eines Staatsvertrages zusätzlich zu beschließen, daß dieser

---

[79] Art. 9 Abs. 2 B-VG: (1) . . .
(2) Durch Gesetz oder durch einen gemäß Art. 50 Abs. 1 zu genehmigenden Staatsvertrag können einzelne Hoheitsrechte des Bundes auf zwischenstaatliche Einrichtungen und ihre Organe übertragen und kann die Tätigkeit von Organen fremder Staaten im Inland sowie die Tätigkeit österreichischer Organe im Ausland im Rahmen des Völkerrechtes geregelt werden.

[80] s. ausführlich zur Neueinfügung von Art. 9 Abs. 2 B-VG S. 107 ff.

[81] Art. 67 Abs. 1 B-VG: (1) Alle Akte des Bundespräsidenten erfolgen, soweit nicht verfassungsmäßig anderes bestimmt ist, auf Vorschlag der Bundesregierung oder des von ihr ermächtigten Bundesministers. Inwieweit die Bundesregierung oder der zuständige Bundesminister hierbei selbst an Vorschläge anderer Stellen gebunden ist, bestimmt das Gesetz.

[82] *Kelsen / Froehlich / Merkl*, Die Bundesverfassung vom 1. 10. 1920, 5. Teil, Wien/Leipzig 1922, 134.

[83] Art. 42 Abs. 3 B-VG.

[84] *Novak*, Probleme des BVG vom 4. März 1964 über Staatsverträge, in: JBl., Bd. 91 (1969), 308.

[85] s. FN 74.

durch Erlaß eines Gesetzes zu erfüllen ist. Die erforderlichen Mehrheiten zur erneuten Beschlußfassung werden von dem Rang des genehmigten Staatsvertrages bestimmt. Das Institut des sogenannten Erfüllungsvorbehaltes ermöglicht es dem Parlament als Verfassungsgesetz- und einfachem Gesetzgeber, die ursprünglich ausschließlich internationale Rechtsquelle den nationalen rechtssystematischen Erfordernissen anzupassen. Der nationale Gesetzgeber wird so ausdrücklich in die Lage versetzt, Verträge, die von ihrem völkerrechtlichen Inhalt her nicht geeignet sind, dem einzelnen unmittelbar Rechte einzuräumen oder ihn nach innerstaatlichen Grundsätzen zu verpflichten, in Form von Gesetzen zu erfüllen. Auch für Staatsverträge auf Verordnungsebene kann durch das abschlußberechtigte Organ ein Erfüllungsvorbehalt ausgesprochen werden.[86]

5. *Die Kundmachung und das Inkrafttreten von Staatsverträgen*

Staatsverträge, die unter Art. 50 B-VG fallen, sind im Bundesgesetzblatt (öBGBl.) kundzumachen.[87] Verfassungsrangige Staatsverträge müssen außerdem mit dem Hinweis „verfassungsändernd" versehen werden. In der Praxis ist dem öBGBl. darüber hinaus zu entnehmen, welche Artikel eines verfassungsrangigen Staatsvertrages verfassungsändernd sind. Anstelle des öBGBl. kann auch eine zweckentsprechende Publikation beschlossen werden. Der Zeitpunkt des Inkrafttretens eines Staatsvertrages ist ausdrücklich zu bestimmen; andernfalls ist eine gesetzliche Frist vorgesehen. Auch Staatsverträge gemäß Art. 65 Abs. 1 B-VG müssen, von Ausnahmen abgesehen, dem öBGBl. entnommen werden können.[88] Alle

---

[86] Art. 65 Abs. 1 B-VG (FN 72).

[87] Art. 49 B-VG: (1) Die Bundesgesetze und die im Artikel 50 bezeichneten Staatsverträge sind vom Bundeskanzler im Bundesgesetzblatt kundzumachen. Ihre verbindende Kraft beginnt, wenn nicht ausdrücklich anderes bestimmt ist, nach Ablauf des Tages, an dem das Stück des Bundesgesetzblattes, das die Kundmachung enthält, herausgegeben und versendet wird, und erstreckt sich, wenn nicht ausdrücklich anderes bestimmt ist, auf das gesamte Bundesgebiet; dies gilt jedoch nicht für Staatsverträge, die durch Erlassung von Gesetzen zu erfüllen sind (Artikel 50 Absatz 2).
(2) Anläßlich der Genehmigung von Staatsverträgen gemäß Artikel 50 kann der Nationalrat beschließen, daß der Staatsvertrag oder einzelne genau bezeichnete Teile des Staatsvertrages nicht im Bundesgesetzblatt, sondern in anderer zweckentsprechender Weise kundzumachen sind. Ein solcher Beschluß des Nationalrates hat die Kundmachungsweise, die die Zugänglichkeit des Staatsvertrages für die Dauer seiner Geltung gewährleisten muß, anzugeben und ist vom Bundeskanzler im Bundesgesetzblatt kundzumachen. Die verbindende Kraft solcher Staatsverträge beginnt, wenn nicht ausdrücklich anderes bestimmt ist, nach Ablauf des Tages, an dem das Stück des Bundesgesetzblattes, das die Kundmachung des Beschlusses des Nationalrates enthält, herausgegeben und versendet wird, und erstreckt sich, wenn nicht ausdrücklich anderes bestimmt ist, auf das gesamte Bundesgebiet.
(3) Über das Bundesgesetzblatt ergeht ein besonderes Bundesgesetz.

[88] § 2 Abs. 1 lit. b BG über das BGBl.: (1) Das Bundesgesetzblatt ist bestimmt zur Verlautbarung:
a) . . .

Staatsverträge, die durch einen Erfüllungsvorbehalt beschränkt sind, bleiben trotz ihrer Kundmachung von der unmittelbaren Rechtsanwendung ausgeschlossen.

6. Die gerichtliche Prüfung von Staatsverträgen

Im Wege eines Normenkontrollverfahrens ist der Verfassungsgerichtshof gemäß Art. 140 a B-VG[89] legitimiert, die Rechtswidrigkeit von Staatsverträgen festzustellen. Das Verfahren richtet sich nach dem Rang des Staatsvertrages; die für die Verfassungsgesetzes-, Gesetzes- und Verordnungsprüfung maßgeblichen Bestimmungen sind einschlägig. Gegenstand der Prüfung sind sämtliche Kategorien von Staatsverträgen. Prüfungsmaßstab bilden die bundesverfassungsgesetzlichen und einfachgesetzlichen Normen sowie die Staatsverträge in Verfassungs- und Gesetzesrang. Verfassungskoordinierte Staatsverträge werden wie Bundesverfassungsgesetze überprüft; ob und inwieweit eine materielle Übereinstimmung mit den staatstragenden Grundprinzipien[90] vorliegen muß, bleibt an dieser Stelle noch offen. Stellt der Verfassungsgerichtshof die Rechtswidrigkeit fest, so verliert der Staatsvertrag entweder vom Tage der Kundmachung der Entscheidung an oder aber nach Ablauf einer bis zu zweijährigen Frist seine innerstaatliche Rechtsverbindlichkeit. Staatsverträge sind also nur vernichtbar, nicht absolut nichtig. Im Ergebnis

---

b) der Staatsverträge einschließlich ihrer Übersetzung in die deutsche Sprache und der Erklärung des Beitrittes zu Staatsverträgen sowie darauf bezüglicher Beschlüsse nach Art. 49 Abs. 2, nach Art. 50 Abs. 2 oder darauf bezüglicher Anordnungen nach Art. 65 Abs. 1 zweiter Satz des Bundes-Verfassungsgesetzes, jedoch mit Ausnahme solcher Staatsverträge, die der Genehmigung des Nationalrates nicht bedürfen und sich ihrem Inhalte nach ausschließlich an Verwaltungsbehörden wenden;

c) . . .

[89] Art. 140 a B-VG: (1) Der Verfassungsgerichtshof erkennt über die Rechtswidrigkeit von Staatsverträgen. Dabei ist auf die mit Genehmigung des Nationalrates gemäß Artikel 50 abgeschlossenen Staatsverträge Artikel 140, auf alle anderen Staatsverträge Artikel 139 entsprechend mit der Maßgabe anzuwenden, daß Staatsverträge, deren Gesetz- oder Verfassungswidrigkeit der Verfassungsgerichtshof feststellt, vom Tage der Kundmachung des Erkenntnisses an von den zu ihrer Vollziehung berufenen Organen nicht anzuwenden sind, wenn der Verfassungsgerichtshof nicht eine Frist bestimmt, innerhalb welcher ein solcher Staatsvertrag weiter anzuwenden ist. Diese Frist darf bei den in Artikel 50 bezeichneten Staatsverträgen zwei Jahre, bei allen anderen Staatsverträgen ein Jahr nicht überschreiten.

(2) Stellt der Verfassungsgerichtshof die Gesetz- oder Verfassungswidrigkeit eines Staatsvertrages fest, der durch Erlassung von Gesetzen oder Verordnungen zu erfüllen ist, so erlischt die Wirksamkeit des Beschlusses nach Artikel 50 Absatz 2 oder der Anordnung nach Artikel 65 Absatz 1 zweiter Satz.

[90] s. dazu Art. 44 Abs. 2 B-VG: (1) . . .

(2) Jede Gesamtänderung der Bundesverfassung, eine Teiländerung aber nur, wenn dies von einem Drittel der Mitglieder des Nationalrates oder des Bundesrates verlangt wird, ist nach Beendigung des Verfahrens gemäß Artikel 42, jedoch vor der Beurkundung durch den Bundespräsidenten, einer Abstimmung des gesamten Bundesvolkes zu unterziehen.

kommt einer Entscheidung des Verfassungsgerichtshofes die gleiche Rechtswirkung zu wie einem Erfüllungsvorbehalt: Der Staatsvertrag ist zwar Bestandteil der österreichischen Rechtsordnung geworden; der Gesetz- oder Verordnungsgeber wird aber zur Bereinigung der Rechtslage aufgerufen. Die Verfassungsmäßigkeit eines Staatsvertrages war bislang noch nicht Gegenstand eines Verfahrens vor dem Verfassungsgerichtshof.

II. Die übrigen Völkerrechtsquellen im österreichischen Recht

Zur Vervollständigung und zum besseren Verständnis der Stellung des Staatsvertrags ist es sinnvoll, die weiteren völkerrechtlichen Regelungen zu erläutern.

1. Die allgemein anerkannten Regeln des Völkerrechts

Die allgemein anerkannten Regeln des Völkerrechts gelten nach Art. 9 Abs. 1 B-VG[91] als Bestandteil des Bundesrechts. Aus dem Text wird ersichtlich, daß bei Ausarbeitung dieses Verfassungsartikels die Weimarer Reichsverfassung als Vorbild gedient hat.

Unter den allgemein anerkannten Regeln versteht man vorrangig das Völkergewohnheitsrecht; auch die allgemeinen Rechtsgrundsätze werden überwiegend hinzugerechnet.[92]

Entsprechend der Unbestimmtheit der Weimarer Reichsverfassung enthält auch Art. 9 Abs. 1 B-VG keine ausdrückliche Rangeinordnung der in das staatliche Recht übernommenen Normen. Die Rangbestimmung wird deshalb kontrovers diskutiert: Während die eine Ansicht den allgemeinen Regeln einen jeweils festen Rang zuspricht, sei es Verfassungsrang[93], sei es der Rang zwischen Bundesverfassungs- und Bundesgesetzesrecht[94] oder sei es die Gleichsetzung mit einfachen Bundesgesetzen[95], dringt die Meinung vor, daß der einzelnen allgemein anerkannten Regel

---

[91] Art. 9 Abs. 1 B-VG: (1) Die allgemein anerkannten Regeln des Völkerrechtes gelten als Bestandteile des Bundesrechtes (vgl. FN 79).

[92] *Köck*, Das allgemeine Völkerrecht, in: *Schambeck* (Hrsg.), Das österreichische Bundes-Verfassungsgesetz und seine Entwicklung, Berlin 1980, 750 ff. m. w. Nachw.

[93] *Hellbling*, Art. 9 B-VG — Einmal einfach gesehen, in: *Imboden / Koja / Marcic / Ringhofer / Walter* (Hrsg.), Festschrift für *Adolf Merkl*, München/Salzburg 1970, 91 f.; *Metall*, Das allgemeine Völkerrecht und das innerstaatliche Verfassungsrecht, in: ZVR, Bd. 14 (1928), 179.

[94] *Rill*, Der Rang der allgemein anerkannten Regeln des Völkerrechts in der österreichischen Rechtsordnung, in: ÖZÖR, Bd. 10 (1959/60), 444 ff. (sog. Mezzanintheorie).

[95] *Kelsen / Froehlich / Merkl* (FN 82), 76 ff.; *Seidl-Hohenveldern*, International Law and Internal Law in Austria, in: AJIL, Bd.49 (1955), 454; s. a. VfGH Slg. 2680/1954.

der Rang gebühre, den sie hätte, wenn sie als originäre Rechtsquelle des österreichischen Rechts geschaffen worden wäre[96, 97].

Ohne diese Auslegungsfrage zu vertiefen, ist in diesem Zusammenhang noch auf Art. 145 B-VG[98] hinzuweisen, der die Zuständigkeit des Verfassungsgerichtshofs zur Entscheidung über Verletzungen des Völkerrechts begründet. Das entsprechende Bundesgesetz wurde bisher nicht erlassen, so daß dem Artikel derzeit nur programmatischer Charakter zugesprochen werden kann.

2. *Die Beschlüsse internationaler Organisationen*

Soweit Österreich unter Beachtung des Status der immerwährenden Neutralität[99] und seiner staatsvertraglich auferlegten Verpflichtung zur Unabhängigkeit[100] Mitglied supranationaler Organisationen geworden ist, können diese Einrichtungen vertragsgemäß Rechtsvorschriften erlassen. Die innerstaatliche Rechtsverbindlichkeit tritt erst mit der Kundmachung im öBGBl. oder in zweckentsprechender Weise ein.[101]

B. Die Stellung des verfassungskoordinierten Staatsvertrages im österreichischen Bundesverfassungsrecht

Um das Ziel der Untersuchung, die österreichische Verfassungsentscheidung für Staatsverträge in Verfassungsrang zum Ausgangspunkt einer Neuregelung der Eingliederung von völkerrechtlichen Verträgen in das deutsche Verfassungsrecht zu machen, bildet im folgenden die formelle Stellung dieser Staatsvertragskategorie im österreichischen Verfassungsgefüge den Schwerpunkt. Da die verfassungsändernden und -ergänzenden zu der Gruppe der gesetzesändernden und -ergänzenden Staatsverträge gerechnet werden (Art. 50 Abs. 1 B-VG), erfassen die grundsätzlichen Ausführungen auch die gesetzesrangigen internationalen Vereinbarungen. Die Staatsverträge auf Verordnungsebene bleiben im folgenden unberücksichtigt.[102]

---

[96] *Adamovich / Funk*, Österreichisches Verfassungsrecht, Wien/New York 1982, 132; *Ermacora*, Österreichische Verfassungslehre, Wien/Stuttgart 1970, 5, 84; *Walter / Mayer*, Grundriß des österreichischen Bundesverfassungsrechts, 4. Aufl., Wien 1982, 69.

[97] s. a. *Laurer*, Der Beitritt Österreichs zu internationalen Organisationen als Problem der innerstaatlichen Normerzeugung, in: ÖZÖR, Bd. 20 (1970), 351 f., der die spätere nationale ranggleiche Norm sofort durch die entsprechende allgemein anerkannte Regel derogiert wissen will.

[98] Art. 145 B-VG: Der Verfassungsgerichtshof erkennt über Verletzungen des Völkerrechtes nach den Bestimmungen eines besonderen Bundesgesetzes.

[99] Neutralitätsgesetz öBGBl. 1955/211.

[100] Staatsvertrag von Wien öBGBl. 1955/152.

[101] s. § 2 BG über das BGBl. (FN 88).

[102] Vgl. dazu *Posch*, Regierungsübereinkommen — Ressortübereinkommen — Verwaltungsübereinkommen, in: ÖZÖR (V), Bd. 34 (1983), 201 ff.

I. Die Quellen des österreichischen Verfassungsrechts

Das österreichische Bundesverfassungsrecht findet nicht Ausdruck in einem geschlossenen Gesetzeswerk. Das Bundes-Verfassungsgesetz vom 1. 10. 1920 in der Fassung von 1929 enthält die grundlegenden staatsorganisationsrechtlichen Bestimmungen. Es existieren jedoch weitere eigenständige Verfassungsgesetze und eine Vielzahl von Verfassungsbestimmungen in einfachen Bundesgesetzen.[103] Zu den bedeutendsten Bundesverfassungsgesetzen gehören die Grundrechtskataloge.[104]

Entsprechendes gilt für die verfassungskoordinierten Staatsverträge als Bestandteil des österreichischen Verfassungsrechts: Neben Staatsverträgen, die als ganze Verfassungsrang genießen, sind in gesetzesrangigen Staatsverträgen eine Vielzahl verfassungsrangiger Einzelregelungen enthalten.

Diese für den Rechtsadressaten nicht überschaubare Rechtslage gründet auf mehreren Ursachen. Schon bei der Ausarbeitung des Bundes-Verfassungsgesetzes war man sich bewußt, daß keine alle Bestandteile erschöpfende Verfassungsurkunde geschaffen werde.[105] Unter den beteiligten politischen Gruppen konnte keine umfassende Einigung herbeigeführt werden,[106] so daß teilweise geltendes Recht übernommen wurde.[107] Teilweise fehlte die Normierung von grundsätzlichen Bereichen, die für eine Bundesverfassung unerläßlich sind[108] und erst in der Folgezeit geschaffen wurden.[109] Wesentlicher Faktor für die Unübersichtlichkeit des österreichischen Verfassungsrechts bilden die zulässigen verfassungsgesetzlichen Bestimmungen, die mit verfassungsändernden Mehrheiten beschlossen werden, aber außerhalb des Textes der Verfassungsurkunde bleiben (Art. 44 Abs. 1 B-VG: Verfassungsgesetze oder in einfachen Gesetzen enthaltene Verfassungsbestimmungen . . .).[110] Eine solche Verfassungsänderung ohne ausdrückliche Textänderung der entgegenstehenden

---

[103] Neben dem B-VG gibt es 132 Sonderverfassungsgesetze, 240 einfache Gesetze, in denen Verfassungsbestimmungen enthalten sind (Stand: 15. 5. 1980): zitiert nach *Klecatsky*, Bundes-Verfassungsgesetz und Bundesverfassungsrecht, in: *Schambeck* (Hrsg.), Das österreichische Bundes-Verfassungsgesetz und seine Entwicklung, Berlin 1980, 96 f.

[104] s. Gesetz vom 27. 10. 1862 zum Schutze der persönlichen Freiheit, öRGBl. 87; Gesetz vom 27. 10. 1862 zum Schutze des Hausrechts, öRGBl. 88 als Beispiele; Staatsgrundgesetz vom 21. 12. 1867 über die allgemeinen Rechte der Staatsbürger, öRGBl. 142.

[105] s. Bericht des Verfassungsausschusses vom 26. 9. 1920, zitiert nach: *Schambeck* (FN 103), XXIV.

[106] Vgl. zur Ausarbeitung eines Grundrechtsteils *Ermacora*, Die österreichische Bundesverfassung und Hans Kelsen, Wien 1982, 21 ff.; *Korinek / Gutknecht*, Der Grundrechtsschutz, in: *Schambeck* (FN 103), 297.

[107] s. FN 104.

[108] *Ermacora*, Zur Entstehung, in: *Schambeck* (FN 103), 14 ff.

[109] So z. B. 1922: Regelung der Finanzverfassung, 1962: Neuordnung der Gemeinde- und Schulverfassung.

[110] s. FN 103.

Verfassungsnorm trifft häufig eine Spezialregelung, ohne daß die grundsätzliche Bestimmung verändert werden soll.

Folge dieser Verfassungssystematik ist die Vielschichtigkeit des gesamten Verfassungsrechts, einhergehend mit einer Rechtszersplitterung. Diese Rechtsentwicklung ist deshalb Gegenstand massiver Kritik.[111] Sie bewirkt beispielsweise, daß sich der einzelne auf Grundrechte berufen kann, deren Entstehungszeit über mehr als ein Jahrhundert verteilt ist, die ihren Ursprung im Völkerrecht und im nationalen Recht haben und sich häufig ergänzen und überlagern.[112]

II. Die Übernahme des Staatsvertrages in das österreichische Recht

1. *Der Staatsvertrag als funktionell eigenständige Rechtsquelle*

Prägend für die Integration völkerrechtlicher Verträge in das österreichische Verfassungsrecht ist der Verzicht auf die Umwandlung in eine typisch nationale Rechtssatzform. Vielmehr schafften die Verfassungsgeber 1920 eine qualitativ neue Rechtsquelle, die den originären Rechtssätzen gleichgestellt ist[113] und anfangs als „Eigentümlichkeit"[114] empfunden wurde. Formell sind die Staatsverträge den nationalen Rechtsquellen weitgehend angepaßt: Je nach dem Rang des Staatsvertrages entspricht die Abschlußkompetenz, die etwaige Genehmigung durch den Nationalrat sowie die Publikation einschließlich des Inkrafttretens den Anforderungen, die an den Erlaß einer Verordnung, eines einfachen Bundesgesetzes oder eines Bundesverfassungsgesetzes gestellt werden. Die insoweit als „Vergesetzlichung"[115] empfundene Gleichstellung muß begrifflich auf die Verordnungs- und Verfassungsebene erweitert werden.

2. *Die Geltung des Staatsvertrages als innerstaatliches Recht*

Die rechtstheoretischen Konzepte zur Integration der völkerrechtlichen Vertragsnormen in das nationale Recht sind auch in Österreich Gegenstand einer umfassenden Diskussion. Bevor im einzelnen die Deutungen der Übernahme aufgezeigt werden, erfolgt schon vorab der Hinweis, daß sie ohne praktische Auswirkungen bleiben.

---

[111] Statt aller: *Klecatsky* (FN 103), 83 m. w. Nachw. in FN 2.

[112] Übersicht bei *Melichar*, Der Schutz der Menschenrechte im Verfassungsrecht der Republik Österreich, in: Österreichische Landesreferate zum IX. Internationalen Kongreß für Rechtsvergleichung Teheran 1974, 125 ff.; s. a. *Öhlinger*, Die Grundrechte in Österreich, in: EuGRZ, Bd. 9 (1982), 234.

[113] *Öhlinger*, Der völkerrechtliche Vertrag im staatlichen Recht, Wien 1973, 175.

[114] *Froehlich*, Staatsrechtliche Eigentümlichkeiten der österreichischen Bundesverfassung, in: ZfV 1921, 84.

[115] *Rack*, Das Völkerrecht im staatlichen Recht, Wien 1979, 32.

Bei der Eingliederung wird zwischen Geltung und unmittelbarer Anwendbarkeit eines Staatsvertrages unterschieden. Innerstaatliche Geltung erhält jeder Staatsvertrag, der durch die Kundmachung im öBGBl. Eingang in das österreichische Recht findet[116], während erst seine unmittelbare Anwendbarkeit im Sinne einer Qualifikation den Staatsorganen ermöglicht, ihn als Entscheidungsgrundlage heranzuziehen, oder dem einzelnen Rechte verschafft.

Überwiegend wird für die Herbeiführung der innerstaatlichen Geltung der Begriff Transformation verwendet.[117] Entgegen dem eigentlichen Wortsinn versteht die österreichische Verfassungswissenschaft unter Transformation[118] nicht die Umgießung des Völkerrechts in nationales Recht, sondern allgemein die Rechtstechnik, mit deren Hilfe die Vollziehung völkerrechtlicher Normen im Bereich der staatlichen Rechtsordnungen ermöglicht wird.[119] Die selbständige innerstaatliche Rechtssatzform Staatsvertrag, deren Geltungsgrund im nationalen Recht angesiedelt ist, übernimmt die völkerrechtliche Vertragserfüllung.[120] Im Zusammenhang mit Art. 50 Abs. 2 B-VG[121] ist die „spezielle Transformation" zu sehen: Bei der speziellen Transformation wird ein eigenes innerstaatliches Gesetz erlassen, das den Vertragsinhalt einer unmittelbaren Anwendbarkeit zuführt, allerdings in Gestalt einer originären staatlichen Rechtsquelle. Der Genehmigungsbeschluß einschließlich seiner Publikation begründet die innerstaatliche Geltung, das folgende Gesetz die unmittelbare Anwendbarkeit. Gegen den Terminus der speziellen Transformation ist zu Recht eingewendet worden, daß der Vertrag bereits Bestandteil des innerstaatlichen Rechts ist[122], das Aufschieben seiner unmittelbaren Rechtswirkung berührt die Übernahme als solche nicht[123].

Der Transformationstheorie wird das Prinzip der Adoption der Staatsverträge entgegengesetzt. Die Adoptionsthese geht davon aus, daß der Staatsvertrag, obwohl er Rechtssatzform des österreichischen Rechts ist, als völkerrechtlicher Vertrag materiell unverändert Geltung im österrei-

---

[116] *Öhlinger* (FN 113), 112, 118 ff.; *Zeileissen*, Die unmittelbare Anwendung von Staatsverträgen in Österreich, in: ÖZÖR, Bd. 21 (1971), 324.

[117] *Adamovich / Funk* (FN 96), 138; *Ermacora* (FN 96), 85; *Rack* (FN 115), 40 ff.; *Walter / Mayer* (FN 96), 66 f.

[118] Vgl. zum Begriff Transformation S. 18; die österreichische Terminologie ist insoweit irreführend, so auch *v. Grüningen*, Die österreichische Verfassungsnovelle über Staatsverträge vom 4. März 1964, in: ZaöRV, Bd. 25 (1965), 79.

[119] Statt aller: *Walter*, Die Neuregelung der Transformation völkerrechtlicher Verträge im österreichischen Recht, in: ÖJZ, Bd. 19 (1964), 450.

[120] *Rack* (FN 115), 41.

[121] Vgl. FN 74.

[122] *Novak* (FN 84), 311.

[123] Insbesondere kann der VfGH einen Staatsvertrag auf seine Rechtmäßigkeit hin untersuchen (vgl. S. 38 f.). Im folgenden wird der Begriff Erfüllungsvorbehalt beibehalten.

chischen Recht erlangt.[124] Insoweit ergibt sich eine Übereinstimmung mit der zu Art. 59 Abs. 2 GG vertretenen Vollzugstheorie.[125]

Einen Schritt weiter geht die Ansicht, die von dem völkerrechtlichen Vertrag als einer Norm doppelter Bedingtheit spricht.[126] Der Staatsvertrag werde auf Völkerrechtsebene im Sinne von Art. 46 der Wiener Vertragsrechtskonvention durch die Einhaltung wesentlicher innerstaatlicher Willensvorschriften als Bestandteil der völkerrechtlichen Rechtserzeugungsnorm geschaffen. Aus staatsrechtlicher Sicht sei die Erfüllung der Vertragsvorschrift integrierter Bestandteil der verfassungsrechtlichen Erzeugungsnorm. Die Ausführung innerstaatlicher Bestimmungen begründeten eine Norm, die völkerrechtlich und innerstaatlich identisch sei. Gegen eine solche Vereinheitlichung ist einzuwenden, daß die Geltungsgrundlage allen Völkerrechts dort selbst angesiedelt ist, andererseits die Erfüllung als innerstaatliche Aufgabe davon zu trennen ist. Die Ratifikation stellt das vertragsbegründende Element auf internationaler Ebene dar, während Genehmigungsbeschluß und Kundmachung den Staatsvertrag für eine ganz bestimmte nationale Rechtsanwendung freigeben.

Aus der Entstehungsgeschichte des Bundes-Verfassungsgesetzes läßt sich für den Theorienstreit nichts herleiten, da die Verfassungsgeber 1920, beeinflußt von *Kelsen* und der monistischenTheorie der Wiener Schule, von dem Primat des Staatsrechts ausgingen.[127] Der Begriff Transformation im österreichischen Sinne ist erstmals von *Froehlich*[128] verwendet worden. Eine die Staatsvertragsregelungen modifizierende Novelle des B-VG von 1964[129] spricht in den Erläuternden Bemerkungen[130] von Transformation als allgemein verständlichem Terminus; durch die Transformation erlange die Völkerrechtsnorm innerstaatliche Geltung. Ob damit relativ selbständige innerstaatliche Rechtsformen gemeint sind oder aber die relative Abhängigkeit des Staatsvertrages von Völkerrechtsverträgen, läßt sich nicht klären.

Deshalb sollte, allerdings auch aus der Sicht der deutschen Begriffsverwendung, dem Adoptionsprinzip der Vorzug gegeben werden. Kennt das B-VG die Rechtssatzform Staatsvertrag, so bietet sich an, die inter-

---

[124] *Öhlinger* (FN 113), 132.

[125] s. S. 18 f. Demgegenüber kennt das österreichische Recht aber keinen Anwendungsbefehl i. S. eines Gesetzes, vgl. *Zeileissen* (FN 116), 339.

[126] *Rotter*, Die Staatsverträge, in: *Schambeck* (FN 103), 797.

[127] *Kelsen / Froehlich / Merkl* (FN 82), 75 f.; *Kelsen*, Wesen und Entwicklung der Staatsgerichtsbarkeit, in: VVDStRL, Bd. 5 (1929), 41 ff.; *ders.*, Das Problem der Souveränität und die Theorie des Völkerrechts, Tübingen 1920, 314 ff.; *Verdross*, Zur Konstruktion des Völkerrechts, in: ZVR, Bd. 8 (1914), 329 ff.; *ders.*, Das Verhältnis der verfassungsmäßigen Staatsverträge zum österreichischen Gesetzesrecht, in: JBl., Bd. 46 (1917), 537 ff.

[128] *Froehlich* (FN 114), 84.

[129] öBGBl. 1964/59.

[130] 287 BlgNR 10. GP, 3.

nationale Rechtsquelle selbst Eingang in das Staatsrecht finden zu lassen. Die Existenz einer vom Völkerrecht losgelösten Norm ist nur zu schwer zu begründen, da der Gesetzgeber für seinen Hoheitsbereich ja typischere und damit effizientere Rechtsquellen zur Verfügung hat.

3. Die unmittelbare Anwendbarkeit von Staatsverträgen

a) Die Erfüllung völkerrechtlicher Vertragsverpflichtungen ist Aufgabe der innerstaatlichen Rechtsordnung. Für Staatsverträge mit normativem Inhalt gilt in der österreichischen Rechtsordnung das Ziel einer weitestgehenden Rechtsangleichung. Staatsvertragliche Regelungen müssen nach nationalen Kriterien geeignet sein, von staatlichen Organen zur Rechtsanwendung herangezogen werden zu können.[131] Die Eignung in dem Sinne, daß sich eine Vertragsbestimmung an Individuen oder Vollzugsorgane[132] richtet und so formuliert ist, daß sie aufgrund der staatlichen Rechtsordnung vollzogen werden kann, wird in der Regel als unmittelbare Anwendbarkeit bezeichnet.[133] Teilweise verwendet man auch den international gebräuchlichen Begriff „self-executing treaty" in gleicher Weise.[134] Die unmittelbare Anwendung ist durch Auslegung zu ermitteln, wobei die Voraussetzungen von dem Maßstab, der jeweils für die ranggleiche originäre Rechtsquelle gilt, bestimmt werden. Völkerrechtliche Auslegungsgrundsätze[135] bleiben in diesem Zusammenhang auch von der Adoptionstheorie unberücksichtigt.[136] Die Bestimmung der unmittelbaren Anwendbarkeit nach ausschließlich nationalen Gesichtspunkten bewirkt eine prinzipielle Gleichwertigkeit mit den innerstaatlichen Rechtssatzformen.

b) Für Staatsverträge, die sich ausschließlich an die Vertragspartner richten und für Staatsverträge, denen es an den notwendigen Voraussetzungen der unmittelbaren Anwendbarkeit fehlt, besteht die Möglichkeit, sie durch Ausführungsgesetze (Erfüllungsgesetze) als Folge eines Erfüllungsvorbehaltes gemäß Art. 50 Abs. 2 B-VG in das österreichische

---

[131] *Khol*, Die europäische Sozial-Charta und die österreichische Rechtsordnung, in: JBl., Bd. 87 (1965), 81.

[132] Vollzugsorgane sind im österreichischen Verfassungsrecht als Folge eines organisationsrechtlichen Begriffs der Gewaltentrennung sowohl die Verwaltung als auch die Justiz. Gerichtsbarkeit ist Vollziehung durch richterliche Organe, während die Verwaltung Akte der Vollziehung durch weisungsgebundene Organe setzt.

[133] *Ermacora*, Die Menschenrechte und der Formalismus, in: JBl., Bd. 84 (1962), 119; *Khol* (FN 131), 81; *Walter* (FN 119), 450; *Winkler*, Zur Frage der unmittelbaren Anwendbarkeit von Staatsverträgen, in: JBl., Bd. 83 (1961), 11 ff.; *Zeileissen* (FN 116), 327 ff.

[134] Vgl. zum nicht einheitlich verwendeten Begriff: *Freund*, Einige Bemerkungen zu unmittelbar anwendbaren Verträgen, in: ÖZÖR, Bd. 20 (1970), 117 ff.; *McNair*, The Law of Treaties, Oxford 1961, 80; *Vasak*, Was bedeutet die Aussage, ein Staatsvertrag sei „self-executing"?, in: JBl., Bd. 83 (1961), 621 f.

[135] s. Art. 31 ff. WVRK (öBGBl. 1980/40).

[136] *Öhlinger* (FN 113), 141 ff.

Recht einzugliedern. Das Institut des Erfüllungsvorbehalts, eingeführt durch die B-VG-Novelle vom 4. März 1964, legitimiert den jeweils zuständigen Gesetzgeber, das entsprechende Bundes(verfassungs)- oder Landesgesetz zu erlassen[137] und somit die effektivste Form der Integration völkerrechtlicher Vertragsregeln herbeizuführen.

Ziel der Verfassungsnovelle bezüglich Art. 50 Abs. 2 B-VG war, in Ausnahmefällen mittels innerstaatlicher Rechtsetzung einen Staatsvertrag dem österreichischen Recht anzupassen, um eine einheitliche Rechtsanwendung auch für ungeeignete Vertragsbestimmungen zu garantieren.[138] Die unmittelbare Anwendbarkeit eines Vertrages sollte immer dann ausgeschlossen werden können, wenn zweifelhaft ist, ob er als Rechtssatz den staatlichen Anforderungen genügt. Die gewünschte Rechtssicherheit konnte aber in der Folgezeit nur teilweise erreicht werden. Von einem Erfüllungsvorbehalt wird selten aus dem ursprünglich verfolgten Zweck Gebrauch gemacht.[139] So diente ein solcher Parlamentsbeschluß des öfteren zum bewußten Ausschluß der unmittelbaren Anwendung. Begründet wird dies mit einer bereits dem Staatsvertrag entsprechenden nationalen Rechtslage; die Verpflichtung sei bereits im geltenden Recht verwirklicht.[140] Insgesamt eröffnet Art. 50 Abs. 2 B-VG der Praxis die Möglichkeit, trotz völkerrechtlich korrektem Vertragsschluß die innerstaatliche Rechtsanwendung langfristig zuunterbinden[141], ohne daß eine verfassungsrechtlich durchsetzbare Verpflichtung zur Gesetzgebung besteht.

Als authentische Interpretation dokumentiert ein Erfüllungsvorbehalt das Ausscheiden der unmittelbaren Anwendbarkeit.[142] Das Ausbleiben eines solchen Beschlusses rechtfertigt aber nicht den Schluß, alle übrigen Staatsverträge seien unmittelbar anwendbar.[143] Viele Regelungsbereiche

---

[137] *Walter*, Österreichisches Bundesverfassungsrecht, Wien 1972, 186 f.

[138] 287 BlgNR 10. GP, 4 f.

[139] Ein positives Beispiel bildet das Internationale Übereinkommen über die Beseitigung aller Formen rassischer Diskriminierung (öBGBl. 1972/377), das nach einem Erfüllungsvorbehalt durch das BVG (öBGBl. 1973/390) zur Durchführung des Internationalen Übereinkommens ausgeführt wurde.

[140] So das Übereinkommen über die politischen Rechte der Frau (öBGBl. 1969/256); die Konvention zur Beseitigung jeder Form von Diskriminierung der Frau (öBGBl. 1982/443), s. a. 826 BlgNR 15. GP, 24 f.; der Internationale Pakt über bürgerliche und politische Rechte sowie der Internationale Pakt über wirtschaftliche, soziale und kulturelle Rechte (öBGBl. 1978/590, 591).

[141] Vgl. *Bös*, Staatsvertrag und innerstaatliches Recht, Berichte und Informationen 1964, 5.

[142] *Öhlinger* (FN 113), 149.

[143] So aber *Khol* (FN 131), 81; *Klecatsky*, Die Bundesverfassungsnovelle vom 4. März 1964 über die Staatsverträge, in: JBl., Bd. 86 (1964), 358; *Walter* differenziert zwischen einem notwendigen Erfüllungsvorbehalt bei Verträgen, denen es an ausreichender Bestimmtheit mangelt, und einem in das Ermessen des Nationalrats gestellten Erfüllungsvorbehalt bei allen übrigen Verträgen: FN 137, 184 f.; s. a. *Rack* (FN 115), 69 f.

völkerrechtlicher Verträge sowie in jedem Vertrag enthaltene Organisationsbestimmungen müssen als nicht geeignet ausscheiden. Deshalb begründet das Fehlen eines Erfüllungsvorbehalts lediglich eine Art Rechtsvermutung für die unmittelbare Anwendbarkeit[144], die ausdrücklich anhand innerstaatlicher Kriterien verifiziert werden muß. In der Regel enthalten die Erläuterungen zu Regierungsvorlagen den Hinweis, daß die in Frage kommenden vertraglichen Bestimmungen zur unmittelbaren Anwendung im innerstaatlichen Recht ausreichend determiniert seien.[145]

c) Anhand objektiver und subjektiver Kriterien wird die unmittelbare Anwendbarkeit ermittelt.[145a] Art. 18 Abs. 1 B-VG[146] zeigt ebenso wie für Gesetze auch für gesetzesrangige Staatsverträge das Erfordernis einer ausreichenden Bestimmtheit als objektive Anwendungsvoraussetzung auf. Der Rechtsprechung zu Art. 18 B-VG können entsprechende Bedingungen entnommen werden. So sind die staatlichen Organe dann zur Vollziehung berufen, wenn ihr Handeln gesetzlich hinsichtlich der Zuständigkeit, des Verfahrens und des Inhalts hinreichend bestimmt ist.[147] Zur Ermittlung der unmittelbaren Anwendbarkeit zieht man die Vertragsregelung ebenso wie übrige den Regelungsgegenstand betreffende Rechtssätze heran.[148] Inwieweit neben den genannten objektiven Kriterien auch als subjektive Voraussetzung der unmittelbaren Anwendbarkeit ein entsprechender Wille der Vertragspartner nachzuweisen ist,[149] dürfte zumindest seit Inkrafttreten der Wiener Vertragsrechtskonvention aufgrund ihrer Bestimmungen zur Vertragsauslegung (Art. 31 ff.) zweifelhaft sein.

d) Auch die Rechtssatzqualität der hier im Vordergrund des Interesses stehenden Staatsverträge in Verfassungsrang kann nur durch den Vergleich mit originärem Verfassungsrecht ermittelt werden. Als unmittelbar anwendbare Verfassungsnormen bieten sich die Grundrechte als Maßstab an, wobei naturgemäß deren Bestimmtheitsgrad weiter gefaßt ist. Bei den verfassungskoordinierten Staatsverträgen mit normativem Inhalt stellt sich die Frage der unmittelbaren Anwendung hauptsächlich für die EMRK,[150] da die meisten Menschenrechtsverträge, selbst wenn sie mit der Verfassung auf gleicher Stufe stehen, mit einem Erfüllungsvor-

---

[144] *Zeileissen* (FN 116), 330.

[145] Vgl. EB RV 1024 BlgNR 15. GP (Abkommen zwischen der Republik Österreich und Spanien über gegenseitige Amtshilfe in Zollsachen).

[145a] *Winkler* (FN 133), 11 f.

[146] Art. 18 Abs. 1 B-VG: Die gesamte staatliche Verwaltung darf nur aufgrund der Gesetze ausgeübt werden.; „die gesamte staatliche Verwaltung" im Sinne von Art. 18 B-VG umfaßt auch die Judikative.

[147] *Binder*, Das Völkerrecht im österreichischen Staatsrecht, in: ZaöRV, Bd. 35 (1975), 312; s. a. VfGH Slg. 3767/1960.

[148] *Binder* (FN 147), 312.

[149] So *Öhlinger* (FN 113), 141; *Winkler* (FN 133), 12.

[150] Der Staatsvertrag von Saint Germain (StGBl. 1920/303) und der Staatsvertrag von Wien (öBGBl. 1955/152) vermitteln ebenfalls Grundrechte, vor allem unter dem Aspekt des Minderheitenschutzes.

behalt gemäß Art. 50 Abs. 2 B-VG belegt sind[151]. Vor der Novelle des B-VG von 1964 war die unmittelbare Anwendung der EMRK bereits Gegenstand der Diskussion.[152] Nachdem der Verfassungsgerichtshof der Konvention den Verfassungsrang abgesprochen hatte,[153] verweigerte er ihr als Folge auch die unmittelbare Anwendung[154]. Seit der Bundesverfassungsgesetzgeber 1964 der EMRK eindeutig formell Verfassungsrang einräumte, stand ihrer Anwendung als Grundrechtskatalog nichts mehr entgegen.[155] Die Gleichwertigkeit der EMRK zu den nationalen Grundrechten ergibt sich weniger aus materiell verwandten Regelungsgehalten als aus ihrem formellen Status.[156] Grundrechte sind „verfassungsgesetzlich gewährleistete Rechte"[157] im eigentlichen Wortsinn. Als Folge eines positivistischen Rechtsdenkens begründet nur formelles Verfassungsrecht Grundrechte;[158] für die Auslegung, daß eine Norm in Verfassungsrang gleichzeitig auch „verfassungsgesetzlich gewährleistete Rechte" enthält, bleibt maßgebend, ob sie dem einzelnen subjekttive Rechte einräumt.[159]

[151] Vgl. FN 74.

[152] *Ermacora*, Die Menschenrechtskonvention als Bestandteil der österreichischen Rechtsordnung, in: JBl., Bd. 81 (1959), 396 ff.; *Golsong*, Die Beurteilung des Art. 6 der Menschenrechtskonvention durch den Verfassungsgerichtshof, in: JBl., Bd. 83 (1961), 530 ff.; *Pfeiffer*, Der Verfassungsgerichtshof zu Art. 6 der Menschenrechtskonvention, in: JBl., Bd. 83 (1961), 527 ff.; *Vasak* (FN 134), 621 ff.

[153] VfGH Slg. 3767, 4049/1960, 4433/1963, s. dazu ausführlich S. 65 f.

[154] VfGH Slg. 3767/1960, 4122/1961, 4795/1964; auch der VwGH Slg. (Finanzrechtlicher Teil) 2558/1961 schloß die unmittelbare Anwendung aus.

[155] *Ermacora*, Handbuch der Grundfreiheiten und der Menschenrechte, Wien 1963, 26 f.; *ders.*, Die UN-Menschenrechtspakte — Bestandteil der österreichischen Rechtsordnung?, in: JBl., Bd. 101 (1979), 191; *Khol*, Internationale Gesetzgebung und staatliche Rechtsanwendung, in: *Marcic / Mosler / Suy / Zemanek* (Hrsg.), Festschrift für *Verdross*, München/Salzburg 1971, 177; *Korinek / Gutknecht* (FN 106), 303; *Öhlinger* (FN 112), 220; *Tretter*, Übersicht zur Rechtsprechung der Höchstgerichte, in: *Ermacora / Nowak / Tretter* (Hrsg.), Die Europäische Menschenrechtskonvention in der Rechtsprechung der österreichischen Höchstgerichte, Wien 1983, 60.

[156] *Walter*, Grundrechtsverständnis und Normenkontrolle in Österreich, in: *Vogel* (Hrsg.), Grundrechtsverständnis und Normenkontrolle, Wien/New York 1979, 3, 17.

[157] Art. 144 B-VG: (1) Der Verfassungsgerichtshof erkennt über Beschwerden gegen Bescheide der Verwaltungsbehörden, soweit der Beschwerdeführer durch den Bescheid in einem verfassungsgesetzlich gewährleisteten Recht oder wegen Anwendung einer gesetzwidrigen Verordnung, eines verfassungswidrigen Gesetzes oder eines rechtswidrigen Staatsvertrages in seinen Rechten verletzt zu sein behauptet. Unter den gleichen Voraussetzungen erkennt der Verfassungsgerichtshof auch über Beschwerden gegen die Ausübung unmittelbarer verwaltungsbehördlicher Befehls- und Zwangsgewalt gegen eine bestimmte Person. Die Beschwerde kann erst nach Erschöpfung des Instanzenzuges erhoben werden, sofern ein solcher in Betracht kommt.
(2) . . .

[158] *Ringhofer*, Über Grundrechte und deren Durchsetzung im innerstaatlichen Recht, in: Universität Salzburg (Hrsg.), Festschrift für *Carl Hellbling*, Berlin 1981, 358 f.

[159] *Öhlinger* (FN 112), 217 f.; *Saxer*, Bestand der Grundrechte in Österreich, in: EuGRZ, Bd. 5 (1978), 462; s. a. VfGH Slg. 723/1926, 2075/1950.

Verfassungskoordinierte Staatsverträge wie die EMRK einschließlich ihrer Zusatzprotokolle sind deshalb unmittelbar anwendbar, soweit sie subjektive Rechte vermitteln.[160]

Trotz der Änderung der Rechtslage sprach die Rechtsprechung nach 1964 wichtigen Konventionsartikeln weiterhin die unmittelbare Anwendbarkeit ab, teils mit Hinweis auf ihren programmatischen Charakter.[161] Für die EMRK stellte der Verfassungsgerichtshof wesentlich strengere Anforderungen auf als zum Beispiel für das Staatsgrundgesetz von 1867.[162] So wurde etwa Art. 11[163] und Art. 13 EMRK[164] ursprünglich die unmittelbare Anwendbarkeit abgesprochen. Diese Haltung ist symptomatisch für die sich erst langsam ändernde Einstellung zur EMRK als Verfassungsrecht. Allmählich kann eine Gleichstellung der Konventionsrechte aufgezeigt werden. Art. 3,[165] 8,[166] 10,[167] 11[168] und 13[169] EMRK billigte man unter anderem Grundrechtscharakter zu, ohne daß allerdings erkennbar ist, welche Voraussetzungen für die unmittelbare Anwendbarkeit aufgestellt werden. Jedenfalls hat die Rechtsprechung des Verfassungsgerichtshofes, richtungsweisend für die gesamte Judikatur, die mit der Bundes-Verfassungsgesetz-Novelle 1964 erstrebte Gleichwertigkeit[170] auch für die Verfassungsebene nachvollzogen.

III. Die Einordnung der Staatsverträge in das Stufenbaumodell der österreichischen Verfassung

1. Die Lehre vom Stufenbau der österreichischen Rechtsordnung

Lange Zeit prägend für das österreichische Verfassungsrecht und die Verfassungswissenschaft war eine vorrangig formallogische Rechtsbetrachtung. Dieses Verfassungsverständnis findet auch Ausdruck im Bundes-Verfassungsgesetz von 1920, das bei seiner Entstehung durch die Mitarbeit von *Kelsen*, dem Begründer der Wiener Schule des Rechtspositivismus, beeinflußt wurde.[171] Auf seiner Reinen Rechtslehre beruht die

---

[160] VfGH Slg. 5102/1965.

[161] *Nowak*, Allgemeine Bemerkungen zur EMRK aus völkerrechtlicher und innerstaatlicher Sicht, in: *Ermacora / Nowak / Tretter* (FN 155), 49.

[162] *Moser*, Die Europäische Menschenrechtskonvention und das bürgerliche Recht, Wien 1972, 56.

[163] VfGH Slg. 4885/1964.

[164] VfGH Slg. 4795/1964, 5089/1965.

[165] VfGH EuGRZ 1984, 503 f.

[166] VfGH EuGRZ 1978, 245 f.

[167] VfGH Slg. 6288/1970.

[168] VfGH Slg. 8090/1977.

[169] VfGH Slg. 8126/1977, 9030/1981.

[170] *Rack* (FN 115), 32.

[171] s. *Ermacora* (FN 108), 8 FN 21.

Ansicht, daß die Verfassung sämtliche Rechtsnormen enthält, die die übrige Rechtserzeugung regeln.[172] Die Verfassung verkörpert die Gesamtheit der Normenerzeugungsnormen.[173] Basierend auf diesem rechtstheoretischen Ansatz wird das österreichische Rechtssystem unter Einbeziehung seiner verfassungsrechtlich institutionalisierten Demokratie mit ihrer organisatorischen Trennung von Gesetzgebung und Vollziehung als ein hierarchisches Ordnungsgefüge verstanden.[174] Das Konzept der Über- und Unterordnung von Rechtsquellen nach formalen Gesichtspunkten wurde von *Merkl* als Stufenbau der Rechtsordnung entwickelt.[175] Formale Bestimmungsgründe wie die Form und das Verfahren der Rechtserzeugung, das rechtserzeugende Organ sowie der Rechtsschutz bilden die Kriterien für die Einordnung in eine bestimmte Stufe: die verfassungsrechtliche Grundordnung / Verfassungsgesetze / einfache Gesetze / Verordnungen / Urteile und Bescheide[176] verkörpern die Hauptstufen.

Ordnungsprinzip des Stufenbaumodells ist zum einen die rechtliche Bedingtheit der voneinander ableitbaren Normen. Zum anderen wird dem Stufenbau die derogatorische Wirkung der Rechtssätze entnommen; der Rang einer Norm bestimmt ihre derogatorische Kraft. Aufgrund der formellen Verschiedenheiten der Rangordnungsprinzipien kann eine Rechtsquelle in den Stufenfolgen unterschiedliche Positionen einnehmen.[177]

In dieser stufenförmigen Gliederung der originären staatlichen Rechtsquellen haben auch die Staatsverträge ihren Platz. Durch die Anwendung von sich mit der nationalen Rechtsetzung deckenden Formalien bei der Übernahme von Staatsverträgen in das österreichische Recht erreicht man eine weitgehende Gleichstellung. Verfassungsändernde Staatsverträge erfordern wie Bundesverfassungsgesetze eine qualifizierte Mehrheit des Nationalrates, eine ausdrückliche Kennzeichnung als verfassungsändernd sowie eine entsprechende Kundmachung.[178] Hinzu kommt, daß sie innerhalb des Rechtsschutzes durch den Verfassungsgerichtshof Prüfungsgegenstand sein können[179], aber auch Prüfungsgrundlage. Entsprechendes gilt für gesetzesändernde Staatsverträge: In Form und Verfahren der Erzeugung ebenso wie im Rechtsschutzsystem gleichen sie einfachen Gesetzen. Schließlich deckt sich die Übernahme der verord-

---

[172] *Kelsen* (FN 9), 228 ff.

[173] *Walter* (FN 137), 9.

[174] *Winkler*, Der Verfassungsrang von Staatsverträgen, in: ÖZÖR, Bd. 10 (1959/60), 515.

[175] *Merkl*, Prolegomena einer Theorie des rechtlichen Stufenbaus, in: *Verdross* (Hrsg.), Festschrift für *Kelsen*, Wien 1931, 252 ff.

[176] Ein Bescheid ist der aufgrund eines förmlichen Verfahrens erlassene Verwaltungsakt (§ 56 AVG).

[177] *Merkl* (FN 175), 284.

[178] *Winkler* (FN 174), 520 ff.

[179] Vgl. Art. 140 a B-VG, eingeführt durch die B-VG — Novelle von 1964.

nungsrechtlichen Staatsverträge mit der nationalen Rechtserzeugung von Verordnungen; dieser Typ Staatsvertrag bleibt aber, wie bisher, außerhalb der Betrachtung.

Insgesamt wird eine bewußt herbeigeführte Parallelität offensichtlich, die eine Einordnung in den staatlichen Stufenbau rechtfertigt[180], indem die Staatsverträge den jeweils entsprechenden Rangstufen koordiniert werden.[181] Für die sich aus der Gleichordnung ergebende Gleichwertigkeit mit originärem staatlichen Recht aufgrund formaler Kriterien bleibt die Frage nach dem Rechtscharakter der Mitwirkung des Parlaments gemäß Art. 50 B-VG. Der Genehmigungsbeschluß ist kein Akt der staatlichen Gesetzgebung, sondern die formelle Mitwirkung eines Gesetzgebungsorgans an der Vollziehung.[182] Aber abgesehen davon trägt ein solcher Beschluß alle Merkmale, die konstituierend für ein Bundes(verfassungs)-Gesetz sind, insbesondere handelt das Normenerzeugungsorgan, das zur bundesrechtlichen Gesetzgebung legitimiert ist. Diese Parallele läßt den Schluß zu, daß die Mitwirkung des Parlaments auch die Funktion hat, neben der Kontrolle der Regierung den eigenständigen Rechtssatz Staatsvertrag zu schaffen. Die Integration des Staatsvertrages als gleichwertige parlamentarische Rechtsquelle ist insoweit verwirklicht.[183]

2. *Das Verhältnis der Staatsverträge zu originären staatlichen Rechtsquellen*

Durch sich widersprechende Regelungsinhalte in Staatsverträgen und nationalen Rechtsvorschriften kommt es zu Kollisionen. Für ranggleiche und -niedrigere Normen bewirkt in der Regel die zeitlich jüngere Rechtsvorschrift nach dem Grundsatz der lex posterior die Derogation der älteren.[184] Ob nun als Ordnungsprinzip die derogatorische Kraft den Rang bestimmt[185] oder ob der Rang seinerseits die Derogationswirkung ermöglicht[186], bleibt, da nur von rechtstheoretischem Interesse, offen. Schafft der Gesetzgeber bewußt eine abweichende Regelung, so spricht man von einer formellen Derogation[187]; in den übrigen Fällen liegt eine materielle Derogation vor.[188] Die Verdrängung der älteren Norm gilt

[180] *Winkler* (FN 174), 528.
[181] *Öhlinger* (FN 113), 169.
[182] *Binder* (FN 147), 303.
[183] *Öhlinger* (FN 113), 174 f.
[184] Vgl. S. 19 f.
[185] *Walter*, Der Aufbau der Rechtsordnung, 2. Aufl., Wien 1974, 55 ff.; *ders.*, Der Stufenbau nach der derogatorischen Kraft im österreichischen Recht, in: ÖJZ, Bd. 20 (1965), 169 ff.
[186] *Winkler* (FN 174), 516.
[187] *Walter / Mayer* (FN 96), 141.
[188] Im folgenden steht die Derogation im materiellen Sinne im Vordergrund.

nur im Verhältnis zur jüngeren Vorschrift, ansonsten bleibt sie rechtsverbindlich.

a) Wegen der formalen Gleichstellung der Staatsverträge mit nationalen Rechtsquellen haben grundsätzlich auch diese arteigenen Rechtssätze derogatorische Wirkung gegenüber gleich- oder niederrangigem Recht. Dies ergibt sich ausdrücklich aus dem Institut der formellen Derogation (Art. 50 B-VG) für Staatsverträge und konkludent aus der oben aufgezeigten Gleichwertigkeit.[189] Widerspricht ein Staatsvertrag andererseits nationalem höherrangigen Recht, so kann der Verfassungsgerichtshof gemäß Art. 140 a B-VG durch die Beseitigung der unmittelbaren Rechtswirkung den Normenkonflikt lösen.

aa) Auch Staatsverträge in Verfassungsrang müssen deshalb älteres Recht gleicher Qualität aufheben können. Ursprünglich verneinte der Verfassungsgerichtshof eine derogatorische Wirkung.[190] Für das Verhältnis von Art. 6 EMRK zu Art. 12 Abs. 2 B-VG[191] berief er sich auf den spezielleren Regelungsgehalt der nationalen Norm.[192] Im Konflikt stand die Einrichtung von Agrarsenaten als Verwaltungsbehörden, die über zivilrechtliche Ansprüche und Verpflichtungen ohne verwaltungsgerichtliche Kontrolle entscheiden konnten. Der Verfassungsgerichtshof war der Ansicht, die Agrarsenate seien nicht an Art. 6 EMRK zu messen.[193] Später gab er diese Rechtsprechung auf[194] und forderte Agrarsenate in Form von „Tribunalen", was eine Agrarbehördengesetz-Novelle nach sich zog[195]. Auch für Art. 10 EMRK hat der Verfassungsgerichtshof in Beziehung zu Art. 20 Abs. 2 B-VG eine mögliche derogatorische Wirkung bejaht.[196]

---

[189] *Ermacora* (FN 152), 401 f.; *Winkler* (FN 174), 519.

[190] VfGH Slg. 6109/1969, 4792, 4795, 4885/1964.

[191] Art. 12 Abs. 2 B-VG: (1) . . .
(2) In den Angelegenheiten der Bodenreform steht die Entscheidung in oberster Instanz und in der Landesinstanz Senaten zu, die aus dem Vorsitzenden und aus Richtern, Verwaltungsbeamten und Sachverständigen als Mitgliedern bestehen; der in oberster Instanz zur Entscheidung berufene Senat wird beim zuständigen Bundesministerium eingesetzt. Die Einrichtung, die Aufgaben und das Verfahren der Senate sowie die Grundsätze für die Einrichtung der mit den Angelegenheiten der Bodenreform sonst noch befaßten Behörden werden durch Bundesgesetz geregelt. Darin ist zu bestimmen, daß die Bescheide der Senate nicht der Aufhebung und Abänderung im Verwaltungsweg unterliegen; der Ausschluß eines ordentlichen Rechtsmittels von der Behörde erster Instanz an die Landesinstanz ist unzulässig.

[192] VfGH Slg. 5741/1968, 5943, 6044/1969, 6508/1971.

[193] s. dazu *Kopetzki*, Art. 5 und 6 MRK (VfGH), in: *Ermacora / Nowak / Tretter* (FN 155), 244; *Schantl / Welan*, Betrachtungen über die Judikatur des Verfassungsgerichthofs zur Menschenrechtskonvention, in: ÖJZ, Bd. 25 (1970), 651 f.

[194] VfGH Slg. 7284/1974, 9430/1982.

[195] öBGBl. 1974/476.

[196] VfGH Slg. 6288/1970.

Ein weiteres Beispiel für die Derogation durch internationale Verträge bilden die Staatsverträge, deren authentische Sprache nicht deutsch ist. Aufgrund des Erfordernisses der Kundmachung in den authentischen Vertragssprachen[197] verdrängt der fremdsprachige Vertrag Art. 8 B-VG, der die deutsche Sprache, von Ausnahmen abgesehen, zur Staatssprache erklärt.[198]

bb) Grundsätzlich wird Staatsverträgen in Verfassungsrang, die Grund- und Freiheitsrechte zum Gegenstand haben, jedoch eine derogatorische Wirkung gegenüber nationalen Grundrechten abgesprochen.[199] Trotz verfassungsrechtlich formaler Gleichrangigkeit verdrängt bei einer Grundrechtskonkurrenz nicht das jüngere das ältere Grundrecht, unabhängig von seiner Herkunft, sondern beide finden bei Überschneidungen kumulative Anwendung.[200] Auch hier kommt der Praxis der EMRK übergeordnete Bedeutung zu. Das in Art. 60 EMRK aufgestellte Günstigkeitsprinzip ermöglicht insoweit umfassenden Rechtsschutz. Überdies hat bislang der Verfassungsgerichtshof noch keinen Normenkonflikt aufgezeigt.

Als Ursache der Nichtanwendung der Kollisionsregeln ist auf eine eventuelle Ungeeignetheit der Anwendung des lex posterior-Grundsatzes auf generalklauselartige Menschenrechtsbestimmungen hingewiesen worden.[201] Um einem universalen Schutzanspruch zu genügen, sind die positivierten Rechte als offene Prinzipien formuliert worden.[202] Wesentlich dürfte auch die einheitliche Zielsetzung der meisten Grund- und Freiheitsrechtskodifikationen sein, die einen logischen Widerspruch ausschließt, unabhängig von ihrem nationalen oder internationalen Ursprung. Der Regelungsgehalt in Qualität und Quantität sowie eine jeweils einfließende rechtspolitische Grundhaltung führen wohl zu substantiellen Abweichungen. Das Verhältnis verschiedener Grundrechtskodifikationen zueinander wird jedoch eher durch einen unterschiedlichen Bestimmtheitsgrad geprägt. Neben partiellen Überschneidungen kommt es außerdem zu einem unterschiedlich weitreichenden Schutz in einzelnen Gebie-

---

197 Vgl. FN 88.

198 *Öhlinger* (FN 113), 329 f.; *Rack* (FN 115), 59; a. A. *Neisser / Welan*, Betrachtungen und Bemerkungen zur Judikatur des VfGH, in: ÖJZ, Bd. 23 (1968), 93, die Art. 8 B-VG nur auf die originäre staatliche Rechtserzeugung anwenden wollen.

199 *Ermacora*, Verfassungsnovelle 1981 und Staatsgrundgesetznovelle 1982, in: JBl., Bd. 104 (1982), 582; a. A. RV zum Internationalen Pakt über bürgerliche und politische Rechte, 230 BlgNR 14. GP, 33, die den Ausspruch eines Erfüllungsvorbehaltes anregt, um die derogatorische Wirkung auf die österreichische Grundrechtsordnung zu vermeiden.

200 *Tretter* (FN 155), 60.

201 *Berka*, Die Europäische Menschenrechtskonvention und die österreichische Grundrechtstradition, in: ÖJZ, Bd. 34 (1979), 428 FN 99.

202 *Delbrück*, Menschenrechte im Schnittpunkt zwischen universalem Schutzanspruch und staatlicher Souveränität, in: *Schwartländer* (Hrsg.), Menschenrechte und Demokratie, Kehl 1981, 21.

ten. Demnach ergänzen sich die verschiedenartigen Grundrechte. Während der Verfassungsgerichtshof lange Zeit nationale und internationale Grundrechte isoliert kumulativ zur Prüfung herangezogen hat,[203] verbindet er nun die grundrechtlichen Gehalte, was auch in einer einheitlichen Urteilsbegründung deutlich wird[204]. Eine wechselbezügliche Verflochtenheit und damit Beeinflussung tritt an die Stelle der isolierten Anwendung.[205]

cc) Derogationswirkung bleibt auch solchen Staatsverträgen versagt, die gemäß Art. 50 Abs. 2 B-VG durch einen Erfüllungsvorbehalt[206] oder mangels ausreichender Bestimmtheit[207] von der unmittelbaren Anwendung ausgeschlossen sind. Die Rechtswirkung solcher „neutralisierter" Staatsverträge findet unterschiedliche Beurteilung: Solange der jeweilige Vertragsinhalt nicht mittels eines Gesetzes unmittelbar anwendbar ist, werden diese Verträge im Bereich der internationalen Beziehungen als Interpretationshilfe und im nationalen Recht als symbolische Kraft empfunden.[208] Darüber hinaus spricht man ihnen für das nationale Recht auslegungssteuernde Wirkung zu.[209] Hat der Nationalrat einen Staatsvertrag in das österreichische Recht übernommen, dürfte der Vertragsinhalt zumindest nicht ignoriert werden. So hat der Gesetzgeber ihn bei zukünftigen Gesetzen zu beachten, insbesondere wenn ihm Verfassungsrang zukommt. Ebenso sollte die Vollziehung bei ihren Entscheidungen den materiellen Kern eines Vertrages mitberücksichtigen.

b) Die prinzipielle Gleichwertigkeit der Staatsverträge zu ranggleichem Recht müßte ebenso zur Folge haben, daß spätere nationale Rechtssätze eine staatsvertragliche Vorschrift aufheben können. Vor diesem Schritt der umfassenden Integration besteht Zurückhaltung,[210] wohl im Hinblick auf die Pflicht zur völkerrechtlichen Vertragserfüllung. Trotzdem wird die Konsequenz aus der Gleichwertigkeit der Staatsverträge gezogen[211] und dem Staatsvertragsartikel, der einem späteren Bundes-(verfassungs)-gesetz widerspricht, für die Zukunft die unmittelbare Anwendung genommen[212]. Demzufolge bewirkt die Derogation nur die Ausschaltung der unmittelbaren Rechtswirkung, während die Geltung unan-

[203] VfGH Slg. 7400/1974, 7494/1975, 7907/1976.
[204] VfGH Slg. 7762/1976.
[205] *Berka* (FN 201), 428.
[206] *Öhlinger*, in: *Floretta / Öhlinger* (Hrsg.), Die Menschenrechtspakte der Vereinten Nationen, Wien 1978, 57; s. a. VfGH Slg. 8900/1980.
[207] Vgl. VfGH Slg. 4795/1964.
[208] *Ermacora* (FN 155), 195 f.
[209] *Öhlinger* (FN 206), 58.
[210] *Adamovich*, Handbuch des österreichischen Verfassungsrechts, 6. Aufl., Wien/New York 1971, 56; *Walter* (FN 137), 167, jeweils nur eine Derogationswirkung gegenüber den allgemeinen Regeln des Völkerrechts bejahend.
[211] *Öhlinger* (FN 113), 224 ff.; *Rack* (FN 115), 77 f.
[212] Entwickelt von *Öhlinger* (FN 113), 224 ff.

getastet bleibt. In dem Umfang, in dem ein Urteil des Verfassungsgerichtshofs gemäß Art. 140 a B-VG oder ein Erfüllungsvorbehalt gemäß Art. 50 Abs. 2 B-VG einen Staatsvertrag von der Rechtsanwendung ausschließt, ohne seine Eigenschaft als Bestandteil der österreichischen Rechtsordnung zu zerstören, soll eine lex posterior in der Lage sein, den Staatsvertrag zu verdrängen. Die Ausschaltung der unmittelbaren Anwendbarkeit steht auch im Einklang sowohl mit der Transformationstheorie[213] als auch mit dem Prinzip der Adoption[214]. Mit der Aufhebung nur der unmittelbaren Anwendung durch eine originäre staatliche Norm bei sich widersprechendem Regelungsgehalt wurde ein Weg aufgezeigt, der sowohl den nationalen als auch den internationalen Rechtsinteressen gerecht wird.

3. *Die Bestandsgarantie der verfassungskoordinierten Staatsverträge*

Die Möglichkeit, bestimmte Staatsverträge mit Verfassungsrang auszustatten, bildet die Grundlage, diese österreichische Verfassungsrechtslage zum Schwerpunkt der Untersuchung zu machen. Wichtig ist deshalb im Zusammenhang mit der Stellung des Staatsvertrages, in welchem Umfang der Bestand als Verfassungsrecht garantiert ist.

Die verfassungsgesetzliche Garantie ist eine rein formale, die nicht im sachlichen Zusammenhang mit den Grundentscheidungen der Verfassung selbst zu stehen braucht.[215] Merkmal eines Verfassungsgesetzes ist seine erschwerte Abänderbarkeit sowie seine Kennzeichnung als Verfassungsgesetz. Insbesondere die erschwerte Bedingung der Abänderung vermittelt einen erhöhten Bestand, denn sie bildet einen Schutz gegenüber dem Gesetzgeber.

a) Das österreichische Bundes-Verfassungsgesetz gestattet dem Verfassungsgesetzgeber ausdrücklich die Abänderung, sei es durch Ersetzung einer bestehenden Norm, sei es im Wege einer verfassungsrechtlichen Spezialvorschrift. Darüber hinaus läßt das Bundes-Verfassungsgesetz auch eine Gesamtänderung zu.[216] Die verfassungsgesetzliche Garantie ist aber nur dann effektiv, wenn begrenzt von Verfassungsänderungen Gebrauch gemacht wird, da ansonsten der verfassungsgesetzliche Schutz leerläuft. Es wurde schon aufgezeigt, daß das österreichische Verfassungsrecht neben dem Bundes-Verfassungsgesetz in einer Vielzahl von Bundesverfassungsgesetzen und verfassungsgesetzlichen Einzelbestimmungen verankert ist; entsprechendes gilt für die verfassungskoordinierten Verträge.

---

[213] *Rack* (FN 115), 77 f.

[214] *Öhlinger* (FN 113), 225 f.

[215] *Schmitt*, Freiheitsrechte und institutionelle Garantien (1931), in: Verfassungsrechtliche Aufsätze aus den Jahren 1924 bis 1954, 2. Aufl., Berlin 1973, 154.

[216] Art. 44 Abs. 2 B-VG (vgl. FN 90). Bei der Gesamtänderung ist das Bundesvolk das rechtsetzende Organ.

Die Rechtsadressaten sind in einem unübersichtlichen Umfang mit Normen höchster Autorität konfrontiert. Wie eingangs erwähnt, bilden die Hauptursache dieser Entwicklung die häufigen Verfassungsänderungen. Die partielle Suspendierung einer allgemeinen Vorschrift führt zu verfassungsrechtlichen Sonderregelungen.[217] Kasuistik und Maßnahmegesetze sind deshalb nicht selten. Inhaltlich haben verfassungspolitische Entwicklungen aufgrund sich wandelnder Verhältnisse Änderungen notwendig werden lassen; in Zeiten der „Großen Koalition" von 1947 bis 1966 ergaben sich auch für weniger grundlegende Verfassungsgesetze die entsprechenden Mehrheiten.

Prägend für das österreichische Verfassungsrecht als hauptsächlich durch Merkmale der äußeren Form gekennzeichnetes Rechtsgebiet[218] ist deshalb eine weitreichende Rechtszersplitterung.[219] Allgemein wird diese Verfassungsentwicklung als äußerst unbefriedigend empfunden. Zwar ist anerkannt, daß die Form einer Verfassung ihre Dauerhaftigkeit bestimmt.[220] Verkannt wird aber nicht, daß durch fortschreitende Formalisierung und Positivierung die Verfassung als Grundordnung weitgehend ihrer Funktion entkleidet wird.[221] Ohne diese Rechtsentwicklung an dieser Stelle weiter zu verfolgen — Bedenken könnten insbesondere wegen mangelnder Rechtssicherheit in bezug auf das Rechtsstaatsprinzip bestehen — kann festgestellt werden, daß eine umfassende Bestandsgarantie für originäres nationales Verfassungsrecht nicht gewährleistet ist. Die formale Verfassungsstruktur ohne Förmlichkeitsgarantie[222] zieht eine schwache Bestandssicherung nach sich.[223]

b) Naturgemäß kommt es auch bei den verfassungskoordinierten Staatsverträgen zu einer parallelen Entwicklung der Rechtszersplitterung. Die große Zahl der in Verfassungsrang übernommenen Staatsverträge bildet einen Schwerpunkt der Kritik;[224] aber auch gegen ihren Inhalt bestehen grundlegende Bedenken, soweit sie nur wegen ihres verfas-

---

217 *Ringhofer*, Grenzen der Verfassungsgesetzgebung, in: Salzburger Symposium 1980 (Hrsg.), 60 Jahre Bundesverfassung, Salzburg 1980, 56.

218 *Adamovich / Funk* (FN 96), 7.

219 *Klecatsky* (FN 103), 96, (m. w. Nachw. 83 FN 2).

220 *Schambeck*, Der Verfassungsbegriff und seine Entwicklung, in: *Merkl / Verdross / Marcic / Walter* (Hrsg.), Festschrift für *Kelsen*, Wien 1971, 220.

221 *Adamovich*, Bestrebungen zur Reform der Bundesverfassung, in: JBl., Bd. 101 (1979), 488; *Klecatsky* (FN 103), 97 f.; *Novak*, Reform oder Ruin der Bundesververfassung, in: Rechtswissenschaftliche Fakultät der Universität Graz (Hrsg.), Festschrift zur 200-Jahr-Feier der Rechtswissenschaftlichen Fakultät der Universität Graz, Graz 1979, 553; *Schambeck*, Möglichkeit und Grenzen der Verfassungsinterpretation in Österreich, in: JBl., Bd. 102 (1980), 230.

222 s. Art. 79 Abs. 1 GG.

223 *Novak* (FN 221), 558.

224 *Novak* (FN 221), 555 f.; *Rack*, Die unvollendete Reform — einige Gedanken zur verfassungsrechtlichen Neuregelung der Stellung des Völkerrechts im österreichischen Staatsrecht, in: Rechtswissenschaftliche Fakultät der Universität Graz (FN 221), 837 ff., m. w. Nachw.

sungsändernden Charakters Regelungsgehalte zu Verfassungsrecht machen, die nicht dem Wesen einer rechtlichen Grundordnung entsprechen und so zu deren Denaturierung führen.[225] Die Gleichwertigkeit der verfassungsrangigen Staatsverträge zu nationalen Bundesverfassungsgesetzen müßte konsequenterweise auch zur Gefährdung ihres Bestandes führen. In der Praxis läßt sich aber kein Beispiel für die formelle oder materielle Derogation einer staatsvertraglichen Norm durch ein späteres Bundesverfassungsgesetz aufzeigen. Faktisch ist somit der Bestand verfassungskoordinierter Staatsverträge gesichert.

Daß der Gesetzgeber bei widersprechendem Verfassungsrecht eine völkerrechtliche Vertragsverletzung begehen würde, begründet zum einen seine zurückhaltende Rechtsetzung. Der Wille zum vertragskonformen Verhalten kann aber nicht allein der Grund sein, weshalb die verfassungsrangigen Staatsverträge in ihrem Bestand unangetastet bleiben, insbesondere wenn man die übrige Verfassungsgesetzgebung beobachtet. Im folgenden wird deshalb untersucht, inwieweit der Inhalt der Staatsverträge auf ihre Bestandssicherung Einfluß nimmt.

C. Der verfassungskoordinierte Staatsvertrag

I. Die inhaltliche Bestimmung des verfassungskoordinierten Staatsvertrages

Wurde bislang zur Ermittlung des Bestandes verfassungsrangiger Verträge auf ihre formelle Rechtsstellung abgestellt, bedarf es außerdem der inhaltlichen Analyse, um die Ursachen der faktischen Bestandsgarantie zu ermitteln. Zur sachlichen Bestimmung kann auf den Wortlaut des Bundes-Verfassungsgesetzes zurückgegriffen werden, das zwischen verfassungsändernden und -ergänzenden Staatsverträgen unterscheidet.

1. *Der verfassungsändernde Staatsvertrag*

Ob ein Staatsvertrag verfassungsändernd ist, richtet sich nach seinem Inhalt.[226] Aufgrund seines vom geltenden Verfassungsrecht abweichenden Regelungsgehaltes erhält ein Staatsvertrag Verfassungsrang, sei es, daß er entgegenstehendes Recht ersatzlos aufhebt, sei es, daß er eine abweichende Normierung von der ansonsten weiter rechtsverbindlichen originären Verfassungsbestimmung trifft. Die nur partielle Aufhebung läßt als Sonderregelung den übrigen Verfassungstext unberührt.[227] Der verfassungsändernde Charakter verpflichtet den Nationalrat, den Staats-

---

[225] Ausführlich dazu S. 73 f.
[226] *Öhlinger* (FN 113), 196.
[227] *Ringhofer* (FN 217), 56.

vertrag oder nur Einzelvorschriften mit qualifizierter Mehrheit zu genehmigen. Das österreichische Bundesgesetzblatt führt die jeweils verfassungsändernden Staatsvertragsbestimmungen ausdrücklich auf.[228]

Nicht eindeutig ist dem Bundes-Verfassungsgesetz zu entnehmen, ob es auch eine Gesamtänderung der Verfassung durch einen Staatsvertrag gestattet, und bejahendenfalls, ob eine Volksabstimmung dafür notwendig ist. Gemäß Art. 44 Abs. 2 B-VG[229] ist ein Referendum über gesamtändernde Verfassungsgesetzesbeschlüsse des Nationalrats nach Beendigung des Verfahrens im Bundesrat obligatorisch. Inhaltlich bestimmt das Bundes-Verfassungsgesetz aber nicht, wann eine Gesamtänderung vorliegt. Nach gefestigter Rechtsauffassung wird mit einer Gesamtänderung in die leitenden Grundsätze des Bundesverfassungsrechts eingegriffen.[230] Als Grundprinzipien kommen der demokratische, der bundesstaatliche, der republikanische, der rechtsstaatliche und der gewaltentrennende Grundsatz in Betracht;[231] teilweise zählt man das liberale Prinzip (die Grund- und Freiheitsrechte) hinzu[232]. Eine Ewigkeitsgarantie für die „verfassungsrechtliche Grundordnung"[233] gibt es demnach nicht.

Allerdings bleibt fraglich, ob auch ein verfassungsrangiger Staatsvertrag eine Gesamtänderung herbeiführen kann.[234] Grundsätzliche Bedenken bestehen wegen des Abbaus der nationalen Souveränität gegenüber der internationalen Rechtsetzung; außerdem unterliegt Österreich staatsvertraglichen Verpflichtungen zur Beibehaltung der staatlichen Selbständigkeit[235] sowie einer Selbstbindung zur immerwährenden Neutralität[236]. Trotzdem bleibt in diesem engbegrenzten Rahmen eine Gesamtänderung durch Staatsverträge rechtlich zulässig. Begründen läßt sich dies aus der Existenz des Instituts des verfassungsändernden Staatsvertrages. Mangels Verweises von Art. 50 Abs. 3 B-VG auf Art. 44 Abs. 2 B-VG wird ein Volksreferendum aber als nicht notwendig erachtet.[237] Diesem Ergebnis hält man mit Hinweis auf eine erforderliche Mitwirkung des Volkes die

---

[228] Die Beilagen zu den Stenographischen Protokollen des Nationalrats enthalten überdies in Form von Erläuternden Bemerkungen innerhalb der Regierungsvorlage eine Begründung der jeweiligen Änderung.

[229] Vgl. FN 90.

[230] VfGH Slg. 2455/1952.

[231] *Klecatsky / Morscher*, Bundesverfassungsgesetz mit Nebengesetzen, 2. Aufl., Wien 1983, Art. 44 Anm. 1.

[232] *Walter / Mayer* (FN 96), 52.

[233] Der Begriff wurde für die höchstrangigen Grundsätze von *Walter* eingeführt (FN 137), 102.

[234] s. *Rosenzweig*, Die Entwicklung der Grundrechte in Österreich, 2. ÖJT 1964, Bd. II/2, 34, der mangels Verweises von Art. 50 Abs. 3 B-VG auf Art. 44 Abs. 2 B-VG eine Gesamtänderung durch Staatsverträge ablehnt.

[235] Staatsvertrag von Wien, öBGBl. 1955/152.

[236] BVG über die Neutralität Österreichs, öBGBl. 1955/211.

[237] *Ermacora*, Der Staatsvertrag und die österreichische Bundesverfassung, in: JBl., Bd. 77 (1955), 321; *Kelsen / Froehlich / Merkl* (FN 82), 137.

grammatikalische Auslegung entgegen: Art. 44 Abs. 2 B-VG spricht von „jede Gesamtänderung"; Art. 42 B-VG, der das gesetzgeberische Verfahren regelt, enthält ebenfalls keine Einschränkung der Gesamtänderung auf Bundesverfassungsgesetze, da er auch für Staatsverträge gilt (s. Art. 50 Abs. 3 B-VG).[238] Wesentliches Argument für die Volksabstimmung ist aber das in ihr enthaltene Prinzip der (unmittelbaren) Demokratie als selbständiger verfassungsrechtlicher Grundsatz. Eine Gesamtänderung durch einen Staatsvertrag ohne Volksreferendum könnte die Souveränität in erheblichem Maße einschränken und so die verfassungsrechtliche Stellung des Volkes ausschalten.[239] Sie würde gerade das demokratische Prinzip beseitigen, das ja nur unter Mitwirkung des Volkes geändert oder sogar aufgehoben werden kann.[240] Aus diesem Grund darf nur einer Gesamtänderung unter den Voraussetzungen des Art. 44 Abs. 2 B-VG zugestimmt werden.

2. *Der verfassungsergänzende Staatsvertrag*

Die ausdrückliche Differenzierung zwischen verfassungsändernd und -ergänzend kennt das B-VG seit der Novellierung des Art. 50 im Jahre 1964. Ob ein Staatsvertrag ganz oder teilweise verfassungsergänzend ist, kann den stenographischen Protokollen des Nationalrats entnommen werden. Im österreichischen Bundesgesetzblatt lautet die Kennzeichnung einheitlich: verfassungsändernd.

Auch vor 1964 ordnete man Staatsverträge aufgrund ihres verfassungsergänzenden Charakters in Verfassungsrang ein. Die Erläuternden Bemerkungen zur Regierungsvorlage zur EMRK[241] begründeten mit dem Hinweis, daß es sich bei der Konvention um Grund- und Freiheitsrechte handele, die sowohl in der österreichischen Bundesverfassung als auch nach der allgemeinen Staatslehre zum Bestandteil des Verfassungsrechts gezählt werden und daher als Rechtsvorschriften auf diesem Gebiet stets in Form von Bundesverfassungsgesetzen erlassen werden, eine Bindung des Verfassungsgesetzgebers zur verfassungsrangigen Beschließung. Mit der Einfügung des Begriffs „-ergänzend" 1964 sollte in Abgrenzung zu den Kompetenzen der Exekutive klargestellt werden, daß ausschließlich die Legislative zur Rechtsetzung genereller Normen auch in den Fällen legitimiert ist, in denen das geltende Recht nicht nur abgeändert, sondern ergänzt wird.[242] Obwohl sich gesetzes- und verfassungs-"ergänzend" sprachlich decken, kommt ihnen inhaltlich unterschiedliche Bedeutung zu.

---

[238] *Öhlinger*, Der völkerrechtliche Vertrag im staatlichen Recht, Wien 1973, 212.

[239] *Öhlinger*, Europäische Integration und Bundesverfassung, in: JBl., Bd. 90 (1968), 178.

[240] Die Beseitigung der demokratischen Verfassungsstruktur würde aber eine völkerrechtliche Vertragsverletzung nach sich ziehen, vgl. Art. 8 des Staatsvertrages von Wien und Art. 3 des 1. ZP zur EMRK.

[241] 459 BlgNR 8. GP, 32; s. a. 509 BlgNR 8. GP, 2 (Ausschußbericht).

[242] 287 BlgNR 10. GP, 6 f., 9.

Während unter gesetzesergänzend ganz im Sinne der Regierungsvorlage von 1964 die Staatsverträge verstanden werden, die gesetzlich noch nicht ausreichend geregelte Sachverhalte in Abgrenzung zu Verordnungsvorschriften normieren,[243] besteht wegen der verfassungsergänzenden Staatsverträge nur Einigkeit darüber, daß der materielle Gehalt der Vertragsartikel zur Bestimmung wesentlich ist.[244] Allerdings wird der materielle Verfassungsbegriff unterschiedlich definiert. Die voneinander abweichende Begriffsdeutung gründet auf einem differierenden rechtstheoretischen Ansatz, der gerade im Bereich des Grundrechtsschutzes zu unterschiedlichen Ergebnissen führen kann. Als die beiden Menschenrechtspakte der Vereinten Nationen zur Genehmigung durch den Nationalrat anstanden, wurden die Konsequenzen der theoretischen Konzepte deutlich.

Die Wiener Schule des Rechtspositivismus[245] identifiziert Verfassungsrecht in materiellem Sinn mit der Gesamtheit der Erzeugungsnormen für die Normen des übrigen Rechts. Formen und Strukturen prägen demnach die Verfassung als materielles Recht. Für die verfassungsergänzenden Staatsverträge wird daraus gefolgert, daß die Kompetenz-Kompetenz der Verfassungsgesetzgebung dem Nationalrat ein freies gesetzgeberisches Ermessen einräumt, welche Verträge, die nicht schon verfassungsändernd sind, er als verfassungsergänzend genehmigt. Lediglich Materien, bei denen sich der Verfassungsgesetzgeber die Regelung selbst vorbehalten hat[246], erfordern Verfassungsrang.[247] Da diese Verfassungsvorbehalte aber typische innerstaatliche Bereiche umfassen, kommt in der Regel deshalb nur solchen Staatsverträgen verfassungsergänzender Charakter zu, die der Verfassungsgesetzgeber tatsächlich mit qualifizierter Mehrheit genehmigt,[248] ohne durch ihren Regelungsgehalt diesbezüglich gebunden zu sein. Nach dieser ausschließlich formalen Betrachtungsweise hat demnach der Nationalrat bei der Genehmigung der beiden UN-Menschenrechtspakte mit nur für einfache Gesetze vorgesehenen Mehrheiten in zulässiger Weise von seinem verfassungspolitischen Ermessen Gebrauch gemacht.

---

[243] *Ringhofer*, Genehmigungsbedürftige, insbesondere „verfassungsergänzende" Staatsverträge, in: *Martinek / Migsch / Schwarz / Ringhofer / Schwimann* (Hrsg.), Festschrift für *Floretta*, Wien 1983, 89.

[244] *Floretta*, Probleme mit zwei UNO-Pakten, Der Staatsbürger 1978, 13; *Öhlinger* (FN 238), 196; *Walter* (FN 137), 176.

[245] Vgl. S. 49.

[246] z. B. Art. 54 B-VG: Der Nationalrat wirkt an der Festsetzung von Eisenbahntarifen, Post- und Fernmeldegebühren und Preisen der Monopolgegenstände sowie von Bezügen der in Betrieben des Bundes ständig beschäftigten Personen mit. Diese Mitwirkung wird durch Bundesverfassungsgesetz geregelt. S. a. Art. 79 Abs. 3, 120 B-VG.

[247] So *Ringhofer* (FN 243), 96 f.

[248] *Ringhofer* (FN 243), 99.

Materielles Verfassungsrecht wird andererseits und auch in zunehmendem Maße in Österreich nach sachlichen Kriterien definiert.[249] Die Verfassung ist demnach nicht nur Rechtserzeugungsregel, sondern sie trifft die Leitentscheidungen für politische Prozesse und staatliche Aufgaben. Sie bildet die gesamte rechtliche Grundordnung eines Gemeinwesens. Von dieser Begriffsbestimmung aus regeln gerade Grundrechte fundamentale Fragen der Rechtsbeziehungen zwischen dem Staat und dem einzelnen.[250] Sie bilden einen wesentlichen Teil der Grundordnung.

Die internationalen Grundrechtskodifikationen müßten demnach als ergänzend der Verfassung koordiniert werden. Diese Schlußfolgerung geht konform mit der bereits erwähnten Begründung der Regierungsvorlage zur EMRK, die zwar zeitlich vor der Novellierung des Art. 50 B-VG liegt, aber die Vermutung nahelegt, daß Art. 50 Abs. 3 B-VG mit verfassungsergänzend gerade diese Art von Verträgen meint. Bestätigen läßt sich diese Vermutung mit den nach 1964 gegebenen Begründungen zu verfassungsergänzenden Staatsverträgen: Das vierte Zusatzprotokoll zur EMRK ergänzt die EMRK und trifft Regelungen auf materiell-rechtlichem Gebiet[251]; ebenso ergänzt die Rassendiskriminierungskonvention durch die Pflicht der Ausländergleichbehandlung das Verfassungsrecht[252]; insbesondere die Regierungsvorlagen zu den Konventionen über die politischen Rechte der Frau und zur Beseitigung jeder Form von Diskriminierung der Frau greifen den Wortlaut der Begründung zur EMRK wieder auf und weisen auf einen Regelungsgegenstand hin, der nach den Grundsätzen der allgemeinen Staatslehre dem Bereich der Grund- und Freiheitsrechte zuzuordnen und deshalb verfassungsergänzend ist[253].

Die Genehmigungspraxis des Nationalrats zeigt somit deutlich, wie das Rechtsetzungsorgan verfassungsergänzend definiert. Ein nach inhaltlichen Kriterien zu bestimmender materieller Verfassungsbegriff bildet demnach den Ausgang der Prüfung, ob ein die Verfassung ergänzender Staatsvertrag zur Genehmigung vorliegt. Ein Vergleich mit bereits rechtsverbindlichen internationalen und nationalen Grundrechtsbestimmungen bietet sich an, den verfassungsergänzenden Charakter zu ermitteln.[254] Dieser „praktikable Maßstab"[255] sollte ausschlaggebend für die Genehmigung sein. Trotzdem leitet der Nationalrat aus seiner zurückliegenden Praxis keine Selbstbindung ab. Ein sich aus dem materiellen Verfassungs-

---

[249] Hauptvertreter dieses „materiellen" Verfassungsbegriffs sind u. a. *Adamovich, Ermacora, Funk, Klecatsky, Öhlinger, Schambeck, Wimmer*.

[250] s. zum materiellen Grundrechtsverständnis *Wimmer*, Materiales Verfassungsverständnis, Wien/New York 1971, 111 ff.

[251] So die EB RV 1202 BlgNR 11. GP, 6.

[252] So die EB RV 35 BlgNR 13. GP, 25.

[253] Vgl. EB RV 977 BlgNR 11. GP, 6; EB RV 823 BlgNR 15. GP, 25.

[254] *Öhlinger*, in: *Floretta / Öhlinger* (FN 206), 36.

[255] *Öhlinger* (FN 206), 37.

begriff ergebende Rechtspflicht wird im Hinblick darauf abgelehnt, daß der Terminus „verfassungsergänzend" mehreren Auslegungen zugänglich ist.[256]

In der Diskussion wurde zugunsten der beiden UN-Menschenrechtspakte, vor allem für den Pakt über bürgerliche und politische Rechte[257], deren verfassungsergänzender Inhalt hervorgehoben. Beide Kodifikationen genehmigte der Nationalrat aber lediglich in Gesetzesrang, einschließlich eines Erfüllungsvorbehaltes gemäß Art. 50 Abs. 2 B-VG. Während für die Europäische Sozialcharta von Anfang an kein Verfassungsrang vorgesehen war — sie ist ebenfalls mit einem Erfüllungsvorbehalt belegt[258] —, regte die Regierungsvorlage mit Hinweis auf den Inhalt und dem enthaltenen modernen Menschenrechtsbegriff sowohl für den Internationalen Pakt über wirtschaftliche, soziale und kulturelle Rechte als auch für den Internationalen Pakt über bürgerliche und politische Rechte den Verfassungsrang an, wenn auch durch Art. 50 Abs. 2 B-VG in seiner unmittelbaren Rechtswirkung beschränkt.[259] Demgegenüber beantragte der Außenpolitische Ausschuß, den Empfehlungen eines eigens eingesetzten Unterausschusses folgend, die Pakte als gesetzeskoordiniert zu genehmigen.[260] Eine Pflicht zur verfassungsrangigen Einordnung lehnte man für beide Pakte ab.

Zusammenfassend ist festzustellen, daß sich der Nationalrat bei verfassungsergänzenden Staatsverträgen von verfassungspolitischen Erwägungen leiten läßt. Die bisher als verfassungsergänzend genehmigten Staatsverträge bilden einen Maßstab für die Zukunft. Eine entsprechende Rechtspflicht zur Einordnung in Verfassungsrang wird aber verneint.

II. Die Verfassungsentscheidung für verfassungsändernde Staatsverträge

Neben der Begriffsbestimmung bedarf es zur weiteren inhaltlichen Konkretisierung der Darstellung der Rechtsentwicklung der verfassungskoordinierten Staatsverträge.

---

[256] *Floretta*, in: *Floretta / Öhlinger* (FN 206), 18 f., wertet den Wortlaut in Art. 50 Abs. 3 B-VG „Verfassungsrecht . . . ergänzt wird" als Verpflichtung für die Zukunft; *Öhlinger* (FN 206), 36, hält eine Verpflichtung zur verfassungsrangigen Genehmigung aus dem Vergleich mit dem übrigen Verfassungsrecht für vertretbar.

[257] *Ermacora* (FN 155), 195 FN 28.

[258] Vgl. *Floretta* (FN 206), 19; *Schambeck*, Grundrechte und Sozialordnung — Gedanken zur Europäischen Sozialcharta, Berlin 1969, 97, 113 ff.

[259] EB RV 229 BlgNR 14. GP, 18; EB RV 230 BlgNR 14. GP, 33.

[260] 858 BlgNR 14. GP, 2 (Ausschußbericht); 859 BlgNR 14. GP, 2 (Ausschußbericht).

1. Die Bundesverfassung von 1920

Das Bundes-Verfassungsgesetz von 1920 führte erstmals für Staatsverträge den Begriff „gesetzändernd" in eine österreichische Verfassung ein und nahm außerdem eine Differenzierung zwischen gesetz- und verfassungsgesetzändernd im Zusammenhang mit der Mitwirkung des Nationalrats vor.[261] Schon die monarchischen Verfassungen verbanden mit dem Recht des Kaisers, Staatsverträge abzuschließen, die Genehmigungspflicht des jeweiligen Parlaments.[262] Auch die erste republikanische Verfassung knüpfte die Gültigkeit eines Staatsvertrages an die Genehmigung der jeweils zuständigen Volksvertretung.[263] Während der Bundesverfassungsgesetz-Entwurf *Kelsens* die Gültigkeit eines Staatsvertrages von der Genehmigung durch den Nationalrat abhängig machte, stellten der *Mayr*-Entwurf und der *Linzer*-Entwurf die Genehmigungspflicht in Bezug zur Bundesgesetzgebung in den Vordergrund.[264] In der endgültigen Fassung schaffte man dann eine Verbindung von Gültigkeit und Genehmigungspflicht für politische und gesetzändernde Staatsverträge. Die begriffliche Unterscheidung von verfassungs- und gesetzändernd wurde erst bei den Beratungen eines vorläufigen Verfassungstextes durch den Verfassungsunterausschuß eingeführt. Zur Klarstellung, welcher Vertrag mit qualifizierten Mehrheiten zu genehmigen ist, fügte man neben dem schon existierenden Verweis auf Art. 42 Abs. 1 bis 4 für verfassungsändernde Staatsverträge den weiteren Verweis auf Art. 44 Abs. 1 B-VG ein.[265] Art. 50 Abs. 2 (a. F.) B-VG machte offenkundig, daß mit gesetzändernd in Absatz 1 sowohl einfachgesetzliche als auch verfassungsgesetzliche Änderungen gemeint waren. Seit Inkrafttreten des Bundes-Verfassungsgesetzes hatte der Nationalrat verfassungsändernde Staatsverträge mit den in Art. 44 Abs. 1 1. Halbsatz B-VG vorgesehenen Quoren genehmigt.

---

[261] Art. 50 (a. F.): (1) Alle politischen Staatsverträge, andere nur, sofern sie gesetzändernden Inhalt haben, bedürfen zu ihrer Gültigkeit der Genehmigung durch den Nationalrat.
(2) Auf Beschlüsse des Nationalrates über die Genehmigung von Staatsverträgen werden die Bestimmungen des Artikels 42, Absatz 1 bis 4, und, wenn durch den Staatsvertrag ein Verfassungsgesetz geändert wird, die Bestimmungen des Artikels 44, Absatz 1, sinngemäß angewendet.

[262] § 12 der Pillersdorf'schen Verfassung vom 25. 4. 1848; § 17 der Märzverfassung vom 4. 3. 1849; Art. 6 des Staatsgrundgesetzes über die Ausübung der Regierungs- und Vollzugsgewalt vom 21. 12. 1867.

[263] § 5 Abs. 1 der Ersten Republikanischen Verfassung Österreichs vom 30. 10. 1918.

[264] Vgl. *Ermacora*, Die österreichische Bundesverfassung und Hans Kelsen, Wien 1982, 230 f.; Linzer-Entwurf: „Staatsverträge, . . ., sofern sie gesetzesändernden Inhalt haben, . . ."; Mayr-Entwurf: „Verträge . . ., die sich auf Gegenstände der Bundesgesetzgebung beziehen, . . .".

[265] Protokoll der 13. Sitzung des Unterausschusses des Verfassungsausschusses vom 31. 8. 1920, zitiert nach *Ermacora*, Quellen zum österreichischen Verfassungsrecht (1920), 415.

2. *Die Bundesverfassungsgesetz-Novelle von 1964*

Mehrfacher Anlaß führte 1964[266] zur schon häufiger erwähnten erstmaligen Revidierung der zentralen Bestimmung über Staatsverträge.

a) Die grundsätzliche Reformbedürftigkeit des Art. 50 B-VG (a. F.) resultierte aus der sich wandelnden Deutung des Verhältnisses von Völkerrecht zum nationalen Recht. Bei der Ausarbeitung des Bundes-Verfassungsgesetzes von 1920 prägte der Monismus mit Primat des Staatsrechts die rechtstheoretische Haltung der Wiener Schule um *Kelsen* und *Verdross.*[267] Beide hatten Einfluß auf die Regelung der Bezüge des Völkerrechts zum österreichischen Verfassungsrecht genommen. Deutlich wurde die einheitliche Rechtsbetrachtung von Völkerrecht und innerstaatlichem Recht in der parlamentarischen Genehmigung als umfassender Gültigkeitsvoraussetzung für den internationalen und den nationalen Bereich. Anfang der zwanziger Jahre erfolgte bei *Verdross* ein Positionswechsel in der Primatfrage.[268] Der gemäßigte Monismus mit Primat des Völkerrechts bestimmten nun seine und ihm folgend *Kelsens*[269] Haltung. Durch das Auseinanderfallen der staatsrechtlichen und völkerrechtlichen Geltung bedurften die einschlägigen Verfassungsbestimmungen einer neuen Interpretation. Während es bei der ursprünglichen Auffassung zu keiner Kollision von Völkerrecht und Staatsrecht wegen der einheitlichen Betrachtung des Rechts und seiner Erzeugung kommen konnte, war von nun an insbesondere die Stellung des Staatsvertrages innerhalb der österreichischen Rechtsordnung ungeklärt. Überdies beeinflußte die in Deutschland vorherrschende Transformationstheorie die Auslegung der einschlägigen Bestimmungen. Im Mittelpunkt der Diskussion stand deshalb das Verhältnis von Staatsrecht und Völkerrecht mit seinen Auswirkungen auf das nationale Recht.[270] Trotz der Umdeutung konnte insbesondere die Abhängigkeit der Gültigkeit eines Staatsvertrages gemäß Art. 50 B-VG (a. F.) von der parlamentarischen Genehmigung gegen die Interpretation der Trennung zwischen völkerrechtlicher und nationaler Geltung angeführt werden.[271]

---

[266] Vgl. EB RV 287 BlgNR 10. GP; öBGBl. 1964/59.

[267] *Kelsen / Froehlich / Merkl* (FN 82), 75 f.; *Verdross*, Zur Konstruktion des Völkerrechts, in: ZVR, Bd. 8 (1914), 329 ff.; *ders.*, Das Verhältnis der verfassungsmäßigen Staatsverträge zum österreichischen Gesetzesrecht, insbes. zum Strafrecht, in: JBl., Bd. 46 (1917), 537 ff.

[268] *Verdross*, Die völkerrechtliche Kriegshandlung und der Strafanspruch der Staaten, Berlin 1920, 34 ff.; *ders.*, Die Einheit des rechtlichen Weltbildes auf der Grundlage der Völkerrechtsverfassung, Tübingen 1923, 162 ff.

[269] *Kelsen*, Reine Rechtsgehre, Leipzig 1934, 34 ff.; *Kelsen* kehrte später zu seiner auch ursprünglich vertretenen Auffassung von der Gleichwertigkeit der beiden monistischen Konstruktionen zurück, vgl. Reine Rechtslehre, 2. Aufl., Wien 1960, 328 ff.

[270] *Rack* (FN 115), 27 f. m. w. Nachw.

[271] Vgl. *Adamovich / Spanner*, Handbuch des österreichischen Verfassungsrechts, 5. Aufl., Wien 1957, 329 FN 3.

b) Konkreter Anlaß für die Novellierung war zum einen die unterschiedliche Rechtsprechung der österreichischen Höchstgerichte zur unmittelbaren Anwendbarkeit von Staatsverträgen. Der Oberste Gerichtshof bejahte einen unmittelbaren Anspruch aus Art. 27 Ziff. 2 des Staatsvertrages von Wien.[272] Demgegenüber verneinte der Verfassungsgerichtshof die unmittelbare Anwendbarkeit von Art. 6 EMRK[273] und Art. 5 Abs. 1 lit. c EMRK.[274] Ausgangspunkt der im Ergebnis divergierenden Rechtsprechung war die einheitliche Betrachtung, daß die unmittelbare Anwendbarkeit jeder Norm einzeln zu ermitteln sei, wobei aber der Verfassungsgerichtshof bei der Beurteilung der Eignung einen strengeren Maßstab anlegte. In der Literatur wurde weitgehend die innerstaatliche Geltung mit der unmittelbaren Anwendbarkeit einheitlich verbunden.[275] Mit der Neueinfügung von Art. 50 Abs. 2 B-VG ermöglichte der Bundesverfassungsgesetzgeber die Geltung jedes genehmigten Staatsvertrages als Bestandteil des österreichischen Rechts, schaffte aber so darüber hinaus die Voraussetzung, die unmittelbare Anwendbarkeit durch nationale Erfüllungsgesetze sicherzustellen. Für Staatsverträge ohne Erfüllungsvorbehalt blieb es bei der herkömmlichen Systematik, deren unmittelbare Anwendbarkeit im konkreten Fall zu ermitteln.[276] Daß die Begriffsverwendung „spezielle Transformation" im Zusammenhang mit Art. 50 Abs. 2 B-VG irreführend ist, wurde bereits aufgezeigt: Mit der Übernahme eines Staatsvertrages in das nationale Recht wird er zum Bestandteil des nationalen Rechts. Ein zusätzlicher Parlamentsbeschluß gemäß Art. 50 Abs. 2 B-VG bewirkt zwar seine „Neutralisierung", eine spezielle Transformation findet aber nicht (mehr) statt.[277]

c) Ein ausdrückliches Bedürfnis nach Reformierung des Art. 50 B-VG löste das bereits anderweitig angeführte Erkenntnis des Verfassungsgerichtshofes[278] aus, in dem der EMRK der Verfassungsrang abgesprochen worden war. Der Verfassungsgerichtshof erklärte die zurückliegende Praxis im Zusammenhang mit dem Verweis von Art. 50 Abs. 2 (a. F.) auf Art. 44 Abs. 1 B-VG für verfassungswidrig, Staatsverträge zwar mit qualifizierter Mehrheit zu genehmigen, sie aber nicht ausdrücklich als Verfassungsgesetz zu kennzeichnen. Entgegen der überwiegenden

---

[272] OGH, JBl., Bd. 83 (1961), 27 ff.; a. A. *Winkler*, Zur Frage der unmittelbaren Anwendbarkeit von Staatsverträgen, in: JBl., Bd. 83 (1961), 8 ff.

[273] VfGH Slg. 3767/1960; a. A. *Pfeifer* (FN 152), 529.

[274] VfGH Slg. 4049/1961; a. A. *Ermacora*, Die Menschenrechte und der Formalismus in: JBl., Bd. 84 (1962), 119.

[275] *Adamovich / Spanner* (FN 271), 332; *Hellbling*, Die Menschenrechte und Grundfreiheiten, in: ÖJZ, Bd. 15 (1960), 281.

[276] Vgl. ausführlich zur gegenwärtigen Rechtslage S. 48 f.

[277] *Novak*, Probleme des Bundesverfassungsgesetzes vom 4. März 1964 über Staatsverträge, in: JBl., Bd. 91 (1969), 311.

[278] VfGH Slg. 4049/1961.

Ansicht[279] war der Verfassungsgerichtshof der Argumentation *Winklers*[280] gefolgt, daß der Verweis auch die Kennzeichnungspflicht umfasse. Nach Art. 50 Abs. 3 (n. F.) muß dem Genehmigungsbeschluß die Verfassungsänderung zu entnehmen sein. Da es als Folge der Rechtsprechung des Verfassungsgerichtshofes keine rechtmäßig zustandegekommenen Staatsverträge in Verfassungsrang mehr gab, kennzeichnete die Bundesverfassungsgesetz-Novelle vom 4. März 1964 in Art. II 13 Staatsverträge oder in Staatsverträgen enthaltene Rechtsvorschriften, die ursprünglich mit den erforderlichen Mehrheiten genehmigt worden waren, als verfassungsändernd.[281] Im Wege dieser authentischen Interpretation wurde so der Mangel behoben.

d) Eine weitere Neuerung stellte die Einführung des Art. 140 a B-VG[282] dar, der die Anfechtung eines rechtswidrigen Staatsvertrages vor dem Verfassungsgerichtshof vorsieht. Im Zusammenhang mit Art. 50 Abs. 1 B-VG, der nicht mehr die Genehmigung als Gültigkeitsvoraussetzung festschreibt, sondern sie nur für bestimmte Staatsvertrags-Typen fordert, wird deutlich, daß rechtliche Mängel bei der Integration den Staatsvertrag nicht ungültig, sondern nur anfechtbar machen. Die Prüfung der Verfassungsmäßigkeit umfaßt bei verfassungskoordinierten Staatsverträgen das ordnungsgemäße Verfahren (Art. 44 Abs. 1 1. Halbsatz) und die Beachtung der Form (Art. 44 Abs. 1 2. Halbsatz B-VG).[283] Inwieweit der Verfassungsgerichtshof die materielle Rechtmäßigkeit eines verfassungsrangigen Staatsvertrages prüfen kann, hängt von der rechtlichen Zulässigkeit einer Gesamtänderung durch Staatsverträge ab.[284] Hält man eine solche unter Durchführung eines Volksentscheides für möglich, hat der Verfassungsgerichtshof bei Staatsverträgen ohne Volksreferendum das Prüfungsrecht, ob sie gegen Grundprinzipien der Verfassung verstoßen.

e) Insgesamt strebte die Novellierung neben der Beseitigung der in der Praxis aufgetretenen Mängel eine Rechtsanpassung an die originären staatlichen Rechtsquellen an. Daß dieses gesetzgeberische Ziel der Gleichwertigkeit des Staatsvertrages als innerstaatliche Rechtssatzform weitgehend erreicht wurde, konnte bereits aufgezeigt werden. Andererseits

---

[279] *Adamovich / Spanner* (FN 271), 330; *Kelsen / Froehlich / Merkl* (FN 82), 137; *Pfeifer*, Die parlamentarische Genehmigung von Staatsverträgen in Österreich, in: ÖZÖR, Bd. 12 (1962/63), 23 f.; vermittelnd: *Ermacora*, Die Menschenrechtskonvention als Bestandteil der österreichischen Rechtsordnung, in: JBl., Bd. 81 (1959), 400.

[280] *Winkler*, Der Verfassungsrang von Staatsverträgen, in: ÖZÖR, Bd. 10 (1959/60), 520 ff.

[281] Vgl. *Rotter* (FN 126), 780 f.

[282] Art. 140 a B-VG (FN 89).

[283] Vgl. zu den Rechtsfolgen, S. 38.

[284] Vgl. dazu S. 58 f.

darf nicht übersehen werden, daß dadurch der völkerrechtliche Bezug immer mehr in den Hintergrund tritt.

III. Die nach 1964 der Verfassung koordinierten Staatsverträge

Im Anschluß an die 13 mit dem Bundes-Verfassungsgesetz von 1964 als verfassungsrangig gekennzeichneten Staatsverträge genehmigte der Nationalrat eine für den einzelnen unüberschaubare Anzahl von Verträgen oder Einzelvertragsbestimmungen als verfassungsändernd. Vier Hauptgruppen[285] von Vertragstypen lassen sich inhaltlich voneinander abgrenzen.

1. Die vertraglichen Staatsgrenzenkorrekturen

Verfassungsändernde Staatsverträge mit ausschließlich bilateralem Charakter hat die Republik Österreich mit angrenzenden Staaten zum Zwecke der Festsetzung der jeweiligen gemeinsamen Staatsgrenze abgeschlossen. Zu unterscheiden sind die Grenzkorrekturen (fünf Staatsverträge)[286] von der authentischen Feststellung eines bereits bestehenden Grenzverlaufs (zwei Staatsverträge). Der verfassungsändernde Charakter beruht auf Art. 3 B-VG,[287] da das Bundesgebiet in seinem Bestand abgeändert oder aber Art. 3 B-VG vom Verfassungsgesetzgeber selbst in allgemein verbindlicher Weise ausgelegt wird[288].

2. Die Staatsservituten[289]

Eine weitere Gruppe von Staatsverträgen mit Verfassungsrang legitimiert Organe fremder Staaten und zwischenstaatlicher Organisationen, auf österreichischem Gebiet Hoheitsakte zu setzen. In der Regel werden

[285] Vgl. die RV zum Ersten Staatsverträge-Sanierungsgesetz 122 BlgNR 13. GP, 8 f.

[286] Die im folgenden angegebenen Zahlen zu den einzelnen Staatsvertragsgruppen wurden anhand des öBGBl. ermittelt und umfassen den Zeitraum von 1964 bis 1983. Eine Differenzierung zwischen Einzelbestimmungen in Verfassungsrang und insgesamt verfassungskoordinierten Staatsverträgen enthalten die Zahlenangaben nicht; die nachfolgenden Vertragsänderungen und -ergänzungen finden, soweit sie vom Nationalrat genehmigt und im öBGBl. kundgemacht wurden, selbständige Berücksichtigung. Trotz des Bemühens um weitestgehende Erfassung wird kein Anspruch auf Vollständigkeit erhoben.

[287] Art. 3 B-VG: (1) Das Bundesgebiet umfaßt die Gebiete der Bundesländer. (2) Eine Änderung des Bundesgebietes, die zugleich Änderung eines Landesgebietes ist, ebenso die Änderung einer Landesgrenze innerhalb des Bundesgebietes kann — abgesehen von Friedensverträgen — nur durch übereinstimmende Verfassungsgesetze des Bundes und jenes Landes erfolgen, dessen Gebiet eine Änderung erfährt.

[288] Vgl. RV zum Vertrag zwischen der Republik Österreich und der Schweizer Eidgenossenschaft über den Verlauf der gemeinsamen Staatsgrenze (öBGBl. 1972/331), 146 BlgNR 13. GP, 12, gleichzeitig auch ein Beispiel für beide Vertragsalternativen.

[289] *Verdross / Simma*, Universelles Völkerrecht, 2. Aufl., Berlin 1976, 387 f.

gleichzeitig österreichische Organe ermächtigt, außerhalb des österreichischen Territoriums Hoheitsakte gleicher Art zu setzen (20 Staatsverträge). Zentrale Bestimmung dieser Verfassungsänderungen bildet ebenfalls Art. 3 B-VG, der neben der räumlichen Festsetzung des Bundesgebietes auch den Sanktionsbereich für österreichische Staatsorgane umschreibt. Die „normative Begrenzung des Staatsgebiets"[290] durch Art. 3 B-VG bewirkt, daß Regelungen, die ein Übergreifen der Gesetzgebungs- und Vollziehungshoheit zum Gegenstand haben, sei es, daß die Hoheitsgewalt österreichischer Staatsorgane auf fremdes Staatsgebiet erweitert wird, sei es, daß ausländische Staatsorgane entsprechend in Österreich tätig werden dürfen, verfassungsändernd sind. Hauptanwendungsbereiche dieses Vertragstyps zwischenstaatlicher Arbeitsteilung und Amtshilfe bilden die Koordination der Grenzabfertigung bei Paß- und Zollkontrollen im Eisenbahn-, Straßen- und Schiffsverkehr, Kontrollrechte zur Überwachung von Vertragserfüllungen sowie die Auslieferung oder Durchlieferung durch fremde Hoheitsträger.

3. *Die souveränitätsbeschränkenden Staatsverträge*

Den weitaus größten Anteil an den verfassungskoordinierten Staatsverträgen (111 Staatsverträge) haben die multilateralen Verträge, in denen die Mitgliedstaaten, so auch Österreich, auf zwischenstaatliche Einrichtungen und deren Organe die Kompetenz übertragen, Beschlüsse mit unmittelbar bindender Wirkung für die Vertragspartner zu fassen. Diese Einrichtungen umfassen nicht nur internationale Organisationen, sondern alle zwischenstaatlichen Zusammenschlüsse, die über eine gewisse Organisationsdichte verfügen.

Die amtliche Begründung geht von zwei Aspekten aus, die souveränitätsbeschränkend wirken und deshalb eine Verfassungsänderung notwendig machen. Abgestellt wird einmal bei der Übertragung von Hoheitsrechten darauf, daß andere als österreichische Organe für Österreich rechtsverbindliche Entscheidungen treffen.[291] Eine rechtsverbindliche Entscheidung in diesem Sinn ist nach österreichischem Verfassungsverständnis nicht nur jede generelle abstrakte Norm, sondern auch jeder andere Verbindlichkeit beanspruchende Hoheitsakt.[292] Bis zum 1. 8. 1981[293] bestimmte das Bundes-Verfassungsgesetz grundsätzlich, daß ausschließlich österreichische Organe für Österreich verbindliche Erklärungen nach außen abgeben können und daß nur österreichische Organe berechtigt

---

[290] *Öhlinger* (FN 238), 199, mit Hinweis auf *Walter*.

[291] Vgl. Art. 1 B-VG: Österreich ist eine demokratische Republik. Ihr Recht geht vom Volk aus.

[292] *Öhlinger*, Institutionelle Grundlagen der österreichischen Integrationspolitik in rechtlicher Sicht, in: *Öhlinger / Mayrzedt / Kucera* (Hrsg.), Institutionelle Aspekte der österreichischen Integrationspolitik, Wien 1976, 134.

[293] Zu der Verfassungsnovelle 1981 ausführlich S. 107 ff.

sind, für die nationale Rechtsordnung verbindliche Akte zu setzen. Da in der Regel multilaterale Staatsverträge Organe konstituieren, die eine selbständige, von der Summe der Mitgliedstaaten völlig verschiedene Einheit bilden, sind deren Beschlüsse von außen kommende Rechtshandlungen, selbst dann, wenn Österreich zugestimmt hat.[294] In diesem Zusammenhang wird auch auf die Souveränität Österreichs hingewiesen, die das Bundes-Verfassungsgesetz gerade durch die taxative Festlegung derjenigen Organe, die in Österreich rechtsrelevante Handlungen vornehmen dürfen, zum Ausdruck bringe.[295]

Die amtliche Begründung stellt zum anderen auf die Delegierung der Rechtsetzungskompetenz ab, die im Bundes-Verfassungsgesetz bis 1981 nicht vorgesehen war. Zu den grundsätzlichen Ausführungen wiesen einige Regierungsvorlagen auf ein mögliches Kündigungs- oder Rücktrittsrecht hin; außerdem könne bei Geltung des Einstimmigkeitsprinzips ein Gegenvotum die Souveränitätsgefährdung verhindern[296].

Schließlich ließ sich der verfassungsändernde Charakter der souveränitätsbeschränkenden Staatsverträge auf die Lückenlosigkeit des verfassungsrechtlichen Rechtsquellenkatalogs des Bundes-Verfassungsgesetzes stützen, basierend auf der *Kelsen'schen* Identifikation aller Herrschaftsgewalt mit Recht.[297] Inhaltlich autorisieren die souveränitätsbeschränkenden Bestimmungen die zuständigen Organe der zwischenstaatlichen Einrichtungen insbesondere,

— das Inkrafttreten des Vertrages oder die Art seiner Veröffentlichung,
— die authentische Interpretation des Vertragstextes,
— den Ausschluß von Mitgliedern,
— die Einschränkung der nationalen Budgethoheit,
— eine Vertragsänderung, entweder im vereinfachten Revisionsverfahren oder als grundsätzliche Vertragsänderung oder als Änderung der Ausführungsbestimmungen,
— die Verlängerung oder Beendigung der Vertragsgeltung und
— die Rechtsetzung im engeren Sinne

in Beschlußform zu regeln.

Während bis 1979 nur generell-abstrakte Rechtsnormen auf der Grundlage eines Staatsvertrages Eingang in die österreichische Rechtsordnung

[294] Vgl. EB RV zum EFTA-Abkommen, 156 BlgNR 9. GP, 318; die Begründung wird in der Folgezeit immer wieder verwendet.
[295] RV zum Internationalen Getreideabkommen 1967, 985 BlgNR 11. GP, 113 f.; RV zum Ersten Staatsverträge-Sanierungsgesetz, 122 BlgNR 13. GP, 6, 8.
[296] RV zum Abkommen der Republik Österreich und der EG, 485 BlgNR 13. GP, 330.
[297] *Öhlinger* (FN 292), 137.

finden konnten, genehmigte der Nationalrat mit dem Europäischen Patentübereinkommen[298] erstmals auch die Setzung individueller Hoheitsakte unter Ausschluß einer nationalen Behörde.

Die Vielschichtigkeit der Inhalte, bei denen Verfassungsrecht tangiert wird und die eine nicht überschaubare Anzahl an verfassungskoordinierten Staatsvertragsbestimmungen zur Folge hatten, führte einerseits dazu, daß zum Beispiel das Fünfte Internationale Zinnübereinkommen[299] in 35 Artikeln zum Teil mehrfache Verfassungsänderungen enthält; andererseits wurde beispielsweise das Internationale Weizenübereinkommen 1971[300] durch fünf aufeinanderfolgende Protokolle mit Staatsvertragscharakter verlängert sowie durch zwei Nahrungshilfe-Übereinkommen ergänzt, deren wesentliche Artikel jeweils auch als verfassungsändernd genehmigt werden mußten.

4. *Die internationalen Menschenrechtskodifikationen*

Von der Anzahl her begrenzt (9 Staatsverträge), dafür von besonderer Relevanz für die österreichische Rechtsordnung sind die Grund- und Freiheitsrechte enthaltenden internationalen Vereinbarungen.

Die verfassungskoordinierte Stellung ergibt sich, so die amtliche Begründung, für verfassungsergänzende Staatsverträge aus ihrem Regelungsgehalt. Verträge, die Rechte zum Gegenstand haben, die nach den Grundsätzen der allgemeinen Staatslehre dem Bereich der Grund- und Freiheitsrechte zuzuzählen sind und in Österreich in der Regel auch in originären verfassungsrechtlichen Normen zum Ausdruck kommen[301], ergänzen aufgrund dieser Parallelität das Verfassungsrecht. Verfassungsändernd waren bislang nur das 2., 3. und 5. Zusatzprotokoll zur EMRK, die die verfassungsrangige EMRK ihrerseits abändern.

Von den verfassungsergänzenden Staatsverträgen sind die beiden Konventionen zur Gleichstellung der Frau mit einem Erfüllungsvorbehalt (Art. 50 Abs. 2 B-VG) belegt,[302] gestützt darauf, daß die Übereinkommen keine materielle Verbesserung gegenüber der jeweils geltenden Rechtslage mit sich brächten[303]. Zur Rassendiskriminierungskonvention,[304] ebenfalls mit einem Erfüllungsvorbehalt versehen, wurde ein Erfüllungsge-

---

[298] öBGBl. 1979/350; vgl. RV 868 BlgNR 14. GP, 111.
[299] öBGBl. 1977/557.
[300] öBGBl. 1972/341.
[301] So zuletzt in der RV der Konvention zur Beseitigung jeder Form der Diskriminierung der Frau, 823 BlgNR 15. GP, 25.
[302] Übereinkommen über die Politischen Rechte der Frau, öBGBl. 1969/256; Konvention zur Beseitigung jedeer Form von Diskriminierung der Frau, öBGBl. 1982/443.
[303] Vgl. RV der Konvention zur Beseitigung jeder Form von Diskriminierung der Frau, a.a.O.
[304] öBGBl. 1972/577.

setz auf Verfassungsebene erlassen[305]. Lediglich die EMRK[306] samt dem 1. und 4.[307] Zusatzprotokoll sowie der Staatsvertrag von Wien[308], letzterer wegen seines Minderheitenschutzes, seines Schutzes demokratischer Einrichtungen und der Auflösungspflicht nazistischer Organisationen dieser Vertragsgruppe zugeordnet, stehen der unmittelbaren Rechtsanwendung zur Verfügung.

Abschließend bleibt anzufügen, daß Verträge auch einzelne verfassungsrangige Bestimmungen enthalten, die einem weiteren Vertragstyp angehören. Überdies gibt es vier bilaterale Staatsverträge, deren verfassungsrangige Einzelbestimmungen nicht den obengenannten Kategorien entsprechen.[309]

IV. Die Bestandsgarantie der einzelnen Vertragstypen

Wurde an anderer Stelle bereits aufgezeigt, daß es faktisch bislang zu keiner formellen oder materiellen Derogation von verfassungsrangigen Staatsverträgen durch späteres nationales Verfassungsrecht gekommen ist, kann nun eine inhaltliche Analyse getroffen werden. Allgemein ist voranzustellen, daß der spezifische Inhalt der internationalen Verträge die Ursache für eine ausbleibende Kollision mit originärem Verfassungsrecht bildet.

1. Die Bestandsgarantie der Staatsverträge über Staatsgrenzenkorrekturen

Eine formelle Aufhebung des Vertragsinhalts über die Festlegung der Staatsgrenze könnte durch ein Bundesverfassungsgesetz erfolgen, das einseitig die zuvor getroffene Grenzregelung revidiert. Eine solche einseitige völkerrechtliche Vertragsverletzung ist theoretisch denkbar, faktisch jedoch auszuschließen, so daß eine Derogation dieses Vertragstyps ausscheidet.

2. Die Bestandsgarantie der Staatsservituten

Gleiches gilt für die Staatsverträge, die fremde Organe zur Setzung von Hoheitsakten auf österreichischem Staatsgebiet legitimieren und umgekehrt österreichische Organe zu entsprechenden Amtshandlungen im

[305] öBGBl. 1973/390.
[306] öBGBl. 1958/210 (1964/59).
[307] öBGBl. 1969/434.
[308] öBGBl. 1955/152 (1964/59).
[309] z. B. Art. 3 des Kulturübereinkommens zwischen der Republik Österreich und der Französischen Republik (öBGBl. 1947/220) und Art. 4 des Übereinkommens zwischen der Republik Österreich und der Italienischen Republik zur Förderung der kulturellen Beziehungen zwischen den beiden Ländern (öBGBl. 1954/270), die in die finanzverfassungsgesetzlich festgelegte Steuerhoheit der Länder eingreifen.

Ausland berechtigen. Ein Bundesverfassungsgesetz, das diese Verträge der bilateralen Zusammenarbeit aufhebt, ist immerhin im Bereich des Möglichen, bleibt aber aus praktischen Erwägungen die Ausnahme.

3. *Die Bestandsgarantie der souveränitätsbeschränkenden Staatsverträge*

Für die souveränitätsbeschränkenden Staatsvertragsbestimmungen in Verfassungsrang liegt der Grund für ihre Bestandsgarantie ebenfalls in ihrem Regelungsinhalt. Grundsätzlich statten sie Organe internationaler Organisationen mit der Befugnis aus, bindende Beschlüsse zu fassen. Dies hindert den Bundesverfassungsgesetzgeber nicht, widersprechende Gesetze zu beschließen, um die Souveränitätsübertragung innerstaatlich rückgängig zu machen. Als wesentlich effektiveres Mittel hat er aber, wie in den übrigen Fällen auch, die Vertragskündigungen zur Verfügung. Eine formelle Aufhebung des Vertrages durch ein Bundesverfassungsgesetz dürfte demnach nicht vorkommen.

Kann für die drei zuvor behandelten Staatsvertragstypen aus praktischen Erwägungen eine formelle Derogation ausgeschlossen werden, ist für ihre Bestandsgarantie unter materiellen Gesichtspunkten wesentlich, daß sie keine Rechte und Pflichten für den einzelnen begründen. Auch von daher sind denkbare Konflikte mit nationalem Verfassungsrecht unwahrscheinlich.

4. *Die Bestandsgarantie der internationalen Menschenrechtskodifikationen*

Im Zusammenhang mit dem Verhältnis der internationalen Menschenrechtskodifikationen zu dem älteren nationalen Grundrechtsbestand konnte früher schon festgestellt werden, daß trotz der formalen Gleichrangigkeit aufgrund der generalklauselartigen Formulierung und der einheitlichen Schutzrichtung keine Aufhebung stattfindet.[310]

Die nach 1964 neu geschaffenen nationalen Grundrechte[311] stehen in gleicher Weise nicht im Widerspruch zu den internationalen Bestimmungen. Im Verhältnis der jüngeren nationalen zu den älteren internationalen Grundrechten gilt der Bestand der älteren Norm aufgrund des einheitlichen Schutzzwecks als gesichert. Bei der Ausarbeitung der neuen Grundrechtsinhalte wurde sorgfältig auf bereits existierende Grundrechtsinhalte nationalen und internationalen Ursprungs Rücksicht genommen.[312]

---

[310] S. 53 f.

[311] Vgl. Art. 10 a, 17 a StGG; § 2 Abs. 1 Zivildienstgesetz, § 1 Datenschutzgesetz; §§ 12, 14 Auslieferungs- und Rechtshilfegesetz.

[312] Für Art. 17 a StGG s. *Neisser*, Die verfassungsrechtliche Garantie der Kunstfreiheit, in: ÖJZ, Bd. 38 (1983), 5.

Für die weitere Zukunft besteht immerhin die Möglichkeit eines Normenkonflikts, da seit 1964 ein „Expertenkollegium für die Probleme der Grund- und Freiheitsrechte" an der Erstellung eines einheitlichen Grundrechtskatalogs arbeitet. Die Anforderungen an einen umfassenden Grundrechtsschutz haben sich seit 1867 in dem Maße gewandelt, daß nur eine Neukodifizierung den gegenwärtigen politischen, gesellschaftlichen und sozialen Bedürfnissen gerecht werden kann.[313] Inwieweit bei der Vereinheitlichung der nationalen Grundrechtsbestimmungen, die gegenwärtig in einer Vielzahl von Verfassungsgesetzen ihren Platz haben[314], das Verhältnis zu den internationalen Menschenrechtskodifikationen Berücksichtigung findet, entzieht sich, wie die gesamte Diskussion, der Kenntnis auch der fachlich Interessierten[315], weil das Reformvorhaben der Öffentlichkeit nicht zugänglich gemacht wird.

Für den gegenwärtigen Zeitpunkt liegt eine Kollision von Grundrechtsbestimmungen unterschiedlichen Ursprungs nicht vor. Der Bestand der internationalen und nationalen Grundrechte ist folglich geschützt.

D. Die Auswirkungen der verfassungskoordinierten Staatsverträge auf die österreichische Rechtsordnung

Konnte bislang als Zwischenergebnis eine weitgehende Bestandsgarantie völkerrechtlicher Verträge in Verfassungsrang dargelegt werden, bleibt für die Rechtsvergleichung darüber hinaus von Bedeutung, inwieweit die Staatsvertragsbestimmungen in die nationale Rechtsordnung integriert sind.

I. Die allgemeine Rechtsentwicklung

Infolge der Verfassungsreform von 1964 und der internationalen Rechtsentwicklung, die insbesondere in den siebziger Jahren zu umfangreichen multilateralen Vertragswerken führte, hat der Nationalrat bis einschließlich 1983 etwa 150 Staatsverträge ganz oder teilweise als Verfassungsrecht übernommen. Allein 1975 kamen 13 völkerrechtliche Verträge hinzu. Insgesamt ist die Tendenz inzwischen jedoch rückläufig. 1982 genehmigte der Nationalrat nur noch acht, 1983 lediglich einen Staatsvertrag mit verfassungsrangigen Regelungen.

Inhaltlich erweiterten die völkerrechtlichen Vertragsbestimmungen das österreichische Verfassungsrecht um Rechtsmaterien, die keine Parallele im Bundes-Verfassungsgesetz finden. Vor allem die Verträge zur inter-

---

[313] *Korinek / Gutknecht* (FN 106), 322 ff.; *Pernthaler*, Die Grundrechtsreform in Österreich, in: AöR, Bd. 94 (1969), 34 ff.

[314] Vgl. die Übersicht in FN 344.

[315] s. dazu kritisch *Pernthaler* (FN 313), 33.

nationalen Problembewältigung und Zusammenarbeit wurden zu Verfassungsrecht, ohne einen materiellen Bezug zur Grundordnung der Republik zu haben. So sind zum Beispiel Artikel des Abkommens über die Errichtung der Asiatischen Entwicklungsbank[316] oder des Internationalen Kaffeeübereinkommens[317] Bestandteil der österreichischen Verfassung.

Folge dieser Verfassungsrechtsentwicklung ist ein zweischichtiges Verfassungsrecht. Neben dem originären Verfassungsrecht hat sich in etwa gleichem Umfang „Nebenverfassungsrecht" mit internationalem Ursprung herausgebildet. Kennzeichnend für die ersten drei der angeführten Vertragstypen ist die Isoliertheit zum originären nationalen Verfassungsrecht. Abgesehen von ihrem verfassungsändernden Charakter, die Verfassung partiell zu durchbrechen, findet eine aktive Teilnahme am Verfassungsrechtsleben nicht statt. Dieser Umstand beruht hauptsächlich auf dem Regelungsinhalt der Staatsverträge. Insbesondere die souveränitätsbeschränkenden Verträge verkörpern häufig die Grundordnung einer internationalen Einrichtung und sind wegen ihrer unterschiedlichen Zielsetzung ein Fremdkörper im nationalen Verfassungsrecht.

Demgegenüber werden die verfassungsergänzenden Menschenrechtskodifikationen aufgrund ihrer sachlichen Parallele zu den entsprechenden Verfassungsrechtsquellen nationaler Herkunft, soweit sie wie diese verfassungsgesetzliche Rechte gewährleisten, unmittelbar in Anspruch genommen.

II. Die Auswirkungen der vertraglichen Staatsgrenzenkorrekturen auf das österreichische Verfassungsrecht

Die staatsvertraglichen Grenzkorrekturen bleiben für das österreichische Verfassungsrecht ohne Einfluß. Zieht eine staatsvertragliche Änderung des Bundesgebietes zugleich die Änderung eines Landesgebietes nach sich, bedarf es zum Staatsvertrag ergänzend eines übereinstimmenden Landesverfassungsgesetzes. Über die Änderung des Staatsgebietes hinaus liegt keine normative Wirkung vor.

III. Die Auswirkungen der Staatsservituten und der souveränitätsbeschränkenden Staatsverträge auf das österreichische Verfassungsrecht

Wegen des ähnlichen Rechtscharakters der Staatsservituten und der souveränitätsbeschränkenden Staatsverträge kann die Rechtswirkung auf das österreichische Verfassungsrecht zusammen dargestellt werden. Beiden Vertragstypen ist gemeinsam, daß sie einen fremden Staat bzw. ein

316 öBGBl. 1967/13.
317 öBGBl. 1969/342.

internationales Organ legitimieren, für Österreich verbindliche Akte zu setzen.

Die Anzahl der Staatsverträge, vor allem der dritten Vertragsgruppe, steht im Mittelpunkt der Kritik.[318] Als Folge der Beteiligung an der internationalen Zusammenarbeit kam es zu einer Inflation der Staatsvertragsregelungen in Verfassungsrang, verursacht durch die österreichische Verfassungsstruktur und das Fehlen einer erst 1981 eingefügten grundsätzlichen Verfassungsentscheidung im Bundes-Verfassungsgesetz für die internationale Integration Österreichs[319]. Die Teilnahme an der internationalen Interdependenz trug außerdem zur weiteren Zersplitterung des gesamten Verfassungsrecht bei.

1. *Die Grenzen der Übertragung von Hoheitsrechten*

Grundsätzliche verfassungsrechtliche Einwände erhoben sich in den siebziger Jahren gegen die Integrationsbestrebungen im Hinblick auf den Abbau der Verfassungshoheit.[320] Verträge, die eine internationale Organisation konstituieren, bringen notwendigerweise den Verzicht von Hoheitsrechten mit sich. So bleibt die Frage, wieweit die Souveränität abgebaut werden darf. Für Österreich wird vor allem die europäische Integrationsbereitschaft durch die Verpflichtung zur immerwährenden Neutralität eingeschränkt. Eine Vollmitgliedschaft in den Europäischen Gemeinschaften schied daher von Anfang an aus. Österreich hat gesonderte Abkommen mit der Europäischen Wirtschaftsgemeinschaft und der Europäischen Gemeinschaft für Kohle und Stahl[321] geschlossen, die den Sonderstatus Österreichs berücksichtigen.[322] Ungeklärt sind aber noch die Rechtsfragen im Zusammenhang mit den Beschlüssen der jeweils gebildeten Gemischten Ausschüsse.[323] Die Mitgliedschaft in internationalen Organisationen, denen Österreich angehört, bringt keine Verletzung der Neutralität oder aber der staatsvertraglich eingegangenen Verpflichtung zur Unabhängigkeit mit sich.

Verfassungspolitische Bedenken hätten allerdings bis 1981 bestehen können, da Österreich ohne eine verfassungsrechtliche Grundsatzent-

---

[318] *Adamovich*, Zur Lage des österreichischen Bundesverfassungsrechts, in: JBl, Bd. 97 (1975), 632; *Novak* (FN 221), 555, der von „wahrhaft uferlos(en)" Ausmaßen spricht.

[319] Art. 9 Abs. 2 B-VG (FN 79).

[320] *Adamovich*, Handbuch des österreichischen Verfassungsrechts, 6. Aufl., Wien/New York 1971, 117 f.

[321] öBGBl. 1972/466 und 467.

[322] Vgl. *Hummer*, Österreichs „besondere Beziehungen" zur EWG und EGKS in rechtlicher Sicht, in: *Esterbauer / Hinterleitner* (Hrsg.), Die Europäischen Gemeinschaften und Österreich, Wien 1977, 27 ff.; *Öhlinger* (FN 292), 133 ff.

[323] *Fadinger*, Rechtsschutz gegenüber Beschlüssen internationaler Organisationen, in: Rechtswissenschaftliche Fakultät der Universität Graz (FN 221), 867 ff.

scheidung kasuistisch durch formelles Verfassungsrecht an der internationalen Verflechtung teilnahm. Zwar wurde in Einzelfällen, vor allem bei den schon erwähnten Abkommen mit der Europäischen Gemeinschaft, die internationale Integration angesprochen, eine grundlegende Änderung des Bundes-Verfassungsgesetz vollzog der Gesetzgeber aber erst im nachhinein. Um die Teilnahme Österreichs am internationalen Verkehr zu erleichtern[324], um Schwierigkeiten bei der Mitarbeit Österreichs an neueren Formen internationaler Zusammenarbeit aus der Sicht des Verfassungsrechts auszuräumen[325], schaffte man eine einheitliche Ermächtigung[326]. Die Verfassungsänderung hat weniger einen völkerrechtlichen als einen verfassungsrechtlichen Bezug,[327] weil die Manifestierung der internationalen Kooperation ihren Höhepunkt überschritten hat: Vorrangig soll für die Zukunft der Umfang verfassungsrangiger Staatsverträge eingedämmt werden.

2. *Das Verhältnis zur verfassungsrechtlichen Grundordnung*

Neben dem grundsätzlichen Problem des Souveränitätsabbaus bleibt die Frage, inwieweit dieser Vertragstyp mit den allgemeinen Grundprinzipien des österreichischen Verfassungsrechts in Einklang steht. Obwohl das Bundes-Verfassungsgesetz seiner Änderung keine absoluten Schranken entgegensetzt, umschreibt Art. 44 Abs. 2 B-VG erschwerte Voraussetzungen für eine Gesamtänderung.[328] Die hier umfaßten Prinzipien mit „spezifisch verfassungsrechtlicher Bedeutung"[329] als höchstrangige Rechtsvorschriften im Stufenbau nach der derogatorischen Kraft bilden die verfassungsrechtliche Grundordnung, die für Verfassungsgesetze eine materielle Schranke bilden.

a) So könnte das demokratische Prinzip beeinträchtigt sein, da die internationalen Organe in der Regel über keine demokratisch-parlamentarische Legitimität und Kontrolle verfügen. Soweit die zwischenstaatlichen Einrichtungen Aufgaben der nationalen Exekutive übernehmen, bedürfen sie, ebenso wie im nationalen Recht, keiner zusätzlichen demokratischen Absicherung.[330] Gefahr für den demokratischen Grundsatz besteht von den internationalen Organisationen her, die aufgrund ihres supranationalen Charakters einem Staatengebilde ähnlich und zur Recht-

---

[324] RV zur Novellierung des B-VG, 427 BlgNR 15. GP, 8.

[325] RV 427 (FN 324), 9.

[326] Art. 9 Abs. 2 B-VG (FN 79).

[327] Die Verfassungsänderung versteht sich als „juristischer Reflex"; s. RV 427, a.a.O., 9.

[328] Art. 44 Abs. 2 B-VG (FN 90).

[329] *Walter / Mayer*, Grundriß des österreichischen Bundesverfassungsrechts, 4. Aufl., Wien 1982, 48.

[330] So z. B. das Europäische Patentabkommen, das individuelle Hoheitsakte gestattet, die der Verwaltung zuzurechnen sind.

setzung generell-abstrakter Normen oder individuell-konkreter Hoheitsakte ohne parlamentarische Mitwirkung befugt sind. Die Mitgliedschaft einer solchen zwischenstaatlichen Einrichtung bleibt Österreich aber, wie bereits erläutert, versagt. Von den übrigen internationalen Organisationen geht aufgrund ihrer Struktur keine Gefährdung für das Demokratieprinzip aus, da der demokratischen Idee ausreichend Rechnung getragen wird, wenn das Parlament gemäß Art. 50 Abs. 3 B-VG die Mitgliedschaft genehmigt und so den das österreichische Verfassungsrecht prägenden Grundsatz, daß ausschließlich österreichische Organe zur Rechtsetzung im weitesten Sinne befugt sind, modifiziert.

b) Auch das Verhältnis zum rechtsstaatlichen Prinzip bietet Anlaß zur Überprüfung. Prägend für den Rechtsstaat im formellen Sinn[331] ist die inhaltliche Bestimmtheit der Rechtsordnung und die sich daraus ergebende Rechtssicherheit. Ausdruck findet der rechtsstaatliche Grundsatz in Österreich unter anderem im Legalitätsprinzip, das die gesamte Vollziehung (Exekutive und Judikative) der Gesetzmäßigkeit unterwirft. Zweifel könnten sich aus einer fehlenden inhaltlichen Bestimmtheit der jeweiligen souveränitätsbeschränkenden Artikel ergeben. Zur Ausräumung der Bedenken kann auf deren Verfassungsrang sowie auch hier auf die Struktur der internationalen Organisationen verwiesen werden, deren Mitglied Österreich ist. Soweit einzelne Bestimmungen als Rechtsgrundlage in Frage kommen, sind sie ausreichend determiniert. In der Regel geht aber von ihnen für den einzelnen keine normative Wirkung aus.

c) Die Übertragung von Hoheitsrechten auf internationale Organisationen führt aber zu Spannungen mit dem bundesstaatlichen Prinzip. Die ausschließliche Zuständigkeit des Bundes, die äußeren Angelegenheiten zu regeln,[332] ermächtigt ihn, auch über Kompetenzen der Landesgesetzgebung oder -verwaltung Staatsverträge gemäß Art. 50 B-VG abzuschließen. Allerdings fallen diese Angelegenheiten damit nicht automatisch in die Bundeskompetenz. Vielmehr sichert Art. 16 Abs. 1 B-VG[333]

---

[331] *Novak*, Gesetzgebung im Rechtsstaat, in: VVDStRL, Bd. 40 (1982), 48.

[332] Art. 10 Abs. 1 Ziff. 2 B-VG: (1) Bundessache ist die Gesetzgebung und die Vollziehung in folgenden Angelegenheiten:
1. . . . .;
2. äußere Angelegenheiten mit Einschluß der politischen und wirtschaftlichen Vertretung gegenüber dem Ausland, insbesondere Abschluß aller Staatsverträge; Grenzvermarkung; Waren- und Viehverkehr mit dem Ausland; Zollwesen;
3. . . .

[333] Art. 16 Abs. 1 B-VG: (1) Die Länder sind verpflichtet, Maßnahmen zu treffen, die in ihrem selbständigen Wirkungsbereich zur Durchführung von Staatsverträgen erforderlich werden; kommt ein Land dieser Verpflichtung nicht rechtzeitig nach, so geht die Zuständigkeit zu solchen Maßnahmen, insbesondere auch zur Erlassung der notwendigen Gesetze, auf den Bund über. Eine gemäß dieser Bestimmung vom Bund getroffene Maßnahme, insbesondere ein solcherart erlassenes Gesetz oder eine solcherart erlassene Verordnung, tritt außer

den Ländern die Durchführung der Staatsverträge zu, die nach verfassungsrechtlicher Kompetenzverteilung Ländersache bleibt.[334] Werden aber Hoheitsrechte auf internationale Einrichtungen übertragen, scheidet eine Durchführung durch die Länder aus. Art. 10 Abs. 3 B-VG[335] berechtigt die Länder vor dem Vertragsabschluß zur Stellungnahme; eine weitergehende Mitwirkung ist aber nicht vorgesehen. Die Kompetenzeinbuße der Länder, einhergehend mit der allgemeinen zentralistischen Tendenz des Bundes-Verfassungsgesetzes[336], könnte eine „schleichende Verfassungswandlung"[337] zur Folge haben. Das Problem der Aushöhlung des föderativen Prinzips durch völkerrechtliche Verträge stellt sich für Österreich wie für all die Bundesstaaten, bei denen der Bund die Vertragsabschlußkompetenz hat. Ausgehend von den Regelungsgehalten der in Frage kommenden multilateralen Verträge, die hauptsächlich die wirtschaftliche Zusammenarbeit, den internationalen Verkehr, das Zoll- und Währungswesen oder den Schutz gemeinsamer übergeordneter Interessen zum Gegenstand haben, und von den übertragenen Hoheitsrechten, die nur in geringem Umfang eine generell-abstrakte oder eine individuell-konkrete Rechtsetzung zulassen, besteht für das bundesstaatliche Prinzip gegenwärtig keine unmittelbare Gefährdung.

d) Ähnlich problematisch wie für andere europäische Verfassungen[338] ist auch das Verhältnis der souveränitätsbeschränkenden Staatsverträge zu dem Prinzip der Gewaltenteilung.[339] Der Bund ist für die äußeren Angelegenheiten sowohl zur Gesetzgebung als auch zur Vollziehung zuständig.[340] Im Abschlußverfahren völkerrechtlicher Verträge liegt die Haupteinflußnahme der staatlichen Gewalten bei der Exekutive. In den Vertragsverhandlungen, die vor allem multilateralen Verträgen voraus-

---

Kraft, sobald das Land die erforderliche Maßnahme getroffen hat.
(2) . . .

[334] Vgl. *Berchtold*, Über die Durchführung von Staatsverträgen durch die Länder, in: JBl., Bd. 89 (1967), 244 ff.

[335] Art. 10 Abs. 3 B-VG: (1) . . .
(2) . . .
(3) Bevor der Bund Staatsverträge, die Durchführungsmaßnahmen im Sinne des Artikels 16 erforderlich machen oder die den selbständigen Wirkungsbereich der Länder in anderer Weise berühren, abschließt, hat er den Ländern Gelegenheit zur Stellungnahme zu geben.

[336] *Adamovich / Funk* (FN 96), 110; *Öhlinger*, Die föderative Verfassung Österreichs, in: DÖV, Bd. 31 (1978), 898 f.; zu Kompetenzänderungen zugunsten der Länder vgl. *Schambeck*, Zur Gegenwartslage des österreichischen Föderalismus, in: ÖJZ, Bd. 34 (1979), 479 ff.

[337] *Ermacora*, Österreichische Verfassungslehre, Wien/Stuttgart 1970, 322.

[338] Vgl. für das GG *Tomuschat*, Der Verfassungsstaat im Geflecht der internationalen Beziehungen, in: VVDStRL, Bd. 36 (1977), 26 ff.

[339] Der Grundsatz der Gewaltenteilung wird einerseits aus Art. 94 B-VG abgeleitet, der das Verhältnis von Rechtsprechung und Verwaltung normiert, und andererseits der organisatorischen Trennung von Gesetzgebung und Vollziehung entnommen.

[340] Art. 10 Abs. 1 Ziff. 2 B-VG (FN 332).

gehen, kann lediglich die Bundesregierung direkt den Vertragsinhalt mitgestalten. Demgegenüber beschränkt sich die Mitwirkung des Parlaments auf die Genehmigung oder deren Ablehnung, ohne sachliche Korrekturen anbringen zu können. Die Kontrollfunktion des Nationalrats und damit die Demokratisierung der Außenpolitik wird auf ein Minimum an Beteiligung reduziert. Die funktionell eigenständige Rechtsquelle Staatsvertrag beruht auf einer völkerrechtlichen Rechtsetzung, die dem Einfluß des staatlichen Gesetzgebers entzogen ist.[341] Überdies stellt das ausgehandelte Vertragswerk ein Faktum dar, dem das Parlament in den seltensten Fällen seine Genehmigung verweigert. Die Einschränkung der Gewaltentrennung könnte nur durch die Neugestaltung der äußeren Angelegenheiten revidiert werden.

IV. Die Auswirkungen der internationalen Menschenrechtskodifikationen auf das österreichische Verfassungsrecht

Den nachhaltigsten Einfluß auf das österreichische Verfassungsrecht üben die internationalen Grundrechtskodifikationen als Bestandteil der Verfassung aus.[342]

1. Die Rechtsgrundlagen des österreichischen Grundrechtsschutzes

Vergleichbar den Staatsverträgen, deren Ziel der Schutz der Freiheits- und Menschenrechte ist[343], beruht das österreichische Grundrechtssystem auf mehreren Rechtsquellen, in denen jeweils die verfassungsgeschichtliche Entwicklung Österreichs zum Ausdruck kommt[344]. Ebenso wie für das übrige Verfassungsrecht wird auch für die verfassungsgesetzlich gewährleisteten Rechte von einer formalen Rechtszersplitterung und einem Konglomerat[345] gesprochen, das sich ohne Systematik in mehreren Rechtsschichten überlagert[346]. Die Übernahme völkerrechtlicher Menschenrechtskodifikationen in Verfassungsrang bleibt somit in der Tradi-

---

[341] *Schindler*, Wechselwirkungen zwischen der inneren Struktur der Staaten und der internationalen Ordnung, in: *Müller / Rhinow / Schmid / Wildhaber* (Hrsg.), Festschrift für *Kurt Eichenberger*, Basel 1982, 78.

[342] *Korinek / Gutknecht* (FN 106), 302.

[343] s. S. 70 f.

[344] Art. 7, 14 Abs. 7, 14 a Abs. 7, 26, 60, 83 Abs. 2, 95, 117 B-VG; Staatsgrundgesetz vom 21. 12. 1867, öRGBl. 142; Gesetz vom 27. 10. 1862 zum Schutze der persönlichen Freiheit, öRGBl. 87; Gesetz vom 27. 10. 1862 zum Schutze des Hausrechts, öRGBl. 88; Beschluß der Provisorischen Nationalversammlung vom 30. 10. 1918, StBl. 3; Art. I b § 7 Minderheitenschutzgesetz für Kärnten; B-VG vom 3. 7. 1973 zur Durchführung des Internationalen Übereinkommens über die Beseitigung aller Formen rassischer Diskriminierung, öBGBl. 390; § 2 Abs. 1 Zivildienstgesetz, öBGBl. 1974/187; § 1 Datenschutzgesetz, öBGBl. 1978/565; §§ 12, 44 Auslieferungs- und Rechtshilfegesetz, öBGBl. 1979/529.

[345] *Korinek / Gutknecht* (FN 106), 305; *Walter / Mayer* (FN 329), 352.

[346] *Melichar*, Der Schutz der Menschenrechte im Verfassungsrecht der Republik Österreich, in: Österreichische Landesreferate zum IX. Internationalen Kongreß für Rechtsvergleichung Teheran 1974, 122.

tion des österreichischen Grundrechtsschutzes, sich nicht nur auf eine Rechtsgrundlage zu stützen, verstärkt aber den Rechtszustand der Unüberschaubarkeit. Die sich um Vereinheitlichung und Modernisierung[347] des nationalen Grundrechtsschutzes bemühende Grundrechtskommission wird bei der Erarbeitung eines Grundrechtskataloges auch die Staatsverträge mit grundrechtlichem Gehalt zu berücksichtigen haben, um einen übersichtlichen Grundrechtsschutz zu gewährleisten.[348]

2. *Die EMRK als gleichwertige Grundrechtsquelle*

Die größte Rechtswirkung für den österreichischen Grundrechtsschutz geht von der EMRK samt ihrem ersten und vierten Zusatzprotokoll aus, deren Schutzrichtung mit den verfassungsgesetzlich gewährleisteten Rechten nationalen Ursprungs korrespondiert.

a) Das Verhältnis der nationalen zu den Grundrechten der EMRK drückt sich einmal in sich berührenden Regelungsinhalten aus.[349] Inhaltsgleiche Normierungen im Sinne einer Gesetzeskonkurrenz treten dabei weniger auf als sich nur partiell überschneidende Schutzbereiche[350], da die Bestimmungen der EMRK detaillierter formuliert sind. Trotzdem kommt der Verfassungsgerichtshof zu Grundrechtsparallelen[351], vergleichbar den Konkurrenzen im Grundrechtsschutz nationalen Ursprungs[352]. Nationale und internationale Grundrechte wendet er kumulativ an.[353] Ein Normenkonflikt im Sinne eines logischen Widerspruchs zwischen Grundrechten unterschiedlichen Ursprungs ist bislang nicht aufgetreten. Für die EMRK räumt Art. 60 eine Kollision aus. Obwohl der Verfassungsgerichtshof anfänglich der EMRK sehr reserviert gegenüberstand — er empfand die EMRK als etwas „Neues und Störendes"[354] — kann der Rechtsprechung fortschreitend eine Änderung der ablehnenden Haltung entnommen werden.

Neben ihrem die innerstaatlichen Grundrechte ergänzenden Charakter stellt die EMRK auch Rechtsgüter unter ihren Schutz, die bislang verfas-

---

[347] Die Aufnahme sozialer Grundrechte ist vorgesehen.

[348] s. *Loebenstein*, Eröffnungsvortrag zum 5. ÖJT 1973, Bd. II/6, 22, 30 ff. mit Anregungen.

[349] *Tretter* (FN 155), 60.

[350] Vgl. die Übersicht der materiellen Konventionsrechte im Verhältnis zu den übrigen Grundrechten: *Melichar* (FN 346), 125 ff.; *Tretter* (FN 155), 61 f.

[351] Vgl. zu Art. 5 EMRK und Art. 8 StGG: VfGH Slg. 8671/1979, 8359/1978; Art. 7 EMRK und Art. 83 Abs. 2 B-VG: VfGH Slg. 7480/1975; s. a. Art. 10 EMRK und Art 13 StGG, Art. 11 EMRK und Art. 13 StGG.

[352] So ist etwa der Gleichheitsgrundsatz in Art. 7 B-VG, Art. 2 StGG, Art. 1 des Durchführungsgesetzes zur Rassendiskriminierungskonvention sowie in Art. 66 und 67 Staatsvertrag von St. Germain und in Art. 6 Staatsvertrag von Wien normiert.

[353] VfGH Slg. 7377, 7400/1974, 7494/1975, 7907/1976.

[354] So *Schantl / Welan* (FN 193), 617.

sungsrechtlich nicht gewährleistet waren. Vor allem das Verbot der Folter oder der erniedrigenden Strafe oder Behandlung (Art. 3 EMRK), das Verbot der Zwangs- und Pflichtarbeit (Art. 4 EMRK), das Verbot rückwirkender Strafgesetze (Art. 7 EMRK), der Schutz des Privat- und Familienlebens (Art. 8 EMRK), das Recht auf Familiengründung (Art. 12 EMRK) sowie die Einrichtung eines Beschwerderechtes vor nationalen Instanzen bei Verletzung der Konventionsrechte (Art. 13 EMRK) stellen neue Grundrechtsinhalte dar. Dieser umfassende Schutz wird auch von der Rechtsprechung anerkannt.[355] Neben der substantiellen Erweiterung brachte die EMRK auch eine noch weitergehende Gleichstellung der Staatsbürger und Ausländer mit sich, als sie das Staatsgrundgesetz bisher vorsah.

b) Ebenso wie die nationalen Grundrechte werden die Bestimmungen der EMRK durch die Verwaltungsbehörden und die Gerichte, vorrangig durch den Verfassungsgerichtshof, im Wege der Auslegung konkretisiert.

aa) Prägend für die Auslegung von nationalen Grundrechten ist die strenge Bindung an den Wortlaut der Norm in Verbindung mit ihrer historischen Bedeutung. Der Rückgriff auf Vorstellungen des historischen Gesetzgebers, treffend als Versteinerungstheorie charakterisiert[356], verhindert für die Grundrechtsregelungen jede rechtsgestalterische Anpassung der Regelungsinhalte an veränderte politische und soziale Verhältnisse. Das historische Grundrechtsverständnis korrespondiert mit der Vorstellung von der Verfassung als organisatorischem und verfahrensmäßigem Ordnungsgefüge einschließlich inhaltlicher Schranken im Gegensatz zu einer materiellen Grundordnung des Staates und stößt zunehmend auf Kritik.[357] Lediglich im Zusammenhang mit dem Gleichheitssatz und dem Recht auf den gesetzlichen Richter ist eine dynamische Grundrechtsinterpretation nachweisbar.[358] Einher geht diese restriktive Auslegungspraxis mit dem Verständnis der Grundrechte als reine Abwehrrechte gegenüber dem Staat,[359] basierend auf dem klassisch-liberalen Grundrechtsverständnis aus der Zeit des Staatsgrundgesetzes von 1867. Neben politischen Teilhaberechten, wie dem Wahlrecht und der Ausübung der unmittelbaren Demokratie bei Volksabstimmungen, läßt sich

[355] Zu Art. 3 EMRK: VfGH Slg.8145, 8146/1977, 9231/1981, EuGRZ, Bd. 11 (1984), 503 f.; zu Art. 8 EMRK: VfGH Slg. 8272/1978.

[356] Vgl. dazu *Schäffer*, Verfassungsinterpretation in Österreich, Wien 1971, 97 ff.

[357] *Ermacora*, Handbuch der Grundfreiheiten und der Menschenrechte, Wien 1963, 31 f.; *Öhlinger*, Die Grundrechte in Österreich, in: EuGRZ, Bd. 9 (1982), 222; *Schäffer* (FN 356), 155 ff.

[358] VfGH Slg. 5854/1968, 7330/1974, 7844/1976, 7037/1973, 7360/1974, 8349/1978; *Schäffer* (FN 356), 158 ff.

[359] *Rosenzweig*, Bedeutung der Grundrechte in Österreich, in: EuGRZ, Bd. 5 (1978), 467; vgl. insbesondere VfGH Slg. 7400/1974 Straffreiheit des Schwangerschaftsabbruches und VfGH Slg. 8136/1977 Bestätigung des Universitätsorganisationsgesetzes.

nur aus dem Gleichheitssatz ein Rechtsreflex auf Beteiligung an staatlichen Leistungen ableiten[360], nämlich bei staatlichen Zuwendungen an die Bürger nicht unsachlich zu differenzieren.

bb) Trotz der Gleichrangigkeit und Gleichwertigkeit der EMRK mit nationalen Grundrechten hat sich die Auslegungsmethode des Verfassungsgerichtshofs seit 1964 nicht wesentlich verändert. Vielmehr bleibt der Verfassungsgerichtshof auch bei einer kumulativen Anwendung von EMRK-Regeln seinem Grundrechtsverständnis verbunden. Völkerrechtliche Auslegungsgrundsätze wendet er auf die EMRK nicht an. Damit steht er im Gegensatz zur Entscheidungspraxis des Europäischen Gerichtshofs für Menschenrechte, der sich zwar ebenso wie der Verfassungsgerichtshof an objektiven Auslegungskriterien orientiert, vor allem aber auch die teleologische Interpretation zur Konkretisierung heranzieht.[361] Dessen Entscheidungsbegründungen stehen, zum Teil unter Hinweis auf Art. 31 ff. der Wiener Vertragsrechtskonvention[362], im Einklang mit der Präambel der EMRK, die neben der Wahrung auch die Entwicklung der Menschenrechte in den Vordergrund stellt[363]. Obwohl der Verfassungsgerichtshof bereit ist, die Interpretation der Straßburger Organe zur Kenntnis zu nehmen,[364] setzt er sich mit der Rechtsprechung des Europäischen Gerichtshofs für Menschenrechte im konkreten Fall nicht auseinander[365]. Statt dessen stützt er seine Argumentation weiterhin auf die überkommene Auslegungsmethode, ohne die innerhalb der europäischen Entscheidungspraxis entwickelte Vertragsauslegung zu verwerten[366] oder eine eigene grundrechtsspezifische Interpretation zu entwickeln. Bei sich berührenden Regelungsgehalten von Grundrechten unterschiedlichen Ursprungs beeinflußt selbst der weitergehende Schutzzweck der internationalen Norm die inhaltliche Bestimmung nicht.[367]

---

[360] *Öhlinger* (FN 357), 225; *Rosenzweig* (FN 359), 470.

[361] z. B. Rechtssache Lawless, Serie A Nr. 3 = EGMRE 1, 21, 44 Ziff. 14; Rechtssache Belgischer Spachenstreit, Serie A Nr. 6 = EuGRZ, Bd. 2 (1975), 298, 300 Ziff. 5; Rechtssache Wemhoff, Serie A Nr. 7 = EGMRE 1, 107, 126 Ziff. 8.

[362] *Scheuner*, Die Fortbildung der Grundrechte in internationalen Konventionen durch die Rechtsprechung, in: *v. Münch* (Hrsg.), Festschrift für *Hans-Jürgen Schlochauer*, Berlin 1981, 917; *Tretter*, Art. 2 MRK, in: *Ermacora / Nowak / Tretter* (FN 155), 107, jeweils mit Hinweisen auf die Rechtsprechung.

[363] s. zur vertragsspezifischen Auslegung *Ress*, Wechselwirkungen zwischen Völkerrecht und Verfassung bei der Auslegung völkerrechtlicher Verträge, in: Bericht DGV 23 (1982), 14 ff.

[364] Vgl. insbesondere zur Rechtssache Ringeisen, Serie A Nr. 13 = EGMRE 3, 61 ff.: VbfGH Slg. 6239, 6275/1970, 7099/1973, 7284/1974, 7333/1974; Rechtssache König, Serie A Nr. 27 = EuGRZ, Bd. 5 (1978), 406 ff.: VfGH Slg. 9198/1981.

[365] s. das Verhältnis der Rechtssache Engel, Serie A Nr. 22 = EuGRZ, Bd. 3 (1976), 221 ff. und VfGH Slg. 7907/1976; s. a. *Ress* (FN 363), 53.

[366] Eine Bindungswirkung an Entscheidungen der Straßburger Instanzen besteht allerdings nicht, vgl. dazu für Österreich: *Ress*, Die EMRK und die Vertragsstaaten, in: Europäischer Menschenrechtsschutz, 270 ff.

[367] VfGH Slg. 7377/1974.

Auf der anderen Seite geht der Verfassungsgerichtshof bei der Prüfung des Rechtes auf freie Meinungsäußerung davon aus, daß Art. 10 EMRK gegenüber Art. 13 StGG einen umfassenderen Schutz mit sich gebracht hat.[368] Über Art. 8 EMRK ist erstmals ein verfassungsrechtlich abgesichertes Persönlichkeitsrecht aufgezeigt worden.[369] Weiteres Anzeichen eines sich langsam wandelnden Verständnisses bildet auch die gleichzeitige Heranziehung von nationalen und internationalen Grundrechten, ohne daß eine isoliert kumulative Subsumtion nacheinander stattfindet.[370] Eine wechselseitige Beeinflussung der Grundrechtsdogmatiken oder gar ein Ineinandergreifen der Argumentation kann nur als Fernziel angeregt werden. Dessen ungeachtet wird die EMRK als fähig angesehen, langfristig einen Verständniswandel zu bewirken.[371]

c) Im Verhältnis zu den nationalen Grundrechtsschranken führte die EMRK einen neuen Typ von Gesetzesvorbehalt in das österreichische Verfassungsrecht ein.[372]

aa) Originär österreichische Grundrechte können mit einem Eingriffsvorbehalt, der den Gesetzgeber zur Einschränkung eines grundrechtlich gewährleisteten Freiheitsrechts legitimiert[373] oder mit einem Ausgestaltungsvorbehalt, der zur näheren gestaltenden Gesetzgebung auffordert[374], versehen sein. Daneben kennt auch das Staatsgrundgesetz Grundrechte, die schrankenlos gewährt werden[375], für die der Verfassungsgerichtshof aber immanente Grundrechtsschranken unterstellt. Diese Beschränkungen werden der gesamten Rechtsordnung entnommen,[376] gekoppelt mit dem Hinweis auf den Gleichheitsgrundsatz als Korrektiv unsachlicher Einengung der jeweiligen Schutzrichtung.

Grundsätzlich sehen die jeweiligen Grundrechtskataloge für die enthaltenen Gesetzesvorbehalte keine Begrenzung im Sinne einer Wesensgehaltsgarantie vor. Ein Gesetzesvorbehalt enthält eine uneingeschränkte Ermächtigung an den Gesetzgeber. Ursache dieses weitgehenden Vertrauens in den Gesetzgeber war die Einstellung zur Gesetzgebung zur

[368] VfGH Slg. 6288/1970; s. a. *Preslmayr*, Vergleichende Werbung und Äußerungsfreiheit gemäß Art. 10 EMRK, in: EuGRZ, Bd. 12 (1985), 221 ff.

[369] VfGH Slg. 8272/1978.

[370] VfGH Slg. 6455/1971, 7762/1976, EuGRZ, Bd. 12 (1985), 177, 181.

[371] *Öhlinger* (FN 357), 223; *Tretter* (FN 155), 79 f.

[372] *Rosenzweig* (FN 359), 468.

[373] z. B. Art. 5 StGG: Das Eigentum ist unverletzlich. Eine Enteignung gegen den Willen des Eigentümers kann nur in den Fällen und in der Art eintreten, welche das Gesetz bestimmt.

[374] z. B. Art. 12 StGG: Die österreichischen Staatsbürger haben das Recht, sich zu versammeln und Vereine zu bilden. Die Ausübung dieser Rechte wird durch besondere Gesetze geregelt.

[375] z. B. Art. 4 Abs. 1 StGG: Die Freizügigkeit der Person und des Vermögens innerhalb des Staatsgebietes unterliegt keiner Beschränkung.

[376] VfGH Slg. 3447/1958, 4267/1962.

Zeit der Schaffung des Staatsgrundgesetzes 1867. Im Gegensatz zur Exekutive wurde sie nicht als Gefahr für den Grundrechtsbestand empfunden. Mit der Schaffung des Legalitätsprinzips[377] 1920 war die Gesetzmäßigkeit der Verwaltung Verfassungsrecht geworden, so daß der Gesetzesvorbehalt seine ursprüngliche Intention verloren hatte. Trotz des unbeschränkten Auftrags hat der Verfassungsgerichtshof später eine Bindung des Gesetzgebers an den Wesensgehalt des jeweiligen Grundrechts angenommen[378]; teilweise nimmt der Verfassungsgerichtshof wiederum den Gleichheitssatz zur Hilfe, der dem Gesetzgeber sachliche Grenzen setze[379]. Ein Wandel des Verständnisses der Grundrechte als Schranke auch für den Gesetzgeber wurde somit vollzogen.[380]

bb) Mit der EMRK kamen erstmals Grundrechtsschranken in das österreichische Verfassungsrecht, die inhaltliche Grenzen für Gesetzesvorbehalte aufzeigen. Neben den allgemeinen Schranken der Art. 15 ff. EMRK differenziert die Konvention zwischen kasuistischen[381] und generalklauselartigen[382] Begrenzungen. Ausgehend von dem Standard der demokratischen Gesellschaft zählen selbst die weitgefaßten Vorbeehalte enumerativ die Eingriffsziele unter Hinweis auf die Notwendigkeit oder Unentbehrlichkeit der Maßnahme auf. Zur Ermittlung widerstreitender Interessen ist der Grundsatz der Verhältnismäßigkeit anzuwenden[383], der so erstmals Bestandteil der österreichischen Rechtsordnung geworden ist[384]. Auch schrankenlose Konventionsartikel unterliegen nach der Rechtsprechung der Straßburger Organe einer Wesensgehaltsgarantie,[385] abgeleitet aus immanenten Schranken.

Wie auch sonst bei der Anwendung der EMRK ist der Verfassungsgerichtshof bei der Konkretisierung der Reichweite der Gesetzesvorbehalte der EMRK zurückhaltend. Er erkennt zwar einen unverletzlichen materiellen Wesensgehalt von Konventionsbestimmungen an.[386] Häufig setzt er aber deren Vorbehalte mit denen des Staatsgrundgesetzes gleich oder stützt sich bei der Prüfung eines Eingriffs in Konventionsrechte auf grundrechtsimmanente Schranken.[387]

---

[377] Art. 18 Abs. 1 B-VG (FN 146).

[378] Vgl. VfGH Slg. 3929/1961, 4486/1963, 5150/1965.

[379] Vgl. VfGH Slg. 4163/1963, 7304/1974.

[380] *Korinek / Gutknecht* (FN 106), 315 f.

[381] z. B. Art. 2, 4 Abs. 3, 5 EMRK.

[382] z. B. Art. 8—11 EMRK, Art. 1 1. ZP, Art. 2 4. ZP.

[383] Rechtssache Belgischer Sprachenstreit (FN 361), 301 Ziff. 10; Rechtssache Engel (FN 365), 230 Ziff. 72; Rechtssachee Handyside, Serie A Nr. 24 = EuGRZ, Bd. 4 (1977), 38, 42 Ziff. 49.

[384] *Berka*, Die Europäische Menschenrechtskonvention und die österreichische Grundrechtstradition, in: ÖJZ, Bd. 34 (1979), 431; *Rosenzweig* (FN 359), 468.

[385] Vgl. für Art. 2 1. ZP Rechtssache Belgischer Sprachenstreit (FN 361), 300 Ziff. 5.

[386] *Tretter* (FN 155), 71 m. w. Nachw.

[387] VfGH Slg. 6465/1971.

Demgegenüber nennt der Verfassungsgerichtshof auch Bestimmungen der EMRK im Zusammenhang mit ihrem Gesetzesvorbehalt.[388] Gegenstand einer argumentativen Begründung sind sie aber nicht. Bei der Prüfung eines Bescheides auf seine Verfassungsmäßigkeit hob der Verfassungsgerichtshof Art. 11 Abs. 2 EMRK zumindest als Richtlinie zur Ermessensausübung hervor.[389]

In der Regel bevorzugt die Rechtsprechung des Verfassungsgerichtshofes die nationalen vor den internationalen Grundrechtsschranken, ohne daß der materielle Inhalt der Konventionsvorbehalte differenzierend berücksichtigt wird. Somit bleibt Art. 60 EMRK weitgehend unbeachtet, der den Umfang der Gesetzesvorbehalte in das Günstigkeitsprinzip mit einbezieht.[390] Die auch bezüglich der Konventionsschranken zurückhaltende Rechtsprechung des Verfassungsgerichtshofes beruht wiederum auf seinem Grundrechtsverständnis, so wenig wie möglich rechtsgestaltend tätig zu werden. Denn bei zutreffender Auslegung der immanenten sowie der vorgegebenen Konventionsschranken müßte er einen „europäischen Standard"[391] berücksichtigen, der zu einer weitergehenden Entwicklung im österreichischen Grundrechtsschutz führen würde.

Erste Voraussetzung für die zwingende Anwendung eines Gesetzesvorbehaltes der EMRK hat der Verfassungsgesetzgeber ausdrücklich geschaffen, als er das Grundrecht auf Datenschutz mit einer Verweisung auf den Gesetzesvorbehalt des Art. 8 Abs. 2 EMRK versah.

d) Neben ihrer Eigenschaft als unmittelbar geltendes Recht, verbunden mit den zuvor aufgezeigten Integrationsschwierigkeiten, bringt die EMRK weitere substantielle Neuerungen mit sich. Während nationale institutionelle Garantien durch Regelungen der EMRK gefestigt wurden,[392] stehen erstmals Ehe und Familie (Art. 12, 8 EMRK, Art. 2 1. Zusatzprotokoll) unter staatlichem Schutz, verstanden allerdings als Abwehrrecht[393] und nicht als Institutsgarantie[394].

Ebenso führte die Erweiterung durch internationale Menschenrechte auch zu einer mittelbaren Drittwirkung der europäischen Schutzrechte zwischen den Rechtsadressaten. Eine unmittelbare Drittwirkung wird für die nationalen Grundrechte durchgehend verneint,[395] für die EMRK

[388] Vgl. zu Art. 8 EMRK: VfGH Slg. 6464/1971, 6789/1972, 7377/1974.

[389] VfGH Slg. 8090/1977.

[390] *Melichar* (FN 346), 123.

[391] *Tretter* (FN 155), 73, 75.

[392] z. B. in Art. 82 ff. B-VG/Art. 6 EMRK die Gerichtsbarkeit.

[393] VfGH Slg. 6072/1969.

[394] *Pernthaler*, Zur verfassungsrechtlichen Verankerung von Ehe und Familie in der österreichischen Rechtsordnung, in: *Adamovich / Pernthaler* (Hrsg.), Festschrift für *Hans R. Klecatsky*, Wien 1980, 746; *Scheuner* (FN 362), 919; a. A. *Melichar*, Die Entwicklung der Grundrechte in Österreich, 2. ÖJT 1964 Bd. I/2, 28.

[395] *Öhlinger* (FN 357), 232 f.; *Rosenzweig* (FN 359), 473 mit Hinweis auf die Rechtsprechung VfGH Slg. 8136/1977 (s. a. VfGH Slg. 7400/1974); *Walter / Mayer* (FN 329), 350.

kontrovers diskutiert[396]. Nur das Grundrecht auf Datenschutz ist ausdrücklich mit einer unmittelbaren Drittwirkung ausgestattet.[397] Jedenfalls findet die mittelbare Drittwirkung ihren Ausdruck bei sich widersprechenden vertraglichen Freiheiten und grundrechtlich geschützten Positionen in der Interpretation der Generalklauseln des Privatrechts durch die Gerichte.[398] Die auslegungssteuernde Wirkung der Konventionsartikel hat insoweit Eingang in die Rechtsprechung gefunden.[399]

Schließlich haben die ergänzenden Konventionsartikel Bedeutung für die Fiskalgeltung der Grundrechte, soweit man eine solche für den Bereich der öffentlichen Aufgabenerfüllung in den Formen des Privatrechts anerkennt.[400] Art. 13 EMRK gebietet für die Konventionsbestimmungen eine solche Rechtswirkung.

e) Zusammenfassend kann für die unmittelbar anwendbaren Vorschriften der EMRK als mit bestmöglicher Bestandsgarantie ausgestattetem Recht[401] eine langsame, aber stetige Verflechtung mit dem originären staatlichen Verfassungsrecht festgestellt werden. Der Hauptanteil an integrierender Wirkung kommt dabei der Rechtsprechung, vor allem der des Verfassungsgerichtshofes, zu. Zu Beginn der Geltung stand der Verfassungsgerichtshof, wie bereits angesprochen, der EMRK äußerst distanziert gegenüber, was er insbesondere neben der Verneinung ihres Verfassungsranges und ihrer unmittelbaren Anwendbarkeit, in der extensiven Auslegung des österreichischen Vorbehalts zu Art. 5 EMRK[402] und dessen interpretativen Ausdehnung auch auf Art. 6 EMRK zum Ausdruck brachte. Ein fortschreitender Wandel zugunsten der EMRK ist aber den neueren Entscheidungen zu entnehmen. Die Mitberücksichtigung der

---

[396] Vgl. *Berka* (FN 384), 370 m. w. Nachw.; *Griller*, Drittwirkung und Fiskalgeltung von Grundrechten, in: ZfV, Bd. 8 (1983), 12 f.

[397] Art. 1 Abs. 6 Datenschutzgesetz.

[398] *Bydlinski*, Der Gleichheitsgrundsatz im österreichischen Privatrecht, 1. ÖJT 1961, Bd. I/1, 74 ff.

[399] s. zu Art. 3 EMRK OGH EvBl. 1975, Nr. 161; s. zur Begriffsbestimmung des „ordre public" 4. ZP OGH 29. 10. 1980, 7 Ob 688/80 (zitiert nach *Tretter*, Art. 1—4. ZP, in: *Ermacora / Nowak / Tretter* (FN 155), 665 f.).

[400] *Berka* (FN 384), 430; *Griller* (FN 396), 119; *Öhlinger* (FN 357), 231 m. w. Nachw.; a. A. *Walter / Mayer* (FN 329), 351.

[401] *Nowak*, Allgemeine Bemerkungen zur EMRK aus völkerrechtlicher und innerstaatlicher Sicht, in: *Ermacora / Nowak / Tretter* (FN 155), 50.

[402] Vorbehalt zu Art. 5 und 6 EMRK: . . . erklärt der Bundespräsident diese Konvention unter dem Vorbehalt, daß
1. die Bestimmungen des Artikels 5 der Konvention mit der Maßgabe angewendet werden, daß die in den Verwaltungsverfahrensgesetzen, BGBl. Nr. 172/1950, vorgesehenen Maßnahmen des Freiheitsentzuges unter der in der österreichischen Bundesverfassung vorgesehenen nachprüfenden Kontrolle durch den Verwaltungsgerichtshof oder den Verfassungsgerichtshof unberührt bleiben;
2. die Bestimmungen des Artikels 6 der Konvention mit der Maßgabe angewendet werden, daß die in Artikel 90 des Bundes-Verfassungsgesetzes in der Fassung von 1929 festgelegten Grundsätze über die Öffentlichkeit im gerichtlichen Verfahren in keiner Weise beeinträchtigt werden, . . .; s. a. *Kopetzki*, Art. 5 und 6 MRK (VfGH), in: *Ermacora / Nowak / Tretter* (FN 155), 272 ff.

Konventionsartikel bei der Entscheidungsfindung beruht weniger auf einer revidierten Einstellung zur Konvention insgesamt als auf der Tatsache, daß die EMRK als geltendes Verfassungsrecht gleichberechtigt subjektive Rechte einräumt, die nicht länger ignoriert werden können. In diesem Zusammenhang kommt auch der rechtsgestaltenden Rechtsprechung der Europäischen Organe eine übergeordnete Bedeutung zu,[403] die hoffnungsvoll als „vierte Gewalt" bezeichnet wird.[404] Aber auch die übrige Rechtsprechung sieht sich gehalten, die Entscheidungen der Straßburger Organe und damit die EMRK neben ihrer unmittelbaren Anwendung auch mittelbar bei der Entscheidungsfindung zu berücksichtigen. Denn erstmals eröffnete das Rechtsschutzsystem der EMRK die ansonsten in Österreich nicht bestehende Möglichkeit, Akte der Gerichtsbarkeit anzufechten.[405]

Weiteren Einfluß auf das Verfassungsrecht nimmt die EMRK über den Verfassungsgesetzgeber: in der erstmaligen Verbindung eines nationalen Grundrechts mit einem Gesetzesvorbehalt der Konvention[406]. Bei der Neueinfügung von Art. 17 a in das Staatsgrundgesetz (Freiheit der Kunst) wurde überdies der Schutzbereich der geltenden Grundrechte, auch der der EMRK, diskutiert, um den Geltungsumfang des neuen Rechtes festzulegen.[407] Im Ergebnis liegt somit eine wechselseitige Beeinflussung der nationalen und der europäischen Grundrechte vor. Obwohl die EMRK auf der Grundlage der „Allgemeinen Erklärung der Menschenrechte" ausgearbeitet wurde, kommt in ihr auch eine „europäische Einigungsbestrebung"[408] auf rechtlichem Gebiet zum Ausdruck. Sie verkörpert als gemeinsame Grundauffassung der europäischen Staaten einen Minimumstandard zum Schutz der Menschenrechte und Grundfreiheiten. Durch ihre Integration in das österreichische Verfassungsrecht tritt ein Rückkoppelungseffekt ein.[409] Aufgrund der Gewährleistung subjektiver Rechte nimmt die Konvention somit intensivsten Einfluß auf die österreichische Rechtsordnung, einmal durch die Einzelvorschriften selbst, zum anderen durch den von den europäischen Entscheidungsorganen ermittelten euro-

---

[403] *Ermacora*, Auswirkungen der menschenrechtlichen Rechtsprechung der Straßburger Instanzen auf die österreichische Rechtsordnung, in: *Ermacora / Nowak / Tretter* (FN 155), 57.

[404] *Ermacora*, Die Vierte Gewalt: Eine regional-supranationale Gewalt zum Schutze der Menschenrechte, in: *Bracher / Danson / Geiger / Smend* (Hrsg.), Festschrift für *Leibholz*, Tübingen 1966, 673 ff.

[405] *Öhlinger* (FN 357), 231.

[406] Vgl. S. 85.

[407] *Neisser*, Die verfassungsrechtliche Garantie der Kunstfreiheit, in: ÖJZ, Bd. 38 (1983), 5; vgl. auch die Beachtung von Art. 26 EMRK bei der Einrichtung der Volksanwartschaft (Ausschußbericht, 421 BlgNR 14. GP).

[408] *Partsch*, Die Rechte und Freiheiten der EMRK, in: Die Grundrechte, Bd. I/1, 246.

[409] *Stadler*, Internationale Einflüsse auf die österreichische Grundrechtsordnung, in: EuGRZ, Bd. 9 (1982), 213 f.

päischen Standard, gewonnen aus allgemeinen Rechtsgrundsätzen und gemeinsamen Rechtsüberzeugungen. Eine Einschränkung des nationalen Gestaltungsspielraums[410] ist die Folge der EMRK in Verfassungsrang, einhergehend mit der Angleichung der österreichischen Rechtsordnung an europäische Menschenrechte und deren Weiterentwicklung.

3. *Die internationalen Menschenrechte als Teil der staatlichen Wertordnung*

Neben der unmittelbaren Auswirkung insbesondere der EMRK wäre überdies ein Einfluß sämtlicher Menschenrechtskodifikationen auf die Verfassung als objektive Wertordnung des Staates denkbar. Erkennt man die Grundrechte als Elemente einer grundlegenden Wertordnung an, könnten neben den unmittelbar anwendbaren auch die mit einem Erfüllungsvorbehalt gemäß Art. 50 Abs. 2 B-VG belegten internationalen Verträge verfassungsrechtliche Bedeutung bekommen.

a) Das Verständnis von der Verfassung als Grundnorm des Rechts im Sinn einer formal-logischen Funktion spricht gegen eine grundlegende Wertentscheidung, obwohl auch aus dieser Sicht jede Norm eine Wertung in sich trägt[411]. Wohl auch im Hinblick darauf, daß die Menschenrechte den Rang einer inhaltlichen Grundnorm im logischen Sinn einnehmen[412], werden zumindest die einzelnen Grundrechte jeweils als eine Wertentscheidung und der Grundrechtskatalog als eine Wertordnung verstanden[413]. Der Verfassungsgerichtshof setzt in der Praxis ebenfalls die Grundrechtsnormen insoweit mit einer objektiven Wertordnung gleich, als daß sie Prüfungsmaßstab der Verfassungsmäßigkeit von Gesetzen, Verordnungen und Verwaltungsakten sein können.[414] Lediglich im Hinblick auf die in Österreich lebenden Minderheiten hat der Verfassungsgerichtshof den Staatsverträgen von St. Germain und Wien sowie der EMRK eine Wertentscheidung zugunsten eines umfassenden Minderheitenschutzes entnommen, die die Bevorzugung Angehöriger einer Minderheit unter Umständen sachlich rechtfertige.[415] Die Grundrechte bilden demnach lediglich eine Schranke staatlichen Handelns[416] und nicht

---

[410] *Bernhardt*, Internationaler Menschenrechtsschutz und nationaler Gestaltungsspielraum, in: *Bernhardt / Geck / Jaenicke / Steinberger* (Hrsg.), Festschrift für *Hermann Mosler*, Berlin/New York 1983, 85 ff.

[411] Vgl. dazu *Kelsen*, Reine Rechtslehre, 2. Aufl., Wien 1960, 16 ff.

[412] *Ermacora*, Die Menschenrechte als Grundnorm des Rechts, in: *Adamovich / Pernthaler* (Hrsg.), Festschrift für *Klecatsky*, Wien 1980, 158.

[413] *Rosenzweig* (FN 359), 470; *Schambeck*, Möglichkeiten und Grenzen der Verfassungsinterpretation in Österreich, in: JBl., Bd. 102 (1980), 231; *Walter* Grundrechtsverständnis und Normenkontrolle in Österreich, in: *Vogel* (Hrsg.), Grundrechtsverständnis und Normenkontrolle, Wien/New York 1979, 19 f.

[414] s. Art. 139 ff. B-VG.

[415] VfGH Slg. 9224/1981.

[416] *Öhlinger* (FN 357), 223.

etwa die objektiven Normen, die als verfassungsrechtliche Grundentscheidung in jedem staatlichen Akt, vor allem in der Gesetzgebung, gestaltend zu konkretisieren sind.[417] Ein anderes Verständnis der Verfassung wird mit dem Hinweis auf die Funktion des Verfassungsgerichtshofes im Verhältnis zum Parlament sowie deshalb abgelehnt, weil sowohl die nationalen als auch die internationalen Grundrechtsnormen kein geschlossenes Wertsystem bilden.[418]

b) Demgegenüber zeigen die Konventionsorgane in ihrer Rechtsprechung die Pflicht der Vertragspartner auf, einzelne Rechte aus der EMRK zu verwirklichen.[419] Aus Art. 2,[420] Art. 8[421] sowie eingeschränkt auch aus Art. 2 1. ZP[422] hat der Europäische Gerichtshof für Menschenrechte Schutzpflichten des Staates abgeleitet. Aber ebensowenig wie eine dynamische Auslegung der Konventionsnormen durch die österreichische Rechtsprechung erfolgt, wird von der Gesetzgebung ein entsprechender Gestaltungsauftrag, soweit er der Konvention entnommen werden kann, wahrgenommen.

Insgesamt kann gegenwärtig deshalb weder für die nationalen noch für die internationalen Grundrechte von einer durch den Gesetzgeber zu konkretisierenden Wertordnung gesprochen werden, die alle Bereiche des staatlichen Lebens durchdringt. Auch hier ist auf eine langfristige Einflußnahme durch die EMRK zu hoffen, die aber ein gewandeltes Verständnis der Grundrechte im österreichischen Verfassungsgefüge voraussetzt.

4. *Das Verhältnis zur verfassungsrechtlichen Grundordnung*

Im Anschluß an das Aufzeigen der unmittelbaren Auswirkungen der internationalen Menschenrechtskodifikationen auf den übrigen Grundrechtsbestand stellt sich die Frage nach ihrer Konformität mit den allgemeinen Verfassungsprinzipien des österreichischen Verfassungsrechts.

a) Wie die Staatsverträge, die zwischenstaatliche Einrichtungen konstituieren, bringen auch die internationalen Verträge zum Schutz der Menschenrechte, soweit sie mit einem internationalen Rechtsschutzsystem gekoppelt sind, einen Souveränitätsverlust mit sich. So hat Österreich für die EMRK plus Zusatzprotokolle die fakultativen Erklärungen gemäß Art. 25 und 46 abgegeben, allerdings auf jeweils drei Jahre befristet. Bei Gefahr eines weitreichenden Souveränitätsverlustes kann sich Österreich

[417] Kritisch dazu *Korinek / Gutknecht* (FN 106), 318.
[418] *Öhlinger* (FN 357), 224 f.
[419] *Berka* (FN 384), 374; *Tretter* (FN 155), 79 f.
[420] EKMR Appl. 6040/73; EMRK Appl. 7154/75.
[421] Rechtssache Marckx, Serie A Nr. 31 = EuGRZ, Bd. 6 (1979), 454, 455 Ziff. 31, 458 Ziff. 45
[422] Rechtssache Belgischer Sprachenstreit, Serie A Nr. 6 (FN 361), 300 Ziff. 3.

somit der euopäischen Rechtsprechung weitgehend entziehen. Von Interesse in diesem Zusammenhang ist auch die Fakultativerklärung gemäß Art. 41 des Internationalen Paktes über bürgerliche und politische Rechte.

b) Für den bundesstaatlichen und den demokratischen Verfassungsgrundsatz gehen von den internationalen Grundrechtsergänzungen keine Gefährdungen aus.

c) Bedenken erheben sich aber im Zusammenhang mit dem Rechtsstaatsprinzip.

aa) So wird der Einwand der Fremdsprachigkeit der Staatsverträge als „kommunikative Barriere"[423] geltend gemacht.[424] Grundsätzlich ist jeder Staatsvertrag in seinen authentischen Sprachen kundzumachen. Wenn die deutsche Sprache nicht eine authentische des Vertrages sein sollte,[425] muß eine Übersetzung im österreichischen Bundesgesetzblatt beigefügt werden[426]. Rechtsverbindlichkeit kann eine solche Übersetzung nicht beanspruchen,[427] da nur der Vertrag in seiner authentischen Form Bestandteil des österreichischen Rechts ist[428]. Der Zugang zum Recht ist aber trotz allem gewährleistet. Die Praxis berücksichtigt bei der Auslegung der Einzelbestimmung neben der deutschen Übersetzung vor allem die englische und französische Originalfassung[429] bis hin zur Korrektur der deutschen Übersetzung[430]. Bedenken für die Rechtsanwendung in bezug auf die Rechtssicherheit bleiben dennoch.[431]

bb) Ebenso bestehen Zweifel an der Rechtssicherheit aufgrund der Vielschichtigkeit der Grundrechtsnormen, verstärkt durch die hinzugekommenen internationalen Bestimmungen. Soweit die Regelungen der EMRK, die hier wiederum als unmittelbar anwendbares Recht im Mittelpunkt des Interesses stehen, Grundrechtsergänzungen mit sich bringen, besteht kein Anlaß zur Sorge. Bei sich berührenden Regelungsinhalten verstärkt die EMRK und auch der Staatsvertrag von Wien die Vielschichtigkeit des Normenbestandes, der selten auf einer echten Grund-

---

[423] *Adamovich / Funk* (FN 96), 131.

[424] Dieser Gesichtspunkt gilt für sämtliche Staatsverträge in Verfassungsrang, tritt aber bei den unmittelbar anwendbaren Menschenrechtsverträgen in den Vordergrund.

[425] Vgl. Art. 8 B-VG.

[426] Vgl. Art. 49 Abs. 1 B-VG in Verbindung mit § 2 Abs. 1 Ziff. b BG über das öBGBl. (FN 87 und 88).

[427] *Öhlinger* (FN 238), 332; *Walter*, Österreichisches Bundesverfassungsrecht, Wien 1972, 182.

[428] Vgl. die Anregungen von *Öhlinger* (FN 238), 332 ff., zu einer dogmatisch legitimierten „Übersetzung"; s. a. *Partsch* (FN 408), 318.

[429] VfGH Slg. 7400/1974.

[430] VfGH Slg. 6288/1970.

[431] Vgl. *Dohr*, Art. 8 MRK, in: *Ermacora / Nowak / Tretter* (FN 155), 388, der auf die unterschiedliche Übersetzung des Art. 8 Abs. 2 EMRK im Verhältnis zu dem zumindest im englischen Text wortgleichen Art. 10 Abs. 2 EMRK aufmerksam macht.

rechtskonkurrenz beruht. Gerade die sich nur partiell überschneidenden Schutzbereiche bedingen für den Rechtsadressaten eine Unüberschaubarkeit,[432] die unter Umständen seinen Rechtsschutz einschränken kann. Ablesbar ist die Rechtszersplitterung des Grundrechtsschutzes vor allem in der uneinheitlichen Handhabung der EMRK durch den Verfassungsgerichtshof.

Ausdruck der Rechtssicherheit ist nicht nur die Vorhersehbarkeit staatlichen Handelns, sondern auch die hinreichend klare Fassung der einzelnen Normen.[433] Zur Rechtsklarheit muß darüber hinaus die Einfügung der Grundrechte in ein überschaubares Normengefüge gerechnet werden. Es wird deshalb Aufgabe des „Expertenkollegiums für die Probleme der Grund- und Freiheitsrechte" sein, bei der Erstellung eines einheitlichen nationalen Grundrechtskatalogs das Verhältnis zu den internationalen Menschen- und Freiheitsrechten normativ zu berücksichtigen.

d) Das Grundprinzip der Gewaltentrennung bietet ebenfalls Anlaß zur Erörterung im Zusammenhang mit den Menschenrechtskonventionen. Das österreichische Konzept der Gewaltentrennung wird hauptsächlich von formellen Kriterien geprägt. Organisatorisch-funktionale Merkmale bestimmen die Kompetenzeinteilung von Gesetzgebung, Gerichtsbarkeit und Verwaltung, allerdings auch unter materiellen Gesichtspunkten im Hinblick auf den Schutz der inhaltlich festgelegten Staatsfunktionen.[434] Nach der Rechtsprechung des Verfassungsgerichtshofes[435] sind die Kompetenztatbestände auf den Zeitpunkt ihres Wirksamwerdens festgeschrieben.

aa) Die Trennung von Rechtsprechung und Gesetzgebung müßte bei konsequenter Anwendung der EMRK durch den Verfassungsgerichtshof eine Einschränkung erfahren. Grundsätzlich geht von der Rechtsprechung der Straßburger Konventionsorgane aufgrund der teleologischen Auslegung der Bestimmungen eine gestaltende Wirkung aus. Die Funktion der gestaltenden Mitwirkung an der Rechtsbildung[436] durch die Anwendung der Konventionsartikel hat der Verfassungsgerichtshof bislang nur ansatzweise übernommen. Im Gegensatz zu einer demokratisch-funktionalen Grundrechtstheorie[437] bleibt der Verfassungsgerichtshof bei seiner Auffassung von den Grundrechten als Abwehrrechten. Soll die EMRK in

---

[432] *Klecatsky*, B-VG und Bundesverfassungsrecht, in: *Schambeck* (FN 103), 97.

[433] *Herzog*, in: *Maunz / Dürig / Herzog*, Art. 20 GG Abschnitt VII Rdnr. 63.

[434] *Welan*, Die Lehre von der Gewaltentrennung und das Bundesverfassungsgesetz, in: ÖJZ, Bd. 25 (1970), 451.

[435] Vgl. zur Versteinerungstheorie FN 101 f.; s. a. VfGH Slg. 4387/1963.

[436] s. dazu *Scheuner*, Verfassungsgerichtsbarkeit und Gesetzgebung, in: DÖV, Bd. 33 (1980), 475.

[437] *Böckenförde*, Grundrechtstheorie und Grundrechtsinterpretation, in: NJW, Bd. 27 (1974), 1534 f.

Zukunft eine adäquate Stellung im österreichischen Verfassungsrecht einnehmen, muß auch über die Rechtsprechung des Verfassungsgerichtshofes das Verhältnis dieser beiden Gewalten zueinander neu bestimmt werden.

bb) Vor allem für die Beziehung der Verwaltung zur Gerichtsbarkeit ist die EMRK von übergeordneter Wichtigkeit. Laut Bundes-Verfassungsgesetz stehen die drei Gewalten nicht in einem gleichrangigen Verhältnis zueinander. Vielmehr kommt der Gesetzgebung ein Vorrang zu,[438] ablesbar aus dem für die gesamte Vollziehung[439] geltenden Legalitätsprinzip (Art. 18 Abs. 1 B-VG) einerseits und aus der nur für die zwischen Justiz und Verwaltung ausdrücklich ausgesprochenen organisatorischen Trennung (Art. 94 B-VG) andererseits. Die so verstandene Trennung der Vollziehung, daß ein und dieselbe Behörde nicht gleichzeitig als Verwaltungs- und Gerichtsbehörde organisiert sein darf und beide Gewalten nie, sei es nebeneinander, sei es instanzenmäßig nacheinander[440], entscheiden dürfen[441], legitimiert nach Ansicht des Verfassungsgerichtshofes[442] den Gesetzgeber, unabhängig von dem Tätigkeitsbereich entweder die eine oder andere Behörde mit Vollziehungsaufgaben im weitesten Sinne zu betrauen. So liegen beispielsweise die Verwaltungsstrafsachen in der Zuständigkeit der Exekutive. Mit Art. 6 EMRK liegt erstmals eine materiell-rechtliche Komponente zur Festlegung der Gewaltentrennung zwischen Exekutive und Judikative vor, nämlich die Begründung der gerichtlichen Zuständigkeit für „zivilrechtliche"[443] Ansprüche und „strafrechtliche" Anklagen. Unter zwei Gesichtspunkten zeigen insbesondere Art. 5 und 6 EMRK trotz der sie beschränkenden Vorbehalte[444] langfristige Auswirkungen auf die gegenwärtige österreichische Gewaltenteilung.

Wie bereits angesprochen, liegt das gesamte Verwaltungsstrafrecht in den Händen der Verwaltung mit Ausnahme der in dem Vorbehalt zu Art. 5 EMRK angesprochenen Kontrolle durch die öffentlich-rechtlichen Gerichte[445]. Das Verwaltungsstrafgesetz in Verbindung mit den jewei-

---

[438] *Welan*, Die Gewaltenteilung, in: *Schambeck* (FN 103), 496; *Winkler*, Das österreichische Konzept der Gewaltentrennung in Recht und Wirklichkeit, in: Der Staat, Bd. 6 (1967), 300.

[439] Vollziehung = Rechtsprechung und Verwaltung.

[440] Eine Ausnahme bilden die „sukzessiven Zuständigkeiten" (Einschaltung des Gerichts nach Entscheidung der Verwaltungsbehörde) in Einzelfällen, vgl. dazu *Novak*, Quasi-Instanzenzüge im österreichischen Recht, in: ZfV, Bd. 1 (1976), 53 ff.

[441] s. a. VfGH Slg. 7710/1975, 4359/1963.

[442] VfGH Slg. 2794/1955; 3651/1959.

[443] s. ausführlich dazu S. 94 ff.

[444] Vgl. FN 402; s. a. *Funk / Gimpel-Hinteregger*, Der Schutz der persönlichen Freiheit in Österreich, in: EuGRZ, Bd. 12 (1985), 10 ff.

[445] Die öffentlich-rechtliche Gerichtsbarkeit wird durch den Verwaltungsgerichtshof und den Verfassungsgerichtshof repräsentiert.

ligen Verwaltungsverfahrensgesetzen sowie den sonstigen Verwaltungsvorschriften[446] bilden die Rechtsgrundlage zum Ausspruch von Verwaltungsstrafen, die auch Freiheitsstrafen sein können[447]. Trotz der in Widerspruch zu Art. 5 EMRK stehenden sachlichen Zuständigkeit verhält sich Österreich durch den zu Art. 5 abgegebenen Vorbehalt konventionskonform, wenn es die am 3. 9. 1958, dem Tag der Vorbehaltserklärung, geltenden Strafregeln, die den Ausspruch einer Freiheitsstrafe durch die Exekutive vorsehen, beibehält.[448] Unter Freiheitsstrafe werden der dauernde Freiheitsentzug, aber auch die Festnahme[449] und sonstige Maßnahmen der Freiheitsentziehung verstanden[450]. Den Vorbehalt zu Art. 5 EMRK weitet die europäische und österreichische Rechtsprechung auch auf Art. 6 EMRK aus,[451] indem sie die Verhängung von Geldstrafen durch die Exekutive von dem Grundsatz a maiore ad minus gedeckt sieht[452]. Nur für das Heeresdisziplinarrecht[453] und neuerdings auch für das Finanzstrafrecht[454, 455] steht eine vorbehaltlose Geltung von Art. 5 und 6 EMRK außer Streit.[456]

Die Berechtigung zum Ausspruch von Freiheitsstrafen durch die Exekutive berührt aber nur die gesetzlichen Bestimmungen, die zum Zeitpunkt der Vorbehaltserklärung in Kraft waren. Art. 64 EMRK gestattet eine konventionskonforme Auslegung dahingehend, daß zwar in der Folgezeit keine Verschärfung der Strafbestimmungen erlassen werden darf, daß aber eine Novellierung der in Frage kommenden Gesetze im Sinne einer Anpassung an geänderte Verhältnisse erfolgen kann.[457] Neue

---

[446] Vgl. den Verweis in § 10 Verwaltungsstrafgesetz.

[447] Zu Freiheitsstrafen durch Verwaltungsbehörden *Funk / Gimpel-Hinteregger* (FN 444), 8 ff.; *Walter / Mayer / Stadlmayer*, Wie soll der allgemeine Teil des Verwaltungsstrafrechts gestaltet werden?, in: 7. ÖJT 1979, Bd. II/5, 26 ff.

[448] Die in dem Vorbehalt zu Art. 5 EMRK angesprochenen Verwaltungsverfahrensgesetze sind das Einführungsgesetz zu den Verwaltungsverfahrensgesetzen, das Allgemeine Verwaltungsverfahrensgesetz, das Verwaltungsstrafgesetz und das Verwaltungsvollstreckungsgesetz.

[449] VfGH Slg. 8654/1979.

[450] *Kopetzki*, Art. 5 und 6 EMRK und das österreichische Verwaltungsverfahrensrecht, in: EuGRZ, Bd. 10 (1983), 177 f.

[451] VfGH Slg. 6275/1971; Entscheidungen der EKMR, Appl. 3923/69; Appl. 8180/80; Appl. 8998/80; s. a. *Kopetzki*, Zur Anwendbarkeit des Art. 6 MRK im (österreichischen) Verwaltungsstrafverfahren, in: ZaöRV, Bd. 42 (1982), 34 ff.

[452] VfGH Slg. 8234/1978.

[453] Vgl. dazu *Herzog*, Das österreichische Heeresdisziplinarrecht im Lichte des Engel-Urteils des Europäischen Gerichtshofes für Menschenrechte, in: EuGRZ, Bd. 5 (1978), 537 ff.; s. a. VfGH EuGRZ, Bd. 10 (1983), 534 f.; RV zum HeeresdisziplinarG 369 BlgNR 16. GP

[454] VfGH EuGRZ Bd. 12 (1985), 85 ff.

[455] s. zur vorherigen Rechtslage *Schantl / Welan* (FN 354), 623; *Walter / Mayer* (FN 329), 389.

[456] Zu den Auswirkungen des VfGH-Erkenntnisses *Kopetzki*, Anmerkung, in: EuGRZ, Bd. 12 (1985), 94 ff.

[457] Entscheidung der EKMR Appl. 2432/65; VfGH Slg. 8234/1978.

Straftatbestände werden von dem Vorbehalt nicht mehr gedeckt.[458] Somit ergibt sich für neue denkbare Straftatbestände, deren Notwendigkeit auf grundsätzlichen Reformanliegen[459] oder auf neuen technischen Gegebenheiten[460] beruhen kann, die Frage, ob sie noch unter eine zulässige Rechtsanpassung fallen oder ob sie grundlegende Neuerungen mit sich bringen. Konsequenz des letzten Falles wird die Neubegründung der Zuständigkeit der Gerichte im Sinne von Art. 5 EMRK für den Freiheitsstrafausspruch sein müssen. Eine Verschiebung der Kompetenzen zugunsten der Gerichte und damit eine Veränderung der gegenwärtigen Aufteilung der Gewalten ist deshalb für die Zukunft nicht auszuschließen, zumindest dann nicht, wenn der Gesetzgeber anstelle unabhängiger Tribunale im weitesten Sinne, die auch der Verwaltung zurechenbar sein können, die ordentlichen Gerichte mit dem Strafausspruch betraut. Der justizstaatlichen Idee, die ihren Ausdruck in Art. 5 und 6 EMRK findet, käme dann in Österreich eine weiterreichende Bedeutung zu. In diesem Zusammenhang ist noch auf die Ausweitung des Vorbehalts zu Art. 5 auch auf Art. 6 EMRK hinzuweisen,[461] derzufolge das gesamte Verwaltungsstrafverfahren nicht den verfahrensrechtlichen Voraussetzungen des Art. 6 EMRK genügen muß[462]. Die in Art. 6 Abs. 2 und 3[463] EMRK festgeschriebenen Verfahrensgarantien finden auf die Strafverfahren der Verwaltungsbehörden keine Anwendung[464]. Neue Verwaltungsstraftatbestände wären von dieser Rechtseinschränkung nicht mehr erfaßt.

Den zweiten Berührungspunkt mit dem Prinzip der Gewaltentrennung bilden die „zivilrechtlichen Ansprüche und Verpflichtungen" gemäß Art. 6 EMRK. Während der Verfassungsgerichtshof ursprünglich die zivilrechtlichen Ansprüche mit „bürgerlichen Rechtssachen" gleichsetzte,[465] erweiterte er im Anschluß an das *Ringeisen*-Urteil des Europäischen Gerichtshofs für Menschenrechte[466] die gerichtliche Zuständigkeit auch auf Verfahren, deren Ausgang für Rechte und Pflichten privatrechtlicher Natur entscheidend sind[467]. Damit eröffnete der Verfassungsge-

---

[458] Vgl. dazu Entscheidung der EKMR Appl. 2432/65; Appl. 8998/1980 = EuGRZ, Bd. 11 (1984), 74, 75.

[459] z. B. die zur Diskussion stehende Reform des Verwaltungsstrafrechts, deren Anliegen auch eine Entkriminalisierung ist. Selbst wenn man auf die Freiheitsstrafe als Sanktion verzichtet, bleibt Art. 5 EMRK aktuell für die Ersatzfreiheitsstrafe oder sonstige freiheitsentziehende Erzwingungsmaßnahmen.

[460] z. B. im Umweltverwaltungsstrafrecht.

[461] Entscheidung der EKMR Appl. 1452/62; VfGH Slg. 8234/1978, 9158/1981.

[462] Vgl. die Gegenüberstellung der verfahrensrechtlichen Garantien des Art. 6 EMRK mit den Garantien des Allgemeinen Verwaltungsverfahrensgesetzes bei *Kopetzki* (FN 450), 184 ff.

[463] VfGH Slg. 8685/1979, 8930/1980.

[464] s. zur nicht einheitlichen Rechtsprechung des Verfassungsgerichtshofes zum Verwaltungsstrafgesetz und zum Finanzstrafgesetz *Kopetzki* (FN 402), 275.

[465] VfGH Slg. 5100/1965, 6134/1970.

[466] Rechtssache *Ringeisen*, EGMRE 3, 61 ff.

[467] VfGH Slg. 7099/1973, 7284/1974.

richtshof erstmals für Maßnahmen der Exekutive den Zugang zu Gerichten im Sinne von Art. 6 EMRK, die zuvor keiner gerichtlichen Kontrolle unterlagen.[468]

Die weite Auslegung des Zivilrechtsbegriffs[469] wird allerdings relativiert durch die Begriffsbestimmung des „Gerichts" in Art. 6 EMRK. So sieht der Verfassungsgerichtshof[470] im Anschluß an die Rechtsprechung der Straßburger Organe[471] den Rechtsschutz dann gewährleistet, wenn als letzte Instanz der Entscheidungsüberprüfung ein Gericht steht, das heißt, wenn eine gerichtliche Beschwerdemöglichkeit sowohl an den Verwaltungsgerichtshof als auch an den Verfassungsgerichtshof gewährt wird[472].

Darüber hinaus kommt nicht nur den Gerichten die Eigenschaft von Tribunalen gemäß Art. 6 EMRK zu. Vielmehr subsumiert man, sich wiederum auf die ständige Rechtsprechung des Europäischen Gerichtshofs für Menschenrechte stützend[473], auch unabhängige Kollegialbehörden gemäß Art. 133 Ziff. 4 B-VG[474] als letztinstanzliche Entscheidungsträger unter Art. 6 EMRK. Allerdings müssen diese Verwaltungsbehörden bestimmte Kriterien der Unabhängigkeit erfüllen, um einem Gericht gleichgestellt zu werden. Charakteristisch für die Kollegialbehörden „mit richterlichem Einschlag"[475] ist deshalb die Unabhängigkeit und Unparteilichkeit des Gremiums, die sich in der Weisungsfreiheit der Mitglieder aus-

---

[468] Vor allem die Entscheidungen der Agrarsenate in agrarbehördlichen Zusammenlegungsverfahren und der Landesgrundverkehrsbehörde im Zusammenhang mit der Beschränkung des landwirtschaftlichen Grundverkehrs fallen unter Art. 6 EMRK.

[469] Vgl. auch Rechtssache König (FN 364), 406,416.

[470] VfGH Slg. 5100, 5102/1965.

[471] s. zuletzt EKMR Appl. Appl. 8998/80, EuGRZ, Bd. 11 (1984), 74 f.

[472] s. a. VfGH Slg. 7099/1973, 7574/1975, 8828/1980; kritisch zu diesem eingeschränkten Rechtsschutz, der sich auf eine Rechtskontrolle beschränkt: *Kopetzki*, Neue Aspekte des Art. 6 MRK für Österreich, in: JBl., Bd. 103 (1981), 471 m. w. Nachw.; *ders.* (FN 450), 182.

[473] Rechtssache Ringeisen, EGMRE 3, 61, 95 Ziff. 95; Rechtssache König (FN 364), 417 Zifb. 98; Rechtssache Engel (FN 365), 227 Ziff. 68, 234 Ziff. 89; Rechtssache Le Compte, EuGRZ, Bd. 8 (1981), 553 Ziff. 51.

[474] Art. 133 Ziff. 4 B-VG: Ausgeschlossen von der Zuständigkeit des Verwaltungsgerichtshofes sind:
1. . . .
2. . . .
3. . . .
4. die Angelegenheiten, über die in oberster Instanz die Entscheidung einer Kollegialbehörde zusteht, wenn nach dem die Einrichtung dieser Behörde regelnden Bundes- oder Landesgesetz unter den Mitgliedern sich wenigstens ein Richter befindet, auch die übrigen Mitglieder in Ausübung dieses Amtes an keine Weisungen gebunden sind, die Bescheide der Behörde nicht der Aufhebung oder Abänderung im Verwaltungsweg unterliegen und nicht, ungeachtet des Zutreffens dieser Bedingungen, die Anrufung des Verwaltungsgerichtshofes ausdrücklich für zulässig erklärt ist.

[475] *Pernthaler*, Die Kollegialbehörden mit richterlichem Einschlag, Wien 1977, 94 ff.

drückt[476]; überdies sind die Mitglieder innerhalb ihres festgesetzten Bestellungszeitraums unabsetzbar.[477] Obwohl in den Kollegialbehörden auch Vertreter von Interessensgruppen sitzen, sieht der Europäische Gerichtshof für Menschenrechte[478] ebensowenig wie der Verfassungsgerichtshof[479] darin eine Gefahr für die Unabhängigkeit des Organs. Abgestellt wird auf die ausgleichende Mitwirkung eines Richters, der nicht in Ausübung seines richterlichen Amtes tätig ist, aber trotzdem die typischen Merkmale seines Berufes wie Unparteilichkeit und Sachkenntnis mit einbringt.[480] Ob dieser Richter den Vorsitz führen muß oder nur gleichberechtigt an dem Verfahren teilnimmt,[481] ist gegenwärtig unter anderem Gegenstand eines Verfahrens vor der Europäischen Kommission für Menschenrechte[482]. Insgesamt üben somit die Kollegialbehörden inhaltlich eine gerichtsähnliche Funktion aus, den Anforderungen an ein Tribunal im Sinne von Art. 6 EMRK genügend. Als formeller Teil der Exekutive übernehmen sie den verwaltungsrechtlichen Rechtsschutz. Stellt man zusätzlich die von den Kollegialbehörden zu beachtenden Verfahrensgarantien in Rechnung,[483] wird eine Verwischung der Grenzen zwischen Exekutive und Judikative deutlich[484]. Die Neugestaltung einer mehrinstanzlichen Verwaltungsgerichtsbarkeit könnte im Gegensatz zu dem weiteren Ausbau der Kollegialbehörden[485] diesen Widerspruch innerhalb der Gewaltenteilung lösen[486].

V. Der Einfluß der internationalen Menschenrechtskodifikationen auf die übrige Rechtsordnung

Wurden bisher die Auswirkungen der einzelnen Staatsvertrags-Typen auf das österreichische Verfassungsrecht untersucht, bleibt die Frage

---

[476] s. Art. 20 Abs. 2 B-VG: (1) . . .
(2) Ist durch Bundes- oder Landesgesetz zur Entscheidung in oberster Instanz eine Kollegialbehörde eingesetzt worden, deren Bescheide nach der Vorschrift des Gesetzes nicht der Aufhebung oder Abänderung im Verwaltungsweg unterliegen und der wenigstens ein Richter angehört, so sind auch die übrigen Mitglieder dieser Kollegialbehörde in Ausübung ihres Amtes an keine Weisungen gebunden.

[477] Vgl. zu den organisatorischen Mindestanforderungen *Pernthaler* (FN 475), 73 ff.

[478] Rechtssache Ringeisen (FN 473).

[479] VfGH Slg. 7099/1973.

[480] *Pernthaler* (FN 475), 94 ff.

[481] So Art. 133 Ziff. 4 B-VG im Gegensatz zum Ringeisenurteil.

[482] Vgl. Appl. 8790/1979 = EuGRZ, Bd. 9 (1982), 206.

[483] Vgl. dazu *Pernthaler* (FN 475), 78 ff.

[484] *Novak*, Erfordernisse für die Zusammensetzung der Landesgrundverkehrsbehörden und der Agrarsenate gemäß Art. 6 Abs. 1 MRK, in: ÖZW 1974, 90; *Pernthaler* (FN 475), 77.

[485] So aber *Pernthaler* (FN 475), 71 ff.

[486] s. a. *Pahr*, Die EMRK als Beitrag zur Rechtsentwicklung in Österreich, in: Österreichische Richterwoche 1977 (Hrsg.), Verfassung, Verwaltung, Gerichtsbarkeit, Wien 1978, 67; *Stadler*, Internationale Einflüsse auf die österreichische Grundrechtsordnung, in: EuGRZ, Bd. 9 (1982), 214.

ihres Einflusses auf die übrige Rechtsordnung. Während sich die unmittelbare Rechtswirkung der Staatsgrenzenkorrekturen, der Staatsservituten und der souveränitätsbeschränkenden Staatsverträge auf das Verfassungsrecht selbst beschränkt, haben die internationalen Menschenrechtsverträge über ihre verfassungsrechtliche Bedeutung hinaus auch nachhaltigen Einfluß auf die sonstigen Rechtsgebiete.

1. Der Einfluß der internationalen Menschenrechtsverträge auf die Gesetzgebung

a) Wie die übrigen verfassungsrechtlich gewährleisteten Rechte binden die internationalen Menschenrechte den einfachen Gesetzgeber. Diese Bindung begrenzt sich auf die Achtung der Rechte als Schranken staatlichen Handelns. Ein sie verwirklichender Gestaltungsauftrag trifft den einfachen Gesetzgeber nach dem herrschenden österreichischen Grundrechtsverständnis nicht, obwohl aus der EMRK ein solcher aufzeigbar ist. Nur Grundrechte mit Gesetzesvorbehalt als Schranke staatlicher Rechtsetzung werden vom Gesetzgeber gestaltend konkretisiert. Umfassenden Einfluß auf die Gesetzgebung nahm die EMRK, die für Österreich nicht gebräuchliche Verfahrensgarantien im Zivil- und Strafprozeß mit sich brachte. Widersprüche des nationalen Rechts zur EMRK wurden in der Folgezeit deutlich. Einen gravierenden Verstoß gegen die Konvention sahen die Straßburger Organe beispielsweise in der bis zu 28 Monate dauernden Untersuchungshaft; ebenso verletzte die fehlende Anwesenheit des Angeklagten oder seines Verteidigers in den nichtöffentlichen Berufungsverhandlungen in Strafsachen den Grundsatz der Waffengleichheit, da der öffentliche Ankläger zugelassen war.[487] Die neue Rechtslage verpflichtete in der Folgezeit den Gesetzgeber, in der Regel nach Entscheidungen der Konventionsorgane, aber auch nach gütlicher Einigung zwischen den Beteiligten, zur Rechtsanpassung. Beispielhaft sind vor allem die Änderungen im strafprozessualen Bereich: so die Strafprozeßnovelle zur Einführung eines zweistufigen öffentlichen Verfahrens und das Bundesgesetz über die Erneuerung von Berufungsverfahren in Strafsachen[488]; Bundesgesetz zur Einführung eines Strafvollzugsgesetzes und Strafrechtliches Entschädigungsgesetz[489]; Strafrechtsänderungsgesetz mit prozessualen Neuerungen und Regelungen der Untersuchungshaft[490]; Änderung der Strafprozeßordnung hinsichtlich der

[487] Vgl. die Übersicht bei *Pahr* (FN 486), 61 ff.

[488] öBGBl. 1962/229, 1963/66 aufgrund der Rechtssachen Pataki, Appl. 596/59, und Dunshirn, Appl. 789/60.

[489] öBGBl. 1969/144, 1969/270 aufgrund der Rechtssachen Stögmüller Appl. 1602/62, Neumeister, Appl. 1936/63, Matznetter, Appl. 2178/64.

[490] öBGBl. 1971/273 aufgrund der Rechtssache Vampel, Appl. 4465/70.

Verfahrenshilfe und Änderung der Rechtsanwaltsordnung[491]; Strafrechtsänderungsgesetz mit Vorladungspflicht des Angeklagten im Berufungsverfahren und Einschränkung der Untersuchungshaft[492]. Ebenso mußten Bereiche des Verwaltungsverfahrens mit der EMRK in Übereinstimmung gebracht werden: zum Beispiel erforderte Art. 6 EMRK die Einrichtung von unabhängigen Agrarsenaten als Tribunale[493].

Darüber hinaus ist der gesamten Gesetzgebung auch eine mittelbare Berücksichtigung der internationalen Menschenrechte zu bescheinigen, ohne ausdrücklich durch die europäische Rechtsprechung dazu veranlaßt zu werden. Beispielhaft ist zur Effektuierung der Rassendiskriminierungskonvention auf die Neuschaffung eines Verwaltungsstraftatbestandes gegen Rassendiskriminierung[494] hinzuweisen. Ebenso kann die gegenwärtig zur Diskussion stehende Verwaltungsstrafrechtsreform angeführt werden.

b) Gegen Gesetze, die internationale Grundrechte in Verfassungsrang verletzen, steht ebenso wie bei einem rechtswidrigen Eingriff in nationale Grundrechte ein Gesetzesprüfungsverfahren zur Verfügung. Der Verfassungsgerichtshof ist gemäß Art. 140 B-VG zur Normenkontrolle berufen. Er wird entweder von Amts wegen oder auf Antrag des Verwaltungsgerichtshofes, des Obersten Gerichtshofes oder jedes zweitinstanzlichen Gerichts, der Bundesregierung gegenüber Landesgesetzen, jeder Landesregierung gegenüber Bundesgesetzen oder eines Drittels der Mitglieder des Nationalrates gegenüber Bundesgesetzen tätig. Ebenso ist jeder antragsberechtigt, der eine unmittelbare Verletzung seiner verfassungsgesetzlich gewährleisteten Rechte behauptet.[495] In vier von 113 Fällen stützte der Verfassungsgerichtshof die Verfassungswidrigkeit eines Gesetzes allein auf Vorschriften der EMRK.[496]

2. *Der Einfluß der internationalen Menschenrechtsverträge auf die hoheitliche Verwaltung*

a) Als gleichberechtigte und gleichwertige Rechtsquelle müssen die Grundrechte internationaler Herkunft von der Exekutive wie nationale Grundrechte beachtet werden.

Neben den materiell-rechtlichen Vorschriften kommt auch innerhalb der Verwaltungstätigkeit den Verfahrensnormen der EMRK übergeord-

---

[491] öBGBl. 1973/569, 570 aufgrund der Rechtssache Gussenbauer, Appl. 4897/71 und 5219/71.

[492] öBGBl. 1983/168 aufgrund der Rechtssache Peschke, Appl. 8289/78.

[493] Agrarbehördengesetz-Novelle öBGBl. 1974/476.

[494] Art. IX Abs. 1 Ziff. EGVG (öBGBl. 1977/232).

[495] *Adamovich / Funk* (FN 96), 292.

[496] Vgl. Übersicht bei *Öhlinger* (FN 357), 244.

nete Rechtswirkung zu. Allerdings schränkt der von Österreich erklärte Vorbehalt zu Art. 5 EMRK deren Anwendung in weitem Umfang ein. Doch brachte die extensive Auslegung des Zivilrechtsbegriffs in Art. 6 EMRK eine Ausdehnung der Verfahrensgarantien auch auf Bereiche mit sich, die zuvor nicht entsprechend geschützt waren. Für die Zukunft ist davon auszugehen, daß in Folge der Rechtsprechung des Europäischen Menschenrechtsgerichtshofs[497] etwa bei der Entziehung von Berufsausübungsrechten und in Disziplinarverfahren Verfahrensgarantien gemäß Art. 6 EMRK Anwendung finden müssen.[498]

b) Ausdruck findet die Bindung der Verwaltung an die Grundrechte auch im Rechtsschutz des Verfassungsgerichtshofes. Gemäß Art. 144 B-VG können Beschwerden gegen Bescheide und verfahrensfreie Verwaltungsakte[499] vor dem Verfassungsgerichtshof erhoben werden, wenn ein verfassungsrechtlich gewährleistetes Recht, somit auch ein internationales Grundrecht, verletzt wurde. Außerdem sind solche Verwaltungsmaßnahmen anfechtbar, die wegen einer gesetzwidrigen Verordnung, eines verfassungswidrigen Gesetzes oder rechtswidrigen Staatsvertrages zu Rechtsverletzungen führen.

3. Der Einfluß der internationalen Menschenrechtsverträge auf die Gerichtsbarkeit

a) Vor dem Verwaltungsgerichtshof und in der ordentlichen Gerichtsbarkeit finden internationale Grundrechte ebenfalls gleichberechtigte Anwendung.

Als gerichtliche Instanz im Verwaltungsstrafverfahren ist der Verwaltungsgerichtshof nicht befugt, Maßnahmen auf ihre Verfassungsmäßigkeit hin zu prüfen. Er hat lediglich ein entsprechendes Antragsrecht gegenüber dem Verfassungsgerichtshof.[500] Da sich seine Zuständigkeit auf die Verletzung sonstiger subjektiver Rechte begrenzt, scheidet unter diesem Aspekt eine grundrechtliche Rechtsanwendung aus. Aufgrund des Vorbehalts zu Art. 5 EMRK verneint er ansonsten die Heranziehung der Verfahrensgarantien auf das Verwaltungsstrafverfahren.[501] Im übrigen er-

---

[497] Rechtssache König (FN 364), 406 ff.; Rechtssache Le Compte (FN 473), 551 ff.

[498] *Kopetzki* (FN 450), 179.

[499] Ausübung unmittelbarer verwaltungsbehördlicher Befehls- und Zwangsgewalt gegen eine bestimmte Person; s. dazu *Funk*, Der verfahrensfreie Verwaltungsakt — Die „faktische" Amtshandlung in Praxis und Lehre, Wien/New York 1975.

[500] s. zur Abgrenzung der Zuständigkeit des Verfassungsgerichtshofes und des Verwaltungsgerichtshofes *Öhlinger* (FN 357), 241.

[501] VwGH Slg. 8083 (Administrativer Teil) / 1971; vgl. auch *Nowak*, Art. 5 und 6 MRK (VwGH), in: *Ermacora / Nowak / Tretter* (FN 155), 307 ff.

wähnt der Verwaltungsgerichtshof die Vorschriften der EMRK im Zusammenhang mit der Vereinbarkeit nationaler Gesetze[502] oder zieht sie zur Auslegung von Begriffen heran[503].

Die Einflußnahme der verfassungsrangigen Menschenrechtsverträge auf die ordentliche Gerichtsbarkeit ist in der Praxis von begrenzter Bedeutung, obwohl der Oberste Gerichtshof als letzte Instanz berufen ist, Akte der Gerichtsbarkeit auf ihre Verfassungsmäßigkeit hin zu prüfen. In Verfahrensfragen findet die EMRK Berücksichtigung, vor allem in Strafverfahren. Im Zusammenhang mit der Nichtigkeitsbeschwerde gegen erstinstanzliche Strafurteile[504] lehnt der Oberste Gerichtshof die verfahrensrechtlichen Garantien der Art. 5 und 6 EMRK als Nichtigkeitsgründe ab.[505] Andererseeits stützt er die Begründetheit von Ersatzansprüchen wegen materieller und immaterieller Schäden durch rechtswidrige Haft neben Art. 8 Abs. 3 StGG auch auf Art. 5 Abs. 5 EMRK.[506] Im übrigen berücksichtigt der Oberste Gerichtshof die EMRK bei der konventionskonformen Auslegung von Vorschriften, zum Beispiel der Strafprozeßordnung.[507] Schließlich äußert er sich bei der Prüfung der Verfassungsmäßigkeit von Gesetzen zu deren Übereinstimmung mit der Konvention.[508]

b) Die insgesamt zurückhaltende Einstellung der ordentlichen Gerichtsbarkeit zum Verfassungsrecht[509] gründet sich auf dem Fehlen einer übergeordneten Kontrollinstanz. Es besteht keine Möglichkeit, Entscheidungen des Obersten Gerichtshofes auf ihre Verfassungsmäßigkeit hin untersuchen zu lassen. Von dem dem Obersten Gerichtshof und dem seit 1975 auch jeder zweiten Instanz zukommenden Antragsrecht auf Einleitung eines Normenkontrollverfahrens wird bislang nur wenig Gebrauch gemacht, obwohl bereits Bedenken gegen die Verfassungs- bzw. Rechtmäßigkeit einer Norm ausreichend zur Antragstellung sind.

Allerdings hat die EMRK die Möglichkeit eröffnet, sämtliche letztinstanzlichen Gerichtsurteile durch die Konventionsorgane überprüfen zu lassen. Die Existenz einer internationalen Kontrollinstanz verpflichtet demnach indirekt zur konventionskonformen Rechtsprechung.

---

502 VwGH Slg. 8378 (Administrativer Teil) / 1973.

503 VwGH 15. 9. 1964 Zl 2200/1963 (zitiert nach *Rosenmayr*, Art. 3 MRK, in: *Ermacora / Nowak / Tretter* (FN 155), 175).

504 § 281 öStPO.

505 *Ermacora*, Art. 6 MRK (OGH), in: *Ermacora / Nowak / Tretter* (FN 155), 362 m. w. Hinw.

506 OGH, EvBl. 1976 Nr. 30; OGH, EvBl. 1979 Nr. 100.

507 OGH, EvBl. 1968 Nr. 136.

508 OGH, LSK 1980 Nr. 102; OGH, RZ 1977, 168.

509 *Öhlinger*, Die Grundrechte in Österreich, in: EuGRZ, Bd. 9 (1982), 231.

VI. Allgemeine Auswirkungen der verfassungskoordinierten Staatsverträge auf die österreichische Verfassungsstruktur

Wie bereits mehrfach angesprochen, ist das österreichische Verfassungsrecht „ein hauptsächlich durch Merkmale der äußeren Form gekennzeichnetes Rechtsgebiet"[510]. Die Verfassung stellt die oberste Regel der Rechtserzeugung dar; sie wird vorrangig von formalen Kriterien geprägt. Im Bundes-Verfassungsgesetz und seinen Nebengesetzen kommt ein formales Verfassungsverständnis zum Ausdruck, das die Verfassung als „technisches Instrument" zur Umsetzung der Ergebnisse des politischen Prozesses in Recht wertet.[511] Das Bundes-Verfassungsgesetz als oberste Verfahrensnorm der Rechtserzeugung[512] läßt die Verfassung zu einem Gesetz neben anderen Gesetzen werden, allerdings ausgestattet mit erhöhter formeller Bestandskraft. Neben den reinen Rechtserzeugungsregeln beinhaltet es aber auch aus dem Gesamtzusammenhang zu entnehmende Strukturprinzipien.[513] Staatszielbestimmungen sind aber nicht kodifiziert. Eine vollkommene Wertneutralität wird auch von den Vertretern eines formellen Verfassungsbegriffs verneint.[514] Von diesem Verfassungsverständnis her, innerhalb der österreichischen Verfassungswissenschaft häufig als juristisches im Gegensatz zu einem politischen bezeichnet, bilden deshalb die verfassungskoordinierten Staatsverträge keinen Anlaß zur Kritik. Denn allein wegen ihres verfassungsändernden Charakters bedürfen sie der erhöhten formellen Autorität, unabhängig von der geregelten Materie. Der Bundesverfassungsgesetzgeber folgt bei der Genehmigung konsequent den im Bundes-Verfassungsgesetz vorgesehenen Staatsvertrags-Erzeugungsregeln.

Trotz dieser verfassungsmäßigen Praxis äußert sich zum einen Unbehagen wegen der Anzahl der Staatsvertragsbestimmungen in Verfassungsrang. Äußere Ruinenhaftigkeit wird dem Verfassungsrecht allgemein, aber auch im Hinblick auf die internationalen Verträge attestiert[515], einhergehend mit der Schwäche der Bestandskraft[516]. Zum anderen läßt sich auch zunehmend eine inhaltliche Kritik an den verfassungsrangigen Staatsverträgen nachweisen, vor allem von den Vertretern eines materiellen Verfassungsverständnisses. Diese wenden sich vorrangig gegen die

---

[510] *Adamovich / Funk* (FN 96), 7.

[511] *Wielinger*, Gesamtreform der Bundesverfassung — Gesamtreform des Verfassungsverständnisses, in: Rechtswissenschaftliche Fakultät der Universität Graz (FN 221), 564.

[512] *Kelsen*, Allgemeine Staatslehre, Berlin 1925, 223 f.

[513] *Schäffer*, Die Interpretation, in: *Schambeck* (FN 103), 64.

[514] *Wielinger* (FN 511), 565 f.

[515] *Klecatsky*, Bundes-Verfassungsgesetz und Bundesverfassungsrecht, in: *Schambeck* (FN 103), 94; *Novak*, Reform oder Ruin der Bundesverfassung, in: Rechtswissenschaftliche Fakultät der Universität Graz (FN 221), 553.

[516] *Novak* (FN 515), 558.

Tendenz zur Kasuistik,[517] auch im Staatsvertragsverfassungsrecht. Der Rangunterschied der Verfassung zum einfachen Gesetz soll gerade zum Ausdruck bringen, daß grundlegende Prinzipien der Rechtsordnung normiert werden und daß die Verfassung als Rahmenordnung keine gesetzestypische Detailregelung enthält.[518] Dieser Maßstab muß aufgrund der Gleichwertigkeit der Staatsverträge als nationales Recht auch an deren Inhalt gelegt werden. Da bis 1981 keine verfassungsrechtliche Grundsatznorm internationalen Organen die Rechtsetzung auch im österreichischen Recht gestattete,[519] wurden Staatsverträge in ihrer Gesamtheit formelles Verfassungsrecht, obwohl sie vom Regelungsgehalt her überwiegend kein geeignetes Verfassungsrecht enthielten.

Einzig die internationalen Grundrechte können von dieser inhaltlichen Kritik ausgenommen werden. Entgegen den übrigen verfassungskoordinierten Staatsvertragsbestimmungen weisen die unmittelbar anwendbaren Menschenrechtsverträge alle Merkmale der Justiziabilität auf. Als verfassungsrechtlich gewährleistete Rechte bilden sie die Prüfungsgrundlage für das gesamte staatliche Handeln. Damit entsprechen sie den Kriterien, die den Vorrang der Verfassung ausmachen: Sie sind nicht nur Normen höchster Autorität, sondern auch juristischer Maßstab für eine Gerichtsbarkeit. Der Vorrang der Verfassung korrespondiert mit der Existenz einer Verfassungsgerichtsbarkeit.[520] Die Verfassungsgerichtsbarkeit als Hüterin der Verfassung stützt ihre Entscheidungen auf subjektive Grundrechte oder bei der abstrakten Normenkontrolle auf objektivrechtliche Vertragsbestimmungen.[521] Während die drei übrigen Vertragstypen aufgrund ihres Regelungsinhalts gänzlich ungeeignet zur Stützung der Entscheidungsfindung des Verfassungsgerichtshofes sind, bildet insbesondere die EMRK eine Rechtsgrundlage für verfassungsrechtliche Streitigkeiten. Aufgrund ihres Inhalts sind somit die internationalen Menschenrechtskodifikationen prädestiniert, am Vorrang der Verfassung teilzunehmen.

VII. Reformbestrebungen im Zusammenhang mit den verfassungskoordinierten Staatsverträgen nach 1964

Die bislang aufgezeigte, in Teilbereichen als unbefriedigend empfundene Rechtsentwicklung der verfassungsrangigen Staatsverträge bot vor allem in den siebziger Jahren Anlaß zur kritischen Diskussion.

---

[517] *Schäffer*, Rechtsquellen und Rechtsanwendung, 5. ÖJT 1973, Bd. I/1 B, 85.

[518] *Öhlinger*, Auslegung des öffentlichen Rechts, in: JBl., Bd. 93 (1971), 285; *Schäffer* (FN 517), 84; *Schambeck*, Möglichkeiten und Grenzen der Verfassungsinterpretation, in: JBl., Bd. 102 (1980), 227.

[519] s. S. 107 ff.

[520] *Wahl*, Der Vorrang der Verfassung, in: Der Staat, Bd. 20 (1981), 486.

[521] *Wahl* (FN 520), 500.

1. *Verfassungsrechtliche Reformen auf dem Gebiet der Staatsverträge bis 1980*

Grundlegende Neuerungen in bezug auf die Stellung der Staatsverträge, insbesondere der verfassungskoordinierten internationalen Verträge, haben die Reformen des Bundes-Verfassungsgesetzes in den siebziger Jahren nicht mit sich gebracht. Vielmehr verblieben sie in der Tendenz zur weitestgehenden Gleichstellung der Staatsverträge mit dem nationalen, jeweils ranggleichen Recht. Seit der Einfügung von Art. 49 Abs. 2 B-VG[522] hat der Nationalrat die Befugnis zu beschließen, daß Staatsverträge gemäß Art. 50 B-VG auch in anderen Publikationsorganen als im österreichischen Bundesgesetzblatt kundgemacht werden dürfen. Allerdings muß die Fundstelle dem österreichischen Bundesgesetzblatt zu entnehmen sein.[523]

Die Verfassungsnovelle 1974[524] räumte den Ländern erstmals ein Recht zur Mitwirkung beim Abschluß von Staatsverträgen ein. Dieses Recht, beschränkt auf eine Stellungnahme gemäß Art. 10 Abs. 3 B-VG, ist dann gegeben, wenn Durchführungsmaßnahmen gemäß Art. 16 B-VG seitens der Länder erforderlich sind oder der selbständige Wirkungskreis der Länder berührt ist.[525]

Schließlich brachtee die Neugestaltung von Art. 89, 139, 140 und 144 Abs. 1 B-VG[526] neben parallelen Neuerungen für Gesetze und Verordnungen eine weitergehende Integration für Staatsverträge als adäquate Rechtssatzform mit sich. Art. 89 B-VG versagt den Gerichten die Prüfung der Gültigkeit eines nicht gehörig kundgemachten Staatsvertrages. Art. 139, 140 in Verbindung mit Art. 140 a B-VG legitimieren bestimmte Gerichte zur Beantragung einer Normenkontrolle über einen Staatsvertrag beim Verfassungsgerichtshof, statten aber auch den einzelnen mit einem entsprechenden Antragsrecht aus, wenn er durch einen Staatsvertrag unmittelbar in seinen Rechten verletzt zu sein behauptet, ohne daß es des Dazwischentretens eines weiteren staatlichen Akts bedarf. Ebenso wurde dem einzelnen der Beschwerdeweg zum Verfassungsgerichtshof eröffnet, wenn er durch eine Verwaltungsmaßnahme wegen Anwendung eines rechtswidrigen Staatsvertrages in seinen Rechten verletzt worden ist (Art. 144 B-VG).

---

[522] öBGBl. 1972/105.

[523] s. kritisch zur nachfolgenden Praxis *Novak* (FN 515), 551.

[524] öBGBl. 1974/444.

[525] s. dazu *Mayer*, Die Kompetenzverschiebungen zwischen Bund und Ländern, in: *Mayer / Rill / Funk / Walter* (Hrsg.), Neuerungen im Verfassungsrecht, Wien 1976, 25 f.

[526] öBGBl. 1975/302.

2. *Reformanregungen zu den verfassungskoordinierten Staatsverträgen bis 1980*

a) Noch ganz im Zeichen der Verfassungsnovelle von 1964 stand eine Regierungsvorlage im Jahre 1971,[527] die sich die verfassungsrechtliche Sanierung der Staatsverträge zur Aufgabe gemacht hatte, aber nie als Bundesverfassungsgesetz beschlossen wurde.

Durch die umfangreiche Handhabung des Art. 50 Abs. 3 B-VG in der Zeit von 1964 bis 1970 und eine weiterentwickelte Rechtsauffassung war man zu dem Ergebnis gekommen, daß in der Vergangenheit eine Reihe von Vertragsbestimmungen zu Unrecht nicht in Verfassungsrang gehoben worden waren. Aufgrund dessen strebte man in Etappen eine Sanierung dieser Mängel an. Während durch die Novelle von 1964 dreizehn Staatsverträge ganz oder teilweise durch ausdrückliche Kennzeichnung in ihrem Verfassungsrang bestätigt wurden, sollten nun souveränitätsbeschränkende Vertragsbestimmungen, die vor und nach 1964 nur in Verordnungs- und Gesetzesrang in Kraft getreten waren, im nachhinein mit dem erhöhten Quorum und mit der ausdrücklichen Kennzeichnung als verfassungsrangig eingeordnet werden.[528] Anschließend sollten einem zweiten Staatsverträgesanierungsgesetz die Staatsservituten vorbehalten bleiben. Der 1964 eingeschlagene Weg wäre so vervollständigt worden. Als Grund des Scheiterns der Regierungsvorlage liegt die Vermutung nahe, daß die Rangerhöhung zu Recht auf verfassungsrechtliche Bedenken gestoßen ist: Zum einen steht eine en-bloc-Rangerhöhung der sonst üblichen Einzelgenehmigung entgegen; zum anderen könnte schon zu diesem Zeitpunkt ein Unbehagen über die Verfassungsentwicklung vorgelegen haben, die Anzahl der verfassungsrangigen Staatsverträge noch weiter zu vermehren.

b) Jedenfalls bemühte sich die Verfassungsgesetzgebung in der Folgezeit, mit vorhandenen gesetzestechnischen Mitteln bei neu zu genehmigenden Staatsverträgen den Verfassungsrang zu umgehen.

Schon in der Regierungsvorlage zum Ersten Staatsverträgesanierungsgesetz wird auf die allgemein anerkannten Regeln des Völkerrechts gemäß Art. 9 Abs. 1 B-VG verwiesen, die es überflüssig machen, der Verfassung entgegenstehendes Völkerrecht in Verfassungsrang zu genehmigen, soweit sich die vertraglichen Vorschriften mit den allgemeinen Regeln decken.[529] Diese Praxis geht von der Prämisse aus, daß sich der Rang vor allem des Völkergewohnheitsrechts aus seinem Inhalt ableitet.[530] Gestützt auf diese Argumentation nahm der Nationalrat zum

---

[527] RV 122 BlgNR 13. GP.
[528] EB zur RV 122 BlgNR 13. GP, 6 ff.
[529] EB zur RV 122 BlgNR 13. GP, 11.
[530] Zum Diskussionsstand s. S. 39 f.

Beispiel Schiedsklauseln in von Österreich abgeschlossenen Verträgen vom Verfassungsrang aus.[531] Zahlenmäßig fallen diese Einschränkungen nicht wesentlich ins Gewicht.

Ein weiteres Mittel gegen die Ausweitung der Staatsverträge in Verfassungsrang war in der Vergangenheit ferner die bewußte Entscheidung gegen eine solche Rangeinstufung. Während für verfassungsändernde Staatsverträge der Rang zwingend vorgegeben ist, verfügt der Nationalrat bei verfassungsergänzenden Staatsverträgen über ein rechtspolitisches Ermessen.[532] Nur solchen Staatsverträgen konnte deshalb der Verfassungsrang verweigert werden. Die Europäische Sozialcharta[533] und die beiden Menschenrechtspakte der Vereinten Nationen[534] bilden hierzu die klassischen Beispiele. Als gesetzesrangige Staatsverträge wurden sie außerdem mit einem Erfüllungsvorbehalt belegt. Wegen ihres Regelungsinhaltes sollte gleichzeitig die gesetzeskoordinierte Stellung die befürchteten Konflikte mit originärem nationalen Recht verhindern. Der Europäischen Sozialcharta und dem Internationalen Pakt über wirtschaftliche, soziale und kulturelle Rechte sprach man einen weitreichenden Einfluß zu, insbesondere im Hinblick auf Spannungen zwischen der sozial- und wirtschaftspolitisch neutralen Verfassung und den einschlägigen internationalen Vorschriften.[535] Im übrigen wollte man die Arbeit der bereits seit 1964 tätigen Grundrechtereformkommission nicht präjudizieren. Mangels politischen Konsenses über den Verfassungsrang für beide Menschenrechtspakte wurde schließlich um der Einheitlichkeit willen beiden Pakten der Vereinten Nationen lediglich Gesetzesrang zugebilligt.[536]

c) Auch aus der Literatur meldeten sich kritische Stimmen mit zum Teil gezielten Reformvorschlägen zu Wort.

---

[531] *Schreuer*, Beschlüsse internationaler Organe im österreichischen Staatsrecht, in: ZaöRV, Bd. 37 (1977), 473.

[532] s. S. 61 f.

[533] öBGBl. 1969/460.

[534] öBGBl. 1978/590, 591.

[535] Vgl. zur Europäischen Sozialcharta: *Floretta*, in: *Floretta/Öhlinger* (FN 206), 19 f.; *Horner*, Die sozialen Grundrechte, Salzburg/München 1974, insbes. 211 ff.; *Khol*, Die europäische Sozial-Charta und die österreichische Rechtsordnung, in: JBl., Bd. 87 (1965), 80 ff.; *Schambeck*, Grundrechte und Sozialordnung — Gedanken zur Europäischen Sozialcharta, Berlin 1969, 110 ff.; *Tomandl*, Der Einbau sozialer Grundrechte in das positive Recht, Tübingen 1967, 24 ff. Vgl. zum Pakt über wirtschaftliche, soziale und kulturelle Rechte: *Ermacora*, Die UN-Menschenrechtspakte — Bestandteil der österreichischen Rechtsordnung?, in: JBl., Bd. 101 (1979), 192, 194; *Floretta* a.a.O., 20 ff.; *Öhlinger*, in: *Floretta / Öhlinger* (FN 206), 37 ff.; *ders.*, Soziale Grundrechte, in: *Martinek / Migsch / Schwarz / Ringhofer / Schwimann*, Festschrift für *Hans Floretta*, Wien 1983, 271 ff.

[536] s. zur politischen Diskussion: *Ermacora* (FN 535), 195; *Nowak*, Erfüllt Österreich seine Verpflichtungen nach dem UN-Pakt über bürgerliche und politische Rechte?, in: EuGRZ, Bd. 8 (1981), 513 FN 3.

In der Erkenntnis, daß die allgemeine Reformbedürftigkeit des B-VG[537] auch durch die zentralen Vorschriften über die Staatsverträge hervorgerufen wurde, befaßten sich die für verfassungsrangige Staatsverträge einschlägigen Reformvorschläge in der Hauptsache mit den souveränitätsbeschränkenden Staatsverträgen und den Staatsservituten, schon durch ihre Anzahl ein Schwerpunkt der Kritik.

Für beide Vertragstypen schlug *Öhlinger* eine verfassungsrechtliche Generalermächtigung innerhalb des Bundes-Verfassungsgesetzes vor: Art. 3 Abs. 3 B-VG sollte eine Generalklausel zugunsten der Ausübung einzelner polizeilicher Befugnisse durch ausländische Organe unter Wahrung der Gegenseitigkeit vorsehen. Die Neueinfügung eines Art. 9 b B-VG enthielt die Grundsatzentscheidung „einzelne Angelegenheiten der Gesetzgebung und Vollziehung . . ." durch Genehmigung des Nationalrats mit einfacher Mehrheit auf internationale Organisationen übertragen zu können. Außerdem enthielt der Entwurf noch weitere revisionsbedürftige Punkte: So die Kundmachungspflicht für Beschlüsse von Organen internationaler Organisationen, die wegen ihres Regelungsdefizits im nationalen Recht insgesamt seit Jahren Anlaß zu Reformvorschlägen bieten, im folgenden aber außerhalb der Betrachtungen bleiben. Grundlegende Bedeutung kam auch dem Vorschlag zu, die Gesamtänderung der Verfassung durch einen Staatsvertrag ausdrücklich an eine Volksabstimmung zu binden.[538]

Schreuer setzte dem so konzipierten Art. 9 b B-VG trotz grundsätzlicher Übereinstimmung eine eigene Formulierung mit Schwerpunkt auf der „Zustimmung zur Ausübung einzelner hoheitlicher Befugnisse durch internationale Organisationen . . ." entgegen;[539] zusätzlich will er den Kernbereich der leitenden Grundsätze des Bundes-Verfassungsgesetzes geschützt wissen.[540] Die „Angelegenheiten der Gesetzgebung und Vollziehung" sieht er als zu wenig den völkerrechtlichen Gegebenheiten angepaßt.[541] Bedenken hat er außerdem wegen der möglichen Endgültigkeit der „Übertragung" von Hoheitsrechten; in der „Zustimmung zur Ausübung" sieht er deshalb eine subsidiäre Kompetenz des Mitgliedstaates Österreich verankert.[542]

Diese Vorschläge werden zwar von *Rack* als „Systemkorrekturen" begrüßt,[543] eine grundlegende Neuregelung der gesamten völkerrechtlichen Bestimmungen unter einheitlichen dogmatischen Gesichtspunkten

---

[537] Aufgezeigt von *Adamovich*, Zur Lage des österreichischen Bundesverfassungsrechts, in: JBl., Bd. 97 (1975), 629 ff.
[538] *Öhlinger* (FN 292), 148 ff.
[539] *Schreuer* (FN 531), 488.
[540] a.a.O., 485.
[541] a.a.O., 481.
[542] *ebd.*
[543] *Rack*, Das Völkerrecht im staatlichen Recht, Wien 1979, 87, 90 f.

aber als notwendig erachtet[544]. Für die Staatsvertragsbestimmungen schließt sich *Rack* gleichwohl weitgehend den Vorschlägen *Öhlingers* an; darüber hinaus wünscht er eine grundsätzliche Reform der Vorschriften über die innerstaatlichen Erfüllungsansprüche aus Vertragsrecht im Hinblick auf die Anpassung an innerstaatliche Voraussetzungen.[545] Durchführungsgesetze als zwingende Verpflichtung gemäß Art. 50 Abs. 2 B-VG sollen das Völkerrecht innerstaatlich regeln.

Allgemein wird das Aufhalten der Kasuistik durch grundsätzlich ausgerichtete Ermächtigungen angeregt.[546] Langfristig gilt eine formelle Bereinigung des Bundesverfassungsrechts, einhergehend mit einer größeren Formenstrenge, als taugliches Mittel.[547]

d) Ein Ministerialentwurf für eine B-VG-Novelle 1980,[548] die aber über dieses Stadium nicht hinausgekommen ist, versuchte unter anderem, die Kritikpunkte zu verarbeiten. In einem Abs. 4 zu Art. 50 B-VG sah man zehn Sachbereiche vor, die eine Übertragung von Hoheitsrechten auf zwischenstaatliche Einrichtungen bzw. die Tätigkeit österreichischer Organe im Ausland oder ausländischer Organe im Inland gestatteten. Überdies sollten die entsprechenden Genehmigungen des Nationalrats von den Voraussetzungen des Art. 44 Abs. 1 B-VG befreit sein, wenn zuvor der zuständige Ausschuß des Nationalrats mit qualifizierter Mehrheit den Staatsvertrag gebilligt hat. Eine Reduktion der Staatsverträge zumindest in Teilbereichen wäre die gewünschte Folge gewesen; andererseits hätte die Unüberschaubarkeit des Vertragsrechts aufgrund der Anknüpfung an eine Kasuistik weiter zugenommen.

3. *Die Verfassungsreform von 1981*

Das Ende der Diskussion bildete 1980 die Regierungsvorlage zur Änderung des Bundesverfassungsgesetzes.[549] Zuzüglich einer Korrektur wurde der Entwurf Grundlage einer Erweiterung des Art. 9 B-VG,[550] in Kraft seit dem 1. 8. 1981[551] und eingangs als geltendes Recht beschrieben[552]. Erstmals erhielt das Bundes-Verfassungsgesetz eine Grundsatzentscheidung zur internationalen Zusammenarbeit, nach der Staatsservituten

---

544 *Rack*, Die unvollendete Reform — einige Gedanken zur verfassungsrechtlichen Neuregelung der Stellung des Völkerrechts im österreichischen Staatsrecht, in: Rechtswissenschaftliche Fakultät der Universität Graz (FN 221), 842.

545 *Rack* (FN 543), 92 f.; s. a. *Novak* (FN 515), 559 FN 60.

546 *Novak* (FN 515), 558 ff.

547 *Novak*, a.a.O., 560, der auf Art. 79 GG verweist.

548 Entnommen bei *Rack* (FN 543), 91 f. FN 50 a, 50 b.

549 RV 427 BlgNR 15. GP.

550 Art. 9 Abs. 2 B-VG (FN 79).

551 öBGBl. 1981/350; vgl. auch *Schreuer*, Der neue Art. 9 Abs. 2 der österreichischen Bundesverfassung, in: ZaöRV, Bd. 42 (1982), 93 ff.

552 S. 35 f.

und souveränitätsbeschränkende Staatsverträge auf Gesetzesebene in das österreichische Recht übernommen werden.

a) Art. 9 Abs. 2 enthält nunmehr die verfassungsrechtliche Legitimation, durch einfaches Bundesgesetz oder durch gesetzesrangigen Staatsvertrag einzelne Hoheitsrechte auf zwischenstaatliche Einrichtungen und ihre Organe zu übertragen. Damit knüpft die Vorschrift weitgehend an die von *Öhlinger* und *Schreuer* gemachten Vorschläge an.

Die Übertragung lediglich „einzelner" Hoheitsrechte korrespondiert mit den Österreich durch die immerwährende Neutralität aufgestellten Grenzen, an der internationalen Integration teilzunehmen. Als Adressaten der Hoheitsrechte wählte der Verfassungsgesetzgeber bewußt die „zwischenstaatlichen Einrichtungen" als den umfassenden Begriff, der sämtliche internationalen Organisationen einschließt.[553] Daß lediglich Hoheitsrechte des Bundes von dieser Generalermächtigung erfaßt werden, geht auf eine Ergänzung des Verfassungsausschusses zurück.[554] Das bundesstaatliche Prinzip bleibt somit von diesen gesetzeskoordinierten Staatsverträgen unberührt. Schließlich kann die Delegation von Hoheitsrechten durch einen Staatsvertrag, so der Regelfall, aber auch durch einfaches Gesetz erfolgen. Damit sollte sichergestellt werden, daß die Mitwirkung des Nationalrats selbst dann gewährleistet ist, wenn kein gesetzesändernder Inhalt vorliegt.[555]

b) Außerdem eröffnete die Vorschrift grundsätzlich die Möglichkeit, durch Staatsverträge oder Gesetz ausländischen Organen auf österreichischem Gebiet und umgekehrt österreichischen Organen im Ausland Tätigkeiten zu gestatten. Die Neueinfügung greift im wesentlichen wörtlich die Begründungen der Regierungsvorlagen zu den Staatsverträgen auf, die bisher in Verfassungsrang diese bilaterale Zusammenarbeit regelten. Ausgehend von dem Rechtsetzungsmonopol für österreichische Organe im Inland enthält diese Grundsatzermächtigung eine Modifizierung des Art. 3 B-VG.

c) Insgesamt hat die Verfassungsnovelle 1981 eine grundlegende Neuerung gebracht, die aber erst in Zukunft ihre Früchte tragen wird. Jedenfalls ist für die weiterschreitende internationale Zusammenarbeit und Integration die unerwünschte Rechtsentwicklung im Zusammenhang mit verfassungsrangigen Staatsverträgen gestoppt, da beide Vertragstypen ab 1981 den einfachen Bundesgesetzen koordiniert werden. Inwie-

---

[553] EB zur RV 427 (FN 549), 9 f.; s. a. *Seidl-Hohenveldern*, Die Übertragung von Hoheitsrechten auf zwischenstaatliche Einrichtungen nach österreichischem und deutschem Verfassungsrecht, in: *Börner / Jahrreiß / Stern* (Hrsg.), Festschrift für *Karl Carstens*, Köln u. a. 1984, 499.

[554] 766 BlgNR 15. GP, 1; s. zu den Bundes- und Länderkompetenzen *Seidl-Hohenveldern*, a.a.O., 502 f.

[555] RV 427 (FN 549), 9.

weit eine Verlagerung der gesamten Problematik auf Gesetzesebene die Folge der Reform sein wird, bleibt aus grundsätzlichen Erwägungen außer Betracht.[556] Daß auch nach dem 1. 8. 1981 noch mindestens acht souveränitätsbeschränkende Staatsverträge in Verfassungsrang genehmigt wurden,[557] kann nur auf ein mit der Bundes-Verfassungsgesetz-Novelle parallellaufendes Genehmigungsverfahren zurückgeführt werden.

Ohne die positive Wirkung für das österreichische Bundesverfassungsrecht für die Zukunft in Frage zu stellen, bleibt die gegenwärtige Rechtslage zersplittert und unübersichtlich. Es wird daher auch Aufgabe einer schon zur Diskussion stehenden „Totalrevision als Fernziel"[558] sein, eine Rechtsbereinigung durchzuführen.

d) Wurde für zwei Vertragsgruppen eine einheitliche Verfassungsregelung getroffen, die es ermöglicht, sie bei zukünftigen Vertragsabschlüssen lediglich in Gesetzesrang zu genehmigen, nimmt andererseits die Bedeutung der beiden verbleibenden verfassungsrangigen Staatsvertragstypen zu.

Für staatsvertragliche Grenzkorrekturen als bilaterale völkerrechtliche Verträge ohne normative Wirkung für die österreichische Rechtsordnung bleibt die Novelle ohne Auswirkung. Zahlenmäßig sowie inhaltlich bleiben sie von untergeordneter Wichtigkeit.

Grundsätzliche Konsequenzen bringt die Reform für die internationalen Menschenrechtskodifikationen in Verfassungsrang mit sich. Durch die Reduzierung der verfassungskoordinierten Staatsverträge rücken diese völkerrechtlichen Verträge in den Mittelpunkt des Interesses. Als Folge einer Negativauslese verbleibt ihnen die formale Position innerhalb des österreichischen Rechts, die ihnen auch inhaltlich gebührt. Die Stellung der internationalen Grundrechte entspricht ihrer materiellen Bedeutung. Als inhaltliche Grundnorm im logischen Sinne[559] ist ihr Status auch als formale Grundnorm langfristig gesichert. Allerdings wird nicht verkannt, daß der Bedeutungswandel erst in Zukunft eintritt, wenn eine deutliche Trennung aufgrund der Reformierung des Art. 9 B-VG sichtbar wird. Ebenso darf nicht übersehen werden, daß der Nationalrat nur für verfassungsändernde Staatsverträge, bei internationalen Menschenrechts-

---

[556] Vgl. zu möglichen Nachteilen der Verfassungsänderung *Schreuer* (FN 551), 96 f.; s. a. *Seidl-Hohenveldern* (FN 553), 500, der auf den formalen Charakter von Art. 9 Abs. 2 B-VG hinweist.

[557] Vgl. z. B. Ubereinkommen über das öffentliche Beschaffungswesen, öBGBl. 1981/452; 4 Europäische Ubereinkommen über den Straßenverkehr, öBGBl. 1982/289—292; Gemeinsame Absichtserklärung zur Durchführung einer europäischen Aktion auf dem Gebiet der elektronischen Hilfen für den Verkehr auf großen Fernstraßen, öBGBl. 1983/211.

[558] *Novak* (FN 515), 560.

[559] *Ermacora* (FN 412), 158.

kodifikationen die Ausnahme, eine Rechtspflicht zur Übernahme in den Verfassungsrang bejaht.

VIII. Ergebnis

Abschließend sollen die verfassungsrangigen Staatsverträge als Bestandteil des österreichischen Verfassungsrechts gewürdigt werden. Es ist festzustellen, daß dieses Rechtsinstitut sich nur eingeschränkt harmonisch in das originäre österreichische Recht integrieren läßt.

Die Staatsverträge, die sich souveränitätsbeschränkend auswirken, sowie die Staatsservituten und die vertraglichen Grenzkorrekturen sind formal der Verfassung koordiniert. Darüber hinaus nehmen sie nicht am Verfassungsrechtsleben teil. Sie stehen isoliert neben dem übrigen Recht und bilden eine Nebenverfassung im eigentlichen Sinne, ohne einen Bezug zu dem materiellen Inhalt der staatlichen Grundordnung zu entwickeln. Der gegenüber den Staatsverträgen erhobene Vorwurf des „legistischen Zerstörungswerks"[560] trifft auf diese drei Vertragsgruppen zu. Sie sind Verfassungsrecht im ausschließlich formellen Sinne und kommen keinen einer Verfassung typischen Regelungsbedürfnissen nach.[561] Die Bundes-Verfassungsgesetz-Novelle 1981 ändert diesen unbefriedigenden Rechtszustand erst für die Zukunft, so daß gegenwärtig eine Vielzahl von verfassungsrangigen Bestimmungen in Staatsverträgen die Rechtszersplitterung des österreichischen Verfassungsrechts fördern.

Demgegenüber sind die internationalen Menschenrechtskodifikationen in Verfassungsrang, allen voran die EMRK, ein aktiver Teil der österreichischen Verfassungswirklichkeit. Aus ihrer Gleichstellung mit den nationalen Rechtsquellen hat sich langsam eine Gleichwertigkeit entwickelt.

Die formelle Gleichstellung ergibt sich aus dem bei der Übernahme eines völkerrechtlichen Vertrages angewendeten Verfahren und der Form sowie aus der Mitwirkung des verfassungsgesetzgebenden Organs. Aufgrund der nahezu parallelen Voraussetzungen von Verfassungsgesetzgebung und der Übernahme von verfassungsrangigen Staatsverträgen lassen sich diese internationalen Rechtsquellen als eigenständige Rechtssatzformen in die obere Position des Stufenbaumodells der österreichischen Rechtsordnung eingliedern. Ausfluß der Rangeinstufung ist die derogatorische Kraft, vor allem gegenüber niederrangigem Recht. Eine derogatorische Wirkung gegenüber den ranggleichen verfassungsrechtlich gewährleisteten Grundrechten entfällt jedoch wegen der generalklauselartigen Formulierung der Grund- und Menschenrechte und wegen

---

560 *Klecatsky* (FN 515), 97.
561 *Adamovich / Funk* (FN 96), 15.

der einheitlichen Schutzrichtung, die einem logischen Widerspruch entgegensteht. Die verfassungskoordinierte Stellung der internationalen Menschenrechtsabkommen sichert demnach in umfassender Weise ihren Bestand. Es ist nicht nur so, daß Neueinfügungen originär nationaler Grundrechte die Ausnahme bleiben und von daher der Bestand nicht gefährdet wird. Aufgrund des gemeinsamen Schutzzwecks der nationalen und internationalen Menschenrechte garantiert der Verfassungsrang die Existenz der internationalen Grundrechte im österreichischen Recht.

Nur zögernd wurde anfangs die sich aus der Gleichrangigkeit ergebende materielle Gleichwertigkeit dieser Vertragsgruppe akzeptiert. In zunehmendem Maße zieht man nun die geeigneten Menschenrechtsartikel zur Rechtsanwendung heran. Das vielschichtige österreichische Grundrechtssystem ist in der Lage, einen zusätzlichen Normenkatalog aufzunehmen. Die auch zuvor gehandhabte kumulative Anwendung von Grundrechten unterschiedlichen nationalen Ursprungs konnte mit Menschenrechten internationaler Herkunft fortgesetzt werden. Aufgrund des inhaltlichen Zusammenhangs bilden die völkerrechtlichen Schutzrechte keine Nebenverfassung, sondern sind als Teil der österreichischen Verfassung voll integrationsfähig. Neben ihrer kumulativen Anwendung, die zu einer wechselseitigen Verflechtung und partiell auch zu einem weitergehenden Schutz führt, konnten neue Rechtsgüter verfassungsrechtlich gewährleistet werden. Ebenso stellen die Gesetzesvorbehalte der EMRK neue Anforderungen an den Gesetzgeber. Außerdem bringt die EMRK für den organisatorisch-funktionell geprägten Grundsatz der Gewaltentrennung langfristig Veränderungen mit sich. Der justizstaatlichen Idee wird in Zukunft mehr Beachtung geschenkt werden müssen. Trotz der Eingliederung in das nationale Grundrechtssystem kommt es jedoch nur langsam zur Beeinflussung des österreichischen Grundrechtsverständnisses. Eine dynamisch-teleologische Auslegung der nationalen und internationalen Grundrechte wäre wünschenswert. Auf diese Weise könnte gleichzeitig der hauptsächlich aus dem 19. Jahrhundert stammende nationale Grundrechtsbestand aktualisiert werden. Bedenken gegenüber der Erweiterung der Grundrechtskataloge erheben sich allerdings in bezug zur Rechtssicherheit. Die Vielschichtigkeit des Grundrechtssystems wird durch die internationalen Verträge noch vergrößert.

Insgesamt hat insbesondere die EMRK die österreichische Rechtsordnung weitgehend durchdrungen. Sie hat einen europäischen Standard in das nationale Recht eingeführt. Eine ursprünglich nationale Materie findet so nach Rechtsvereinheitlichung auf internationaler Ebene erneut Eingang in das Verfassungsrecht. Dieser die Rechtsangleichung auf nationaler Ebene fortsetzende Rückkopplungseffekt bringt die Internationalisierung der österreichischen Verfassung mit sich. Die daraus folgende Einengung des nationalen Gestaltungsspielraums dürfte ein Grund sein, warum die österreichischen Organe anfänglich nur allmählich von einer gleichberechtigten Rechtsanwendung Gebrauch machten.

Nach außen hat Österreich mit der Übernahme der Menschenrechtskodifikationen der internationalen Rechtsgemeinschaft größtmögliche Solidarität signalisiert. Die Vertragserfüllung durch Einräumung der höchsten rechtlichen Autorität im nationalen Recht fördert den Stellenwert des internationalen Menschenrechtsschutzes.

Den als österreichisches Verfassungsrecht geeigneten internationalen Menschenrechtsvereinbarungen kommt somit eine weitreichende rechtliche und politische Bedeutung zu.

3. Teil

Die Bestandsgarantie internationaler Verträge, insbesondere der Menschenrechtsinstrumente, im deutschen Recht

A. Die Eingliederung internationaler Menschenrechtsverträge in Verfassungsrang

I. Die Übertragung der österreichischen Verfassungsentscheidung auf das Bonner Grundgesetz

Wie der Überblick über die österreichische Verfassungsrechtsentwicklung der letzten zwei Jahrzehnte im Zusammenhang mit völkerrechtlichen Verträgen gezeigt hat, ist die Gruppe der Menschenrechtsverträge auch auf staatlich höchster Ebene zur Rechtsanwendung geeignet. Außerdem konnte zu Lasten der internationalen Rechtsquellen kein Normenkonflikt mit der Verfassung aufgezeigt werden. Somit bietet sich an, die österreichische Verfassungsentscheidung für bestimmte verfassungsrangige Völkerrechtsverträge als zweckmäßige rechtliche Lösung für die deutsche Rechtsordnung nutzbar zu machen.

Die Eingliederung der kodifizierten Menschenrechte in Verfassungsrang würde auch in der Bundesrepublik Deutschland den Bestand dieser Vertragsgruppe sichern. Das Grundgesetz als die höchstrangig geschriebene Rechtsnorm bildete aufgrund der qualifizierten Voraussetzungen der Abänderbarkeit einen umfassenden Bestandsschutz.

Im folgenden stellt sich deshalb die Frage der Übertragbarkeit des österreichischen Modells auf das deutsche Recht. Eine unveränderte Übernahme scheidet aus, da die österreichische Rechtsordnung völkerrechtliche Verträge als eigenständige Rechtssatzform in das nationale Recht übernimmt, wogegen das deutsche Recht sie in Form eines Vertragsgesetzes integriert.

Es ist deshalb zu untersuchen, unter welchen materiellen und formellen Bedingungen eine Gleichstellung völkerrechtlicher Verträge mit der deutschen Verfassung zulässig ist. Die Änderung des Grundgesetzes im Sinne einer Öffnung für internationale Menschenrechtsinstrumente fällt in die Kompetenz des Verfassungsgesetzgebers. Wie für die einfache

Gesetzgebung hat das Grundgesetz auch für die Verfassungsgesetzgebung Voraussetzungen aufgestellt (Art. 79 GG). Ähnlich wie in Österreich setzt die deutsche Verfassung ihrer Abänderbarkeit materielle Schranken. Gleichzeitig bindet sie den verfassungsändernden Gesetzgeber an erschwerte formelle Bedingungen, um den Normenbestand höchster Autorität evident zu machen. Während das formelle Verfassungsrecht in Österreich aus einer ständig zunehmenden Zahl von Verfassungsgesetzen und Einzelbestimmungen besteht, kann das Grundgesetz nicht in vergleichbarer Art und Weise erweitert werden. Insoweit würde eine grundlegende Neuerung im deutschen Verfassungsrecht notwendig, gemessen an der Anzahl der in Österreich in Verfassungsrang stehenden Menschenrechtsabkommen.

II. Die materiell-rechtlichen Schranken einer Verfassungsänderung

Jeder Änderung des Grundgesetzes gemäß Art. 79 GG, die begrifflich nicht nur die Änderung, sondern auch eine inhaltliche Erweiterung umfaßt, hat der Verfassungsgeber in Abs. 3 sachliche Schranken gesetzt. Die inhaltliche Begrenzung der Verfassungsrevision entzieht dem Verfassungsgesetzgeber bestimmte Grundsatzentscheidungen.

Im Gegensatz dazu konnten dem österreichischen Bundes-Verfassungsgesetz keine geschriebenen „Unantastbarkeiten" entnommen werden; lediglich die Unterscheidung zwischen Teil- und Gesamtänderung des Bundes-Verfassungsgesetzes verdeutlicht, daß die leitenden Grundsätze des Bundesverfassungsrechts dem Zugriff des Nationalrats in seiner Eigenschaft als Verfassungsgesetzgeber entzogen sind. Eine Beeinträchtigung dieser Grundprinzipien durch die internationalen Menschenrechtsabkommen in Verfassungsrang liegt nicht vor.

a) Die hier untersuchte Einbeziehung völkerrechtlicher Verträge zum Schutz der Menschenrechte und Grundfreiheiten in das Grundgesetz steht nicht im Widerspruch zu dem föderativen Aufbau der Bundesrepublik Deutschland und der daraus folgenden Bundesstaatlichkeit. Eine Verletzung der in Art. 79 Abs. 3 in Verbindung mit Art. 1 GG niedergelegten Grundsätze durch die internationalen Menschenrechtsverträge scheidet erkennbar aus. Vielmehr bezieht das an den Anfang des Grundgesetzes gestellte Bekenntnis zu den „vorgegebenen Rechten aller Menschen"[562] erstmals überpositives Recht in eine deutsche Verfassung ein. Die Anknüpfung an das Naturrecht als Reaktion auf die zurückliegende Unrechtszeit dokumentiert das Bedürfnis des Verfassungsgebers nach einer durch den Staat nicht zu negierenden Wertordnung. Bei der Ausarbeitung des Art. 1 GG lehnte man sich an den Entwurf des Allgemeinen Erklärung der Menschenrechte an, die als UN-Deklaration wiederum

[562] *Dürig*, in: *Maunz / Dürig / Herzog*, Art. 1 Abs. 2 GG Rdnr. 80.

Grundlage für die EMRK und die beiden UN-Menschenrechtspakte wurde. Die in Art. 1 Abs. 3 GG enthaltene unantastbare Bindung der Staatsfunktionen erführe eine Erweiterung. Die gegenwärtige Bindung erfaßt sowohl die in den Grundrechten enthaltenen subjektiven öffentlichen Rechte als auch die objektiven Rechtssätze.[563] Entsprechend dazu müßten fortan die unmittelbar anwendbaren Vertragsnormen, aber auch die in den Verträgen enthaltenen Staatenverpflichtungen[564] von den drei Gewalten beachtet werden.

b) Der Hinweis in Art. 79 Abs. 3 GG auf die in Art. 20 GG niedergelegten Grundsätze bezieht sich auf Art. 20 Abs. 1—3 GG.[565] Somit stehen die republikanische Staatsform, das demokratische Prinzip, die Sozialstaatlichkeit und das Rechtsstaatsprinzip unter dem Schutz der Unabänderlichkeit. Im österreichischen Verfassungsrecht wurden Bedenken gegen die Rechtsstaatlichkeit der internationalen Vertragsnormen erhoben.[566] Die Ersetzung des häufig nicht vorhandenen authentischen deutschen Vertragstextes durch eine deutsche Übersetzung sowie die Unübersichtlichkeit der grundrechtlichen Anspruchsnormen gaben Anlaß zur Kritik. Art. 79 Abs. 3 in Verbindung mit Art. 20 GG schützt aber nur die Grundsätze der Rechtsstaatlichkeit.[567] Dazu gehören die Gewaltenteilung, die Verfassungsbindung der Gesetzgebung und die Gesetzmäßigkeit von Justiz und Verwaltung. Die Gefährdung der Rechtssicherheit und Rechtsklarheit, als Kritikpunkt auch für die vorgeschlagene Änderung des Grundgesetzes zu beachten, fällt somit nicht unter Art. 79 Abs. 3 GG. Eine restriktive Auslegung der Schranken[568] soll gerade die Verfassungsentwicklung nicht hemmen. Von besonderer Relevanz waren für die österreichische Verfassungsstruktur die Einflüsse der EMRK auf das überwiegend organisatorisch geprägte gewaltentrennende Prinzip. Eine parallele Problematik ergibt sich für den aus Art. 20 GG zu entnehmenden Grundsatz der Gewaltenteilung nicht. Die Erweiterung des Grundgesetzes um kodifizierte Menschenrechte bildet keinen Widerspruch zu Art. 79 Abs. 3 GG. Selbst wenn man über Art. 79 GG hinaus materiale[569] oder naturrechtliche Schranken[570] einer Verfassungsänderung befürwortet, stehen diese einer Erweiterung der Verfassung um internationale Menschenrechte nicht entgegen.

---

563 *v. Münch*, in: *v. Münch*, Art. 1 GG Rdnr. 45.

564 Zur Rechtsanweisung der einzelnen Verträge S. 131 ff.

565 *Bryde*, in: *v. Münch*, Art. 79 GG Rdnr. 48.

566 s. S. 90 f.

567 BVerfGE 30, 1, 24.

568 BVerfGE 30, 1, 25.

569 *Ehmke*, Grenzen der Verfassungsänderung, Berlin 1953, 90 ff.; s. a. *Bryde*, Verfassungsentwicklung — Stabilität und Dynamik im Verfassungsrecht der Bundesrepublik Deutschland, Baden-Baden 1982, 235 ff.

570 *Maunz / Dürig*, in: *Maunz / Dürig / Herzog*, Art. 79 Abs. 3 GG Rdnr. 25.

Ebenso wie die leitenden Grundprinzipien des österreichischen Bundesverfassungsrechts nicht durch die Übernahme in das formelle österreichische Verfassungsrecht verletzt werden, bliebe der unantastbare Verfassungskern des Grundgesetzes auch von internationalen Menschenrechten in Verfassungsrang unberührt.

III. Die formellen Schranken einer Verfassungsänderung

Bestehen aufgrund der weiten materiellen Schranken keine Einwendungen gegen eine Verfassungsänderung, müßten außerdem die relativ engen formellen Voraussetzungen des Art. 79 Abs. 1 und 2 GG eine Eingliederung der internationalen Menschenrechtsvereinbarungen zulassen.

1. Die Notwendigkeit einer Verfassungstextänderung

Die jeweils in Frage kommenden Vertragswerke bedürfen als Verfassungsgesetze der Zustimmung von zwei Dritteln der Mitglieder des Bundestages und zwei Dritteln der Stimmen des Bundesrates (Art. 79 Abs. 2 GG).

Darüber hinaus ist ihnen formell ein Platz im deutschen Verfassungsrecht zuzuweisen. Entgegen der österreichischen Rechtslage, nach der für die Schaffung von formellem Verfassungsrecht die qualifizierten Mehrheiten des Parlaments ausreichend sind, besteht das deutsche formelle Verfassungsrecht ausschließlich aus dem Grundgesetz, für dessen Erweiterung eine allgemeine Zuordnung nicht vorgesehen ist. Das Grundgesetz müßte auch formell die internationalen Menschenrechte aufnehmen. Die Praxis der Weimarer Reichsverfasung,[571] ohne ausdrückliche Textänderung mit den erforderlichen Mehrheiten die Verfassung zu ändern, wurde vom Grundgesetz bewußt nicht fortgeführt.[572] Durch das vereinfachte Verfahren der Verfassungsänderung kam es nämlich zu einer Unübersichtlichkeit und Rechtszersplitterung, vergleichbar der gegenwärtigen österreichischen Verfassungsentwicklung. Das im Grundgesetz enthaltene grundsätzliche Verbot der Verfassungsdurchbrechung im Sinne einer Änderung der Verfassung ohne gleichzeitige Textänderung verweist den Verfassungsgesetzgeber ausdrücklich auf die Änderung des formellen Bestandes (Art. 79 Abs. 1 Satz 1 GG). Jede Verfassungsrechtsänderung hat eine Textänderung nach sich zu ziehen,[573] die aus der Ver-

---

[571] *Anschütz*, Die Verfassung des Deutschen Reiches, 14. Aufl., Berlin 1933, Art. 76, 400 ff.; s. a. *Ehmke*, Verfassungsänderung und Verfassungsdurchbrechung, in: AöR, Bd. 79 (1953/54), 388 ff. m. w. Nachw.

[572] Entstehungsgeschichte der Artikel des GG, JöR 1 (1951), 574.

[573] *Maunz*, in: *Maunz / Dürig / Herzog*, Art. 79 GG Rdnr. 5.

fassungsurkunde selbst ersichtlich sein muß,[574] ohne daß jedoch der Artikel, dessen Inhalt modifiziert wird, selbst geändert oder ergänzt zu werden braucht[575].

2. *Die systematische Einordnung der verfassungsrangigen Vertragsbestimmungen*

Demzufolge haben auch die in das Grundgesetz zu übernehmenden Menschenrechtsbestimmungen der „Urkundlichkeit und Einsichtbarkeit jeder Verfassungsänderung"[576] zu entsprechen. Als geschriebener Bestandteil müßte der Rechtsadressat dem Grundgesetz die Völkerrechtsnormen entnehmen können. Eine Integration von Vertragsartikeln in den fortlaufend numerierten Verfassungstext selbst scheidet aus, da die Systematik des in sich stimmigen Grundgesetzes sonst zerstört würde.

a) Ernsthaft in Erwägung gezogen werden kann deshalb nur eine Erweiterung des Textes etwa im Sinne einer Angliederung an das Grundgesetz. Eine vergleichbare Regelung kennt Art. 140 GG, der verschiedene Bestimmungen der Weimarer Reichsverfassung, die sich auf das Verhältnis des Staates zu den Kirchen beziehen, zum Bestandteil des Grundgesetzes erklärt. Zu denken ist an einen entsprechenden Artikel, der auf die internationalen Menschenrechtsverträge als Bestandteil des Grundgesetzes verweist, soweit diese in Form eines Verfassungsgesetzes in das deutsche Recht übernommen werden.

Allerdings bleibt zu bedenken, ob Art. 140 GG geeignet ist, für spätere Änderungen des Grundgesetzes beispielhaft herangezogen zu werden. Mit Art. 140 GG hat der Verfassungsgeber eine Ausnahme von der Verfassung als einheitlich geschriebenem Gesetzeswerk gemacht. Die aufgeführten Artikel der Weimarer Reichsverfassung sind in das Grundgesetz inkorporiert worden[577], ohne textlich aus der Urkunde ersichtlich zu sein. Der Entstehungsgeschichte des Art. 140 GG ist zu entnehmen, daß sein Inhalt kontrovers diskutiert wurde[578], insbesondere war man sich der gesetzestechnischen Problematik bewußt, ob die Vorschriften der Weimarer Reichsverfassung in das Grundgesetz aufzunehmen seien[579]. Insgesamt ist Art. 140 GG als Kompromiß zu werten, da die inkorporierten Vorschriften den kleinsten gemeinsamen Nenner der beteiligten Parteien zur

---

[574] *Ipsen*, Grundgesetz und richterliche Prüfungszuständigkeit, Deutsche Verwaltung, 1948/49, 486, 490; *v. Mangoldt / Klein*, Art. 79 GG Anm. III 4c, 5.

[575] So aber *Ehmke* (FN 571), 417; *Loewenstein*, Kritische Betrachtungen zur Verfassungsänderung vom 27. März 1954, in: DÖV, Bd. 7 (1954), 385; a. A.: *Bryde*, in: *v. Münch*, Art. 79 GG Rdnr. 13; *Meyer-Arndt*, Rechtsfragen zur Grundgesetzänderung, in: AöR, Bd. 82 (1957), 278 ff.

[576] BVerfGE 9, 334, 336.

[577] BVerfGE 19, 206, 218 f.

[578] s. dazu Entstehungsgeschichte der Artikel des GG, JöR 1 (1951), 899 ff.

[579] JöR (FN 578), 903, 904, 906.

Neuregelung des Verhältnisses von Kirche und Staat bildeten.[580] Ausgehend von der Sonderstellung des Art. 140 GG, auch dokumentiert durch seinen Standort in den Übergangs- und Schlußbestimmungen des Grundgesetzes, ist die Übertragung seiner Übernahmetechnik abzulehnen. Zum einen lassen sich keinerlei inhaltliche Parallelen ziehen. Zum anderen ist die Erweiterung des Grundgesetzes rechtstechnisch durch eine umfassende Verweisung nicht möglich. Während Art. 140 GG als Verfassungsschöpfung eine weitreichende Verweisung ausspricht,[581] begrenzte der Verfassungsgeber in Art. 79 Abs. 1 Satz 1 GG für die Zukunft umfassende Verweisungen durch das Gebot der Textänderung. Zwar wird eine Verweisung auf Normen außerhalb des Grundgesetzes nicht als ungültig angesehen,[582] doch darf die Verfassungsklarheit[583] dadurch nicht beeinträchtigt werden. Eine Verweisung auf Teile oder Einzelbestimmungen von Völkerrechtsverträgen widerspräche der Einsehbarkeit der Verfassungsurkunde. Art. 79 Abs. 1 Satz 1 GG würde durch eine Globalverweisung unterlaufen.[584]

b) So bliebe als gesetzestechnisches Mittel, die mit Verfassungsrang zu versehenen Vertragsbestimmungen als Anlage an das Grundgesetz anzufügen. Aber auch eine Anlage kann aufgrund ihrer Charakteristika keinen adäquaten Teil der Verfassungsurkunde bilden. Der Gesetzgeber fügt an ein Gesetz immer dann eine Anlage an, wenn über den Wortlaut hinaus Ergänzungen, etwa in Form von bildlichen Darstellungen, Mustern, Verzeichnissen und ähnlichem, notwendig werden.[585] Der inhaltliche Schwerpunkt liegt auf dem Gesetzestext selbst; der Anhang dient lediglich der Vervollständigung des Vorhergehenden. Die im einfachen Gesetzesrecht angewendete Ergänzung des Textes steht im Gegensatz zum Grundgesetz, in dem die rechtliche Grundordnung der Bundesrepublik Deutschland festgelegt worden ist. Ein Anhang würde die vorhandene Verfassungssystematik außer acht lassen und den Rahmen, den der Verfassungsgeber vorgegeben hat, verletzen. Außerdem entspräche es dem angestrebten Ziel nicht, wenn man die privilegierten Menschenrechtsregelungen als Anlage im herkömmlichen Sinn denaturiert. Eine Angliederung von völkerrechtlichen Vertragsbestimmungen an den geltenden Verfassungstext scheidet somit aus.

c) Nachdem keine Lösung für eine vollständige textliche Übernahme in das Grundgesetz aufgezeigt werden kann, ist zu erwägen, ob von dem Gebot der Textänderung eine Ausnahme rechtlich zulässig ist. Zu denken

---

[580] BVerfGE 19, 206, 218.

[581] *Schneider*, Gesetzgebung, Heidelberg 1982, Rdnr. 389.

[582] *Meyer-Arndt* (FN 575), 280 f. mit Hinweis auf *Ehmke* (FN 571), 398.

[583] Begriff geprägt von *Ehmke*, Noch einmal: Die Verfassungsnovelle vom 26. März 1954, in: DÖV, Bd. 9 (1956), 452, 454.

[584] *Bryde*, in: *v. Münch*, Art. 79 GG Rdnr. 14.

[585] *Müller*, Handbuch der Gesetzgebungstechnik, 2. Aufl., Köln u. a. 1968, 46 ff.

ist an eine dem geltenden Satz 2 des Art. 79 Abs. 1 GG vergleichbare Abweichung, die dem Verfassungsgesetzgeber die ausdrückliche Bezeichnung der das Grundgesetz ergänzenden völkerrechtlichen Verträge aufgibt,[586] von einer Textintegration aber absieht.

Ziel der Schaffung von Art. 79 Abs. 1 Satz 1 war, wie bereits ausgeführt, die stillschweigende Verfassungsänderung[587] als nicht erkennbare Abweichung vom Text zu verhindern[588]. Bei der Einfügung des Satzes 2 durch Gesetz vom 26. 3. 1954 wurde auch die für die folgenden Überlegungen relevante Frage aufgeworfen, ob Art. 79 Abs. 1 Satz 1 GG einer Änderung unzugänglich sei[589] und unter die Schranken der Unantastbarkeit des Abs. 3 falle. Gegen eine unumstößliche Festschreibung des Grundsatzes spricht der eindeutige Wortlaut des Abs. 3. Hätte der Verfassungsgeber auch in der Urkundlichkeit jeder Verfassungsänderung einen absoluten Verfassungswert gesehen, hätte er sie wie Teile des Staatsorganisationsrechtes in die Aufzählung des Abs. 3 mit einbezogen.[590] Ebensowenig ist das Gebot der Textänderung Ausfluß des Rechtsstaatsprinzips, das im Grundsatz unter dem besonderen Schutz des Abs. 3 steht. Es existieren rechtsstaatliche Verfassungen, wie das österreichische Bundes-Verfassungsgesetz, die gleichwohl Verfassungsänderungen ohne ausdrückliche Textänderungen gestatten. Folglich kann ein verfassungsänderndes Gesetz den Grundsatz zumindest einschränken.

Zu fragen ist deshalb, ob sich eine solche Ausnahme von Art. 79 Abs. 1 Satz 1 GG innerhalb des von der deutschen Verfassung gesteckten Rahmens befindet. Für einige völkerrechtliche Vertragsbestimmungen soll eine Sonderregelung von dem ansonsten gültig bleibenden Gebot der Textänderung geschaffen werden. Der Tatbestand, bei dem sich „eine Rechtsnorm (. . .) mit einem Verfassungsrechtssatz, sei es dauernd oder vorübergehend, in der Weise in Widerspruch setzt, daß die im übrigen unberührt bleibende Geltung des Verfassungsrechtssatzes nur für einen oder mehrere bestimmte Ausnahmefälle ausgeschlossen werden soll"[591], ist im überwiegend neuen Sprachgebrauch eine Verfassungsdurchbre-

[586] *Bryde*, in: v. *Münch*, Art. 79 GG Rdnr. 20; *Maunz*, in: *Maunz / Dürig / Herzog*, Art. 79 GG Rdnr. 13; *Menzel*, in: Bonner Kommentar, Art. 79 GG, Nachtrag, Anm. II 3 a.

[587] Verfassungsdurchbrechung in der Weimarer Terminologie, s. *Jacobi*, Die Diktatur des Reichspräsidenten nach Art. 48 der Reichsverfassung, in: VVDStRL, Bd. 1 (1924), 109.

[588] BVerfGE 2, 143, 164, 172 f.

[589] So *Ehmke* (FN 571), 397, 410 ff.; *Loewenstein* (FN 575), 387.

[590] *Menzel*, in: Bonner Kommentar, Art. 79 GG, Nachtrag, Anm. II 7; *Meyer-Arndt* (FN 575), 288.

[591] *Loewenstein* (FN 575), 386; s. a. *Leibholz*, Die Verfassungsdurchbrechung, in: AöR, Bd. 61 (1932), 2; *Menzel*, in: Bonner Kommentar, Art. 79 GG, Nachtrag, Anm. II 4 a.

chung.[592] Gegen die Zulässigkeit einer solchen Verfassungsdurchbrechung, soweit sie in den Verfassungstext aufgenommen wird, bestehen keine Bedenken.[593] Um dem Schutzzweck des Art. 79 Abs. 1 Satz 1 GG gerecht zu werden, sollen nur solche Änderungen der Verfassung ausgeschlossen sein, die aus dem Text der Urkunde nicht zu entnehmen sind, dagegen nicht die mit einer Textänderung einhergehenden Verfassungsdurchbrechungen. Die Abweichung von dem Gebot der Textänderung erstreckt sich demnach bei der zulässigen Verfassungsdurchbrechung in dem oben verwendeten Sinne auf das Unterlassen der endgültigen Änderung der konkret im Widerspruch stehenden Verfassungsvorschrift.

Für die angeregte Ausnahme ist aber zweifelhaft, ob sie in zulässiger Weise von dem Gebot der Textänderung abweicht. Auch hier kann an die Diskussion zur Einfügung des geltenden Satzes 2 angeknüpft werden. Unter formellem Aspekt wurde der Verfassungsgesetzgeber ermächtigt, anstelle einer ausdrücklichen Änderung eine „Klarstellung"[594], im konkreten Fall Art. 142 a GG (a.F.),[595] in das Grundgesetz aufzunehmen. Die vorgeschlagene „Nennung" in einem speziellen Artikel, der bei gegebenem Anlaß jeweils ergänzt werden könnte, käme den Formerfordernissen des geltenden Satzes 2 gleich.

Gleichwohl ergeben sich sachliche Unterschiede zum geltenden Recht. Der materielle Inhalt des Satzes 2 bezieht sich auf eine Klarstellungskompetenz, für einen eventuell vorliegenden Kollisionsfall zwischen Verfassung und dem in einem Zusatzartikel genannten völkerrechtlichen Vertrag eine Geltungsbeschränkung des Grundgesetzes auszusprechen.[596] Substantiell will der neue Vorschlag aber etwas anderes. Es soll dem Verfassungsgesetzgeber die Kompetenz eingeräumt werden, einer bestimmten Vertragsgruppe Verfassungsrang zu verleihen, um ihr als jedermann zugänglicher Rechtsgrundlage zu einem gesicherten Bestand zu verhelfen. Eine entsprechende Einschränkung des Gebots der Text-

---

[592] s. a. *Curtius*, Die Verfassungsnovelle vom 26. März 1954 und die Schranken der Verfassungsrevision, in: DÖV, Bd. 7 (1954), 705; *Loewenstein*, Erscheinungsformen der Verfassungsänderung, Tübingen 1931, 172; *Schmidt-Bleibtreu / Klein*, 6. Aufl., Neuwied/Darmstadt 1983, Art. 79 GG Rdnr. 7; a. A.: *Maunz*, in: *Maunz / Dürig / Herzog*, Art. 79 GG Rdnr. 2.

[593] *Curtius* (FN 592), 705 f.; *Loewenstein* (FN 575), 387; *Menzel*, in: Bonner Kommentar, Art. 79 GG, Nachtrag, Anm. II 5; a. A.: *Ehmke* (FN 571), 410 ff.; *Hesse*, Grundzüge des Verfassungsrechts der Bundesrepublik Deutschland, 14. Aufl., Heidelberg 1984, Rdnrn. 39, 698.

[594] *Bryde*, in: v. *Münch*, Art. 79 GG Rdnr. 20 f.; *Ehmke* (FN 583), 449 ff.

[595] Art. 142 a GG (aufgehoben durch Gesetz vom 24. 6. 1968, BGBl I, 709): „Die Bestimmungen dieses Grundgesetzes stehen dem Abschluß und dem Inkraftsetzen der am 26. und 27. Mai 1952 in Bonn und Paris unterzeichneten Verträge (Vertrag über die Beziehungen zwischen der Bundesrepublik Deutschland und den Drei Mächten und Vertrag über die Gründung der Europoäischen Verteidigungsgemeinschaft) mit ihren Zusatz- und Nebenabkommen, insbesondere dem Protokoll vom 26. Juli 1952, nicht entgegen."

[596] *Menzel*, in: Bonner Kommentar, Art. 79 GG, Nachtrag, Anm. II 5.

änderung würde nicht zu einer legitimen Verfassungsdurchbrechung ermächtigen, sondern die Verfassungsrechtsetzungskompetenz zu einer Grundgesetzerweiterung schaffen, ohne daß der Text Teil der Verfassungsurkunde zu werden braucht. Gerade eine solche Verfassungsdurchbrechung hat der Verfassungsgeber aber durch Art. 79 Abs. 1 Satz 1 GG ausgeschlossen. Durch die diskutierte Ausnahme zu Art. 79 Abs. 1 GG würde das Gebot der Textänderung nicht in zulässiger Weise eingeschränkt, sondern teilweise aufgehoben.

3. *Ergebnis*

Art. 79 Abs. 1 Satz 1 GG steht damit einer Ergänzung der formellen Verfassung um internationale Menschenrechtsbestimmungen entgegen. Obwohl sich diese Völkerrechtsquellen im Einklang mit den materiellen Schranken des Art. 79 Abs. 3 GG befinden, verbietet sich aus formellen Gründen eine Verfassungsergänzung in der vom österreichischen Verfassungsrecht praktizierten Weise. Während das Bundes-Verfassungsgesetz für eine Verfassungsänderung nur begrenzte Formvorschriften aufstellt, versagt das Grundgesetz dem Verfassungsgesetzgeber jede Modifizierung des Verfassungsinhalts außerhalb des Verbots der Verfassungsdurchbrechung ohne Textänderung. Völkerrechtliche Verträge als Bestandteil des Grundgesetzes kann es deshalb nicht geben. Somit scheidet eine entsprechende Übertragung der österreichischen Verfassungsentscheidung zugunsten völkerrechtlicher Menschenrechtskodifikationen in Verfassungsrang aus.

B. Völkerrechtliche Verträge in einer gegenüber den Bundesgesetzen bevorrechtigten Stellung

Da sich das Bonner Grundgesetz im Gegensatz zum österreichischen Bundes-Verfassungsgesetz nicht in der Lage zeigte, Völkervertragsbestimmungen als Verfassungsrecht zu integrieren, stellt sich nunmehr die Frage, wie der Bestand der Verträge anderweitig gesichert werden kann. Aufgegriffen wird darum eine bereits vorhandene Anregung zur Bestandsgarantie völkerrechtlicher Vertragsnormen im deutschen Recht. Die Einordnung von Völkervertragsrecht im Rang über dem Bundesrecht[597] kommt als eine Lösungsmöglichkeit in Betracht.

I. Die Einstufung völkerrechtlicher Verträge in Übergesetzesrang

Bei der Prüfung der Integrationsfähigkeit der Menschenrechtsverträge in das Grundgesetz stand zuvor diese Vertragsgruppe im Mittelpunkt,

[597] *Partsch*, Die Anwendung des Völkerrechts im innerstaatlichen Recht, in: Bericht DGV 6 (1964), 101.

da sich die internationalen Menschenrechtsinstrumente innerhalb des österreichischen Verfassungsrechts als geeignet erwiesen haben, den nationalen Grundrechten koordiniert zu werden. Eine Einordnung von Völkervertragsrecht in Übergesetzesrang braucht sich demgegenüber nicht auf diese Vertragsgruppe zu beschränken; vielmehr könnten sich auch andere Vertragsarten für den Rang zwischen Verfassung und Bundesgesetzen anbieten.

1. Übergesetzesrang für sämtliche Völkerrechtsverträge, die gemäß Art. 59 Abs. 2 Satz 1 GG der Zustimmung bedürfen

Eine umfassende Sicherung der völkerrechtlichen Verträge im deutschen Recht brächte ihre Stellung als dem einfachen Gesetzesrecht vorgeordnet mit sich. Parallel zu Art. 25 GG wäre dann auch das Völkervertragsrecht „bevorzugtes Bundesrecht"[598], vorausgesetzt, man siedelt die allgemeinen Regeln des Völkerrechts zwischen der Verfassung und den einfachen Gesetzen an[599]. Durch die Einfügung einer Grundsatzbestimmung ins Grundgesetz zugunsten des Übergesetzesranges würden die Verträge der Verfügung des einfachen Gesetzgebers entzogen.

Gegen eine solche, sämtliche Verträge umfassende Regelung läßt sich die fehlende Notwendigkeit anführen, auch Verträge, die dem einzelnen keine Rechte einräumen, in Übergesetzesrang einzuordnen. Bedenken gegen die übergesetzesrangige Einordnung wurden bereits dahingehend geäußert, daß eine Blockade der gesamten Rechtsentwicklung möglich sei.[600] Um eine solche Rechtsfolge zu vermeiden, könne einerseits die Bereitschaft der für die Gesetzgebung zuständigen Körperschaften zurückgehen, überhaupt völkerrechtliche Verträge abzuschließen; andererseits bliebe nur die Vertragskündigung, um sich innerstaatlich einer Verfügungsbeschränkung zu entziehen.[601] Schließlich würde der internationale Gestaltungsspielraum der Bundesrepublik Deutschland erheblich begrenzt, da jede Genehmigung qualifizierte Mehrheiten erforderte.[602] Ein Rückgang der Beteiligung am internationalen Vertragsleben sei die voraussehbare Folge. Aus der österreichischen Praxis vor 1981 findet diese Argumentation allerdings keine Bestätigung. Weder die Bereitschaft zum Abschluß von verfassungsrangigen Völkerrechtsverträgen wurde nach 1964 gehemmt, wie die Zahlen glaubhaft belegen, noch sah sich der Gesetzgeber in seiner Handlungsfähigkeit eingeengt. Ein Bei-

---

598 *Wengler*, Völkerrecht , Bd. I, Berlin/Göttingen/Heidelberg 1964, 418 FN 2.

599 So die herrschende Meinung, *Rojahn*, in: v. *Münch*, Art. 25 GG Rdnr. 36 m. w. Nachw.; s. zum Diskussionsstand S. 25 f.

600 *Partsch* (FN 597), 103; Zwischenbericht der Enquete-Kommission, Fragen der Verfassungsreform, Zur Sache 1/73, 71.

601 s. Zwischenbericht (FN 600), 71.

602 Ebd.

spiel für eine Sperre innerhalb der nationalen Rechtsentwicklung ist jedenfalls nicht bekannt. Immerhin erscheint eine rechtshemmende Wirkung möglich. Vorrangig spricht jedoch gegen einen einheitlichen Übergesetzesrang das fehlende Bedürfnis nach umfassender Privilegierung von Verträgen ohne normativen Gehalt. Mit der Rangerhöhung soll verhindert werden, daß sich der Gesetzgeber trotz des völkerrechtlichen Grundsatzes „pacta sunt servanda" im nationalen Bereich einer bestehenden völkerrechtlichen Verpflichtung entzieht. Eine solche Verpflichtung kann er dadurch umgehen, indem er unmittelbar anwendbare Vertragsnormen durch spätere nationale Gesetze derogiert. Sämtliche nicht zur unmittelbaren Rechtsanwendung geeigneten Vertragsnormen bedürfen deshalb nicht dieses besonderen Schutzes. Die Rangerhöhung auch von denjenigen Verträgen, die für eine Kollision mit originärem nationalen Recht ausscheiden, steht außer Verhältnis zu dem mit dieser Maßnahme angestrebten Ziel.

2. *Übergesetzesrang für die bei der Übernahme mit qualifizierter Mehrheit genehmigten Völkerrechtsverträge*

In Einschränkung des ersten Vorschlags erscheint es sinnvoll, das Parlament aufgrund der Erweiterung einer grundgesetzlichen Norm zu legitimieren, durch die Zustimmung mit verfassungsändernden Mehrheiten in jedem konkreten Fall über die Einordnung in Übergesetzesrang zu befinden. Nach Prüfung der rechtlichen und rechtspolitischen Aspekte, insbesondere der Schutzbedürftigkeit, könnte es die entsprechenden Verträge mit einer gehobenen Rechtsposition ausstatten.

Gegen eine solche Einzelentscheidung des Parlaments immer dann, wenn ein völkerrechtlicher Vertrag zur Genehmigung ansteht, ist zu Recht eingewendet worden, sie könne von Vertragspartnern aus Prestigegründen gefordert werden[603]. Das innerstaatliche Mitwirkungsverfahren geriete unter den Druck von außen. Diese Bedenken sind nicht bei universellen Verträgen wie den Völkerrechtskodifikationen einschlägig. Gleichwohl bleiben gewichtige Zweifel für die sonstigen Vertragsarten bestehen. Im nationalen Recht käme es überdies zur Abwertung der nicht privilegierten Verträge.[604] Hier kann unterstützend auf die von Österreich nur in Gesetzesrang genehmigten Menschenrechtspakte der Vereinten Nationen hingewiesen werden, denen im Verhältnis zu den übrigen Menschenrechtsverträgen in Verfassungsrang, selbst wenn diese mit einem Erfüllungsvorbehalt belegt sind, nur geringfügige Rechtswirkung zukommt. Das Fehlen sachlicher Kriterien für Völker-

---

[603] Einwand von *Seidl-Hohenveldern*, in: *Partsch* (FN 597), 102; Zwischenbericht (FN 600), 71.

[604] *Partsch* (FN 597), 102.

rechtsverträge in Übergesetzesrang würde endlich eine Rechtsunsicherheit nach sich ziehen. Zum einen bestimmten mehr politische als rechtliche Gründe die Mitwirkung des Parlaments im qualifizierten Verfahren. Zum anderen stellte die uneinheitliche Rangeinordnung an den Rechtsadressaten erhöhte Anforderungen. Somit erweist sich auch dieser Vorschlag als nicht zweckmäßig.

3. *Übergesetzesrang für internationale Menschenrechtsverträge*

Zur Bindung der Zustimmung der in Art. 59 Abs. 2 Satz 1 GG vorgesehenen Körperschaften an sachliche Kriterien liegt bereits eine formulierte Anregung vor.[605] Daß eine grundsätzliche inhaltliche Festlegung der gesetzgeberischen Kompetenzen zu befürworten ist, läßt sich im Hinblick auf die uneinheitliche Praxis des Nationalrats begründen.

a) So wurde der Übergesetzesrang für Verträge des Völkerverfassungsrechts vorgeschlagen.[606] Unter einer Völkerverfassung versteht man in der Regel Satzungen von universellen internationalen Organisationen wie die des Völkerbundes und der Vereinten Nationen.[607] Gegen die Weite des Begriffs, welche internationalen Organisationen über eine „verfaßte Grundordnung" verfügen, und damit gegen seine Praktikabilität sind Einwände erhoben worden.[608] Wesentlicher Gesichtspunkt gegen die Einbeziehung des Völkerverfassungsrechts ist aber, daß grundsätzlich keine Kollisionen mit originärem nationalen Gesetzesrecht ausgelöst werden. In den seltensten Fällen dürften diese Verträge in Widerspruch zu nationalen Rechtsquellen stehen, weil sie entweder eine unterschiedliche Zielrichtung haben oder, selbst wenn sie zur innerstaatlichen Rechtsanwendung geeignet sein sollten, es nicht zu Normenkonflikten kommt. Deshalb tritt die Schutzbedürftigkeit dieser Vertragsgruppe in den Hintergrund.

b) Demgegenüber kann die Notwendigkeit der Rangerhöhung der „grundlegenden Vertragswerke zum Schutze der Würde der Menschen"[609] vorausgesetzt werden. Unter die weite Formulierung dieses Vorschlags allerdings lassen sich neben den Menschenrechtskodifikationen weitere grundlegende Vertragswerke einordnen. Auf die Genfer Rotkreuzabkommen etwa wurde in diesem Zusammenhang hingewiesen.[610] Eine Abgrenzung, welche internationalen Vereinbarungen unter diese Kategorie fallen, ist nur schwer zu treffen. Deshalb sollte einschränkend der schon verwendete Terminus „Verträge zum Schutze der Menschenrechte

---

605 *Partsch* (FN 597), 101.
606 s. *Partsch* (FN 597), 101.
607 *Verdross / Simma*, Universelles Völkerrecht, 2. Aufl., Berlin 1976, 77, 80.
608 *Partsch* (FN 597), 103.
609 *Partsch* (FN 597), 101.
610 *Partsch* (FN 597), 103.

und Grundfreiheiten" Eingang in eine Grundgesetzerweiterung finden. Diese Vertragswerke räumen entweder Individualrechte ein oder verpflichten zumindest die Vertragspartner, bestimmte Rechte und Freiheiten zu gewährleisten. Sie sind sachlich bestimmbar und somit in der Lage, die beteiligten Organe zu binden. Aufgrund des Regelungsgehalts und der Schutzbedürftigkeit hat sich eine Rangerhöhung auf diese Vertragsgruppe zu konzentrieren.

Aus einem materiell-rechtlichen Vergleich ergeben sich deutliche Parallelen zwischen den nationalen Grundrechten und internationalen Menschenrechten.[611] Infolge weltweiter Gefährdung der Menschenrechte stellte die internationale Gemeinschaft diese elementaren Rechte unter ihren Schutz. Von ihrem Regelungsinhalt her sind sie materielles Verfassungsrecht.[612] Als „ausgelagertes Staatsrecht"[613] ergänzen sie den nationalen um einen internationalen Rechtsschutz. Aufgrund der Wechselbezüglichkeit zwischen nationalen und internationalen Menschenrechten bildet sich nach der Re-Integration der internationalen Verträge ins nationale Recht eine „Nebenverfassung"[614] auf Gesetzesebene, „ein integrierender Bestandteil der staatlichen Verfassung des Grundgesetzes"[615]. Durch den gesetzgeberischen Akt gemäß Art. 59 Abs. 2 GG kommt dieser Vertragsgruppe innerstaatlich eine Rechtsposition zu, die im Gegensatz zu ihrer materiellen Bedeutung steht. Da es dem Verfassungsgesetzgeber, wie aufgezeigt, verwehrt bleibt, auch eine formelle Gleichwertigkeit herzustellen, kann nur eine Rangerhöhung als bewußte Abgrenzung zum Gesetzesrecht eine Annäherung an das formelle Verfassungsrecht bewirken. Eine Rangeinstufung entsprechend den allgemeinen Regeln des Völkerrechts wäre das geeignete rechtstechnische Mittel.

Ausschlaggebend für eine Rangstärkung bleibt jedoch die eingangs aufgezeigte Gefährdung der völkerrechtlichen Verträge durch die lex posterior-Regel. Für die Normenkonflikte ist typisch, daß sie im Zusammenhang mit internationalen Menschenrechtsabkommen stehen. Vorwiegend diese Vertragsgruppe geriet bislang, wenn auch vom Gesetzgeber unbeabsichtigt, in Kollision zu späteren Gesetzen. Der Regelungsgehalt der internationalen Menschenrechte macht diese Verträge vorrangig schutzbedürftig.

---

[611] *Tomuschat*, Der Verfassungsstaat im Geflecht der internationalen Beziehungen, in: VVDStRL, Bd. 36 (1978), 57, spricht von „einer prinzipiell fast perfekten Parallelisierung der materiellen Zielsetzungen von Völkerrecht und staatlichem Recht."

[612] Für die EMRK *Ress*, Wechselwirkungen zwischen Völkerrecht und Verfassung bei der Auslegung völkerrechtlicher Verträge, in: Bericht DGV 23 (1982), 9.

[613] *Ress* (FN 612), 17.

[614] *Tomuschat* (FN 611), 52.

[615] *Häberle*, Der kooperative Verfassungsstaat, in: *Kaulbach / Krawietz* (Hrsg.), Festschrift für *Helmut Schelsky*, Berlin 1978, 148.

II. Die Voraussetzungen der Einstufung internationaler Menschenrechtsverträge in Übergesetzesrang

1. *Die Notwendigkeit der einmaligen Verfassungsänderung*

Die Einführung von übergesetzesrangigem Völkervertragsrecht bedeutet eine materielle Änderung des Grundgesetzes, die mit den in Art. 79 Abs. 2 GG vorgesehenen Mehrheiten zu beschließen ist und die Eingang in den Verfassungstext finden muß.

Um dem Erfordernis der Urkundlichkeit jeder Verfassungsänderung zu entsprechen, ist an die Erweiterung einer der Grundgesetzartikel zu denken, der Bezüge zum Völkerrecht herstellt. Art. 24 GG bildet die Rechtsgrundlage der Beteiligung der Bundesrepublik Deutschland an der internationalen Zusammenarbeit. Schwerpunkt dieser Vorschrift ist die Verlagerung ursprünglich innerstaatlicher Hoheitsgewalt auf eine internationale Einrichtung. Demgegenüber wird mit der Rangeinordnung bestimmter völkerrechtlicher Verträge vor dem einfachen Bundesrecht eine entgegengesetzte Richtung beschritten. Wegen des gegensätzlichen Ziels der neu einzufügenden Vorschrift scheidet Art. 24 GG als ungeeignet aus.

Zur sachlichen Anknüpfung könnte Art. 25 GG in Betracht kommen. Für eine Erweiterung von Art. 25 GG spricht die Einheitlichkeit der Regelung, bestimmte Völkerrechtsquellen nach ihrer Übernahme gegenüber einfachem Bundesrecht zu privilegieren. Eine entsprechende Parallele bildet Art. 9 B-VG.[616] Gegen eine solche Vereinheitlichung nur aufgrund der gleichen Rangstellung spricht das unterschiedliche Verfahren bei der Integration der beiden Arten von Völkerrechtsquellen. Während die allgemeinen Regeln des Völkerrechts ohne speziellen Mitwirkungsakt Bestandteil des nationalen Rechts werden, bedürfen die geschriebenen Völkerrechtsnormen der Zustimmung des deutschen Gesetzgebers. Um nicht ein selbständiges Verfahren innerhalb von Art. 25 GG für die in Frage kommende Vertragsgruppe schaffen zu müssen, sollte die Norm, die gegenwärtig die formellen und materiellen Voraussetzungen der staatlichen Mitwirkung bei Völkerrechtsverträgen festschreibt, eine entsprechende Regelung aufnehmen. Aufgrund der gleichgelagerten Formbedürftigkeit der Übernahme gesetzesrangiger und übergesetzesrangiger Völkerrechtsverträge in das deutsche Recht bietet sich Art. 59 Abs. 2 GG als erweiterungsfähig an.

2. *Die Mitwirkung des Verfassungsgesetzgebers*

Bei der Schaffung einer Grundsatzregelung stellt sich die Frage nach der Qualität des Mitwirkungsaktes staatlicher Organe an der Integration

---

616 s. S. 107 ff.

internationaler Menschenrechtsverträge in Übergesetzesrang. Gegenwärtig erfolgt die Zustimmung durch den Bundestag „in Form" eines Gesetzes. Das Vertragsgesetz beinhaltet keinen klassischen Gesetzgebungsakt, vielmehr steht die Beteiligung des Parlaments als Kontrolle der Regierung im Vordergrund.[617]

Sollen nun bestimmte völkerrechtliche Verträge eine dem Bundesrecht vorgeordnete Position einnehmen, bleibt es dem Bundesgesetzgeber verwehrt, aufgrund der ihm zur Verfügung stehenden Verfahrens- und Handlungsformen höherrangige Rechtssätze als Bundesgesetze zu erlassen. Die Stufenordnung der staatlichen originären geschriebenen Rechtsquellen kennt keine Zwischenstufe zwischen Verfassungs- und einfachen Gesetzen. Lediglich die allgemeinen Regeln des Völkerrechts nehmen einen Übergesetzesrang ein, folgt man der überwiegenden Ansicht bei der Rangeinstufung dieses ungeschriebenen Rechts internationalen Ursprungs. Grundsätzlich steht es jeder Rechtsordnung frei, die Stufenordnung mit neuen Rechtssatzformen zu versehen. Da aber nur für eine Vertragsgruppe eine bevorrechtigte Stellung geschaffen würde, ist die vorhandene stufenförmige Gliederung der Rechtsquellen nicht erweiterungsbedürftig. Somit bliebe es bei der ausschließlichen Legitimation des Verfassungsgesetzgebers, höherrangige Rechtssätze als Gesetze, also Verfassungsgesetze, zu beschließen. Demnach muß zu seinen Gunsten eine neue Kompetenz begründet werden.

3. *Die Einräumung eines Zustimmungsermessens*

Die Mitwirkung des Verfassungsgesetzgebers eröffnet wiederum den Vergleich zur österreichischen Rechtslage. Aus dem österreichischen Verfassungsrecht ergibt sich für den Nationalrat keine Rechtspflicht zur Einordnung von internationalen Menschenrechtsinstrumenten in Verfassungsrang.[618] Als in der Regel verfassungsergänzende Staatsverträge unterliegen sie dem freien Ermessen des Nationalrats, sie als formelles Verfassungsrecht zu genehmigen. Diese auf einer formellen Betrachtungsweise beruhende Ansicht steht im Gegensatz zu einem zunehmenden materiellen Verfassungsverständnis in Österreich,[619] aus welchem zum Teil[620] eine Rechtspflicht zur verfassungsrangigen Einordnung dieser Vertragsgruppe abgeleitet wird. Zu prüfen ist, ob nicht eine entsprechende Verpflichtung für den deutschen Verfassungsgesetzgeber begründet werden sollte.

In Art. 59 Abs. 2 GG werden den gesetzgeberischen Körperschaften für die Rangzuordnung materiell-rechtliche Kriterien vorgegeben, die ein

---

[617] s. S. 17; s. a. BVerfGE 68, 1, 86.
[618] s. S. 61 f.
[619] S. 61.
[620] *Floretta* (FN 206), 18 f.

Zustimmungsgesetz notwendig machen. Eine verpflichtende Beschränkung auf eine übergesetzesrangige Vertragsgruppe nach sachlichen Gesichtspunkten steht somit nicht in Widerspruch zu der vorhandenen Integrationssystematik, so daß rechtsdogmatische Einwände nicht bestehen.

Demgegenüber lassen sich gegen die Zweckmäßigkeit einer verfassungsrechtlichen Verpflichtung, „völkerrechtliche Verträge zum Schutze der Menschenrechte und Grundfreiheiten" privilegierend einzuordnen, gewichtige rechtspolitische Gründe anführen. Das fehlende Zustandekommen der vorgesehenen Mehrheiten schlösse den jeweiligen Vertrag in seiner Gesamtheit sowohl von der Verfassungs- als auch von der Gesetzesebene aus. Ein mangelnder politischer Konsens bei in der Sache umstrittenen Verträgen[621] hätte zur Folge, daß der jeweilige Vertrag überhaupt nicht Eingang in die deutsche Rechtsordnung finden könnte. Ausgehend von der politischen Realität wäre von der Zielsetzung der Untersuchung her weniger erreicht, als die gegenwärtige Rechtslage beinhaltet. Eine Beteiligung an der internationalen Rechtsentwicklung wäre ebenfalls weitgehend unterbunden. Die Ratifikation der jeweiligen Verträge unterbliebe gänzlich.

Dem Verfassungsgesetzgeber sollte deshalb ein gesetzgeberisches Ermessen eingeräumt werden. Macht er von diesem keinen Gebrauch, bliebe zumindest dem einfachen Gesetzgeber die Möglichkeit der Zustimmung.

4. Keine speziellen Anforderungen an die Normqualität der übergesetzesrangigen Menschenrechtsverträge

a) Das österreichische Verfassungsrecht integriert Staatsverträge oder staatsvertragliche Einzelbestimmungen in Verfassungsrang, unabhängig von ihrem Rechtssatzcharakter. Die formelle Rangeinstufung bewirkt die Geltung als Verfassungsrecht; die Voraussetzungen der unmittelbaren Anwendbarkeit von verfassungsrangigen Vertragsbestimmungen hat der Verfassungsgesetzgeber nicht aufgezeigt. Vielmehr stellt er ohne weitere Begründung in den Gesetzesmaterialien die unmittelbare Anwendbarkeit der als Rechtsgrundlage in Betracht kommenden Norm fest.

b) Für gesetzesrangige Völkerrechtsverträge sind in der Bundesrepublik Deutschland ebenso wie in Österreich Voraussetzungen zur Bestimmung der unmittelbaren Anwendbarkeit entwickelt worden.[622]

---

[621] Beispielhaft kann hier das Internationale Übereinkommen über die Bekämpfung und Ahndung des Verbrechens der Apartheid v. 30. 11. 1973 angeführt werden (s. VN 1975, 57).

[622] Die vorzunehmende Differenzierung zwischen Geltung und unmittelbarer Anwendbarkeit wird zum Teil für gesetzesrangige Abkommen mit der Begründung abgelehnt, daß nur solche Vertragsbestimmungen in das nationale Recht transformiert bzw. vollzogen würden, die auch unmittelbar anwendbar seien;

Grundlegende Bedingung für die unmittelbare Anwendbarkeit von völkerrechtlichen Vertragsbestimmungen ist deren Normcharakter[623], der jeweils zu ermitteln ist[624]. Während in der österreichischen Rechtspraxis ausschließlich nationale Auslegungsgrundsätze herangezogen werden, steht in der Bundesrepublik Deutschland zur Diskussion, ob die unmittelbare Anwendbarkeit durch das Völkerrecht[625] oder durch Landesrecht[626] festzustellen ist. Für die Heranziehung völkerrechtlicher Auslegungskriterien spricht der internationale Ursprung jedes Vertrages, der auch durch eine spezifische Auslegung zu wahren bleibt[627]; die Eigenschaft der unmittelbaren Anwendbarkeit für innerstaatliche Rechtsanwendungsorgane wird als eine von den Vertragspartnern vorgegebene Qualifikation angesehen[628]. Die Ermittlung nach landesrechtlichen Gesichtspunkten bewirkt demgegenüber eine einheitliche Rechtspraxis. Sie stützt sich auf die Argumentation, daß die nationalen Gerichte und Verwaltungsträger vorrangig nationalen Verfassungsgrundsätzen verpflichtet seien und daß das Völkerrecht dem Landesrecht die Erfüllung der Vertragspflicht überlasse.[629] Der unterschiedliche Ansatz, der jeweils Folge der Vollzugs- oder Transformationstheorie ist, führt zumindest im Ergebnis zu ähnlichen Voraussetzungen der unmittelbaren Anwendbarkeit.

Einheitlich wird als objektive Bedingung gefordert, daß die Vertragsbestimmung geeignet sein muß, Grundlage der Entscheidung eines innerstaatlichen Rechtsanwendungsorgans zu sein, ohne daß eine nähere Ausgestaltung notwendig ist.[630] Ebenso eignet sich ein Vertragsartikel, wenn er subjektive Rechte und Pflichten begründet[631] und damit die stärkste Wirkung der unmittelbaren Anwendbarkeit entfaltet. Überdies muß der Völkerrechtssatz genügend bestimmt und nicht nur Bestandteil eines

---

vgl. *Boehmer*, Der völkerrechtliche Vertrag im deutschen Recht, Köln/Berlin 1965, 77; *Maunz*, in: *Maunz/Dürig/Herzog*, Art. 59 GG Rdnr. 26; *Partsch* (FN 597), 106 ff.; *Rudolf*, Völkerrecht und deutsches Recht, Tübingen 1967, 173 ff.; a. A.: *Bleckmann*, Begriff und Kriterien der innerstaatlichen Anwendbarkeit völkerrechtlicher Verträge, Berlin 1970, 58; *Koller*, Die unmittelbare Anwendbarkeit völkerrechtlicher Verträge und des EWG-Vertrages im innerstaatlichen Bereich, Bern 1971, 120; *Zuleeg*, Die innerstaatliche Anwendbarkeit völkerrechtlicher Verträge am Beispiel des GATT und der europäischen Sozialcharta, in: ZaöRV, Bd. 35 (1975), 344 ff.; s. a. BGHZ 15, 22 ff.

[623] BFHE 73, 400, 411; RGZ 36, 183 f.; RGZ 117, 280, 284.

[624] a. A.: *Bleckmann* (FN 622), 254 f., der grundsätzlich in jeder völkerrechtlichen Vereinbarung eine innerstaatliche Norm sieht, es sei denn, bestimmte Ausschlußgründe sprechen gegen den Rechtssatzcharakter.

[625] *Koller* (FN 622), 121, m. w. Nachw. für beide Positionen 114 ff.; *Zuleeg* (FN 622), 350.

[626] *Bleckmann* (FN 622), 125 f.; *ders.*, Grundgesetz und Völkerrecht, Berlin 1975, 285; vgl. BVerfGE 30, 272, 284.

[627] s. a. Art. 31 ff. WVRK.

[628] *Koller* (FN 622), 121.

[629] *Bleckmann* (FN 626), 285.

[630] *Koller* (FN 622), 68 f.; *Zuleeg* (FN 622), 349.

[631] *Bleckmann* (FN 626), 280 f.; *Zuleeg* (FN 622), 357.

Programms sein,[632] wobei an den Grad der Bestimmtheit bei der Einräumung von Individualrechten strengere Anforderungen zu stellen sind. Für den Grad der Bestimmtheit ergeben sich unterschiedliche Maßstäbe, je nach Position zur Vertragsauslegung. Die landesrechtliche Interpretation greift auf ein Bestimmtheitsgebot zurück, das, basierend auf dem Rechtsstaatsprinzip,[633] eine hinreichende Konkretisierung erfahren hat. So müssen sich völkerrechtliche Verträge in Gesetzesrang auf einen zeitlichen, räumlichen, sachlichen und personellen Geltungsbereich beziehen und das Sollen des einzelnen und/oder der staatlichen Organe eindeutig erfassen.[634] Im Völkerrecht beginnt sich erst ein allgemeines Rechtsprinzip der Bestimmtheit herauszubilden; nur der Sachzusammenhang läßt Schlüsse auf die Bestimmtheit einer Einzelbestimmung zu[635].

Neben den objektiven Kriterien wurde bislang als subjektives Element auf den Willen der Vertragspartner zur Feststellung der unmittelbaren Anwendbarkeit hingewiesen.[636] Da die Bundesrepublik Deutschland nunmehr Vertragspartner der Wiener Vertragsrechtskonvention werden wird, stehen in Zukunft die objektiven Kriterien der unmittelbaren Anwendbarkeit im Vordergrund.[637]

c) Auch für übergesetzesrangige Völkerrechtsverträge fehlt es an der Notwendigkeit, konkrete Voraussetzungen der unmittelbaren Anwendbarkeit verfassungsgesetzlich zu fixieren. Die bislang in Rechtsprechung und Literatur entwickelten Kriterien sind ausreichend, auch übergesetzesrangigen Menschenrechtsbestimmungen die unmittelbare Rechtsanwendung zu garantieren. Ebenso scheidet im Hinblick auf den Zweck der Rangstärkung, der Bestandssicherung einiger Völkerrechtsverträge, ein Bedürfnis nach entsprechender gesetzlicher Regelung aus. Steht nationales Gesetzesrecht und internationales Übergesetzesrecht in einem logischen Widerspruch, geht uneingeschränkt die höherrangige Norm vor. Nach wie vor sollte deshalb die unmittelbare Anwendbarkeit jeder einzelnen internationalen Regelung bei Bedarf ermittelt werden. Daß sich die Anforderungen an die Rechtssatzqualität verändern könnten, daß etwa aufgrund der Nähe zu den Grundrechten an die Bestimmtheit weniger strenge Anforderungen gestellt werden, bliebe der Rechtsentwicklung vorbehalten.

---

[632] *Bleckmann* (FN 622), 305 ff.; *Zuleeg* (FN 622), 357.

[633] *Stern*, Das Staatsrecht der Bundesrepublik Deutschland Bd. I, 2. Aufl., München 1984, 829.

[634] *Ermacora*, Die Menschenrechte und der Formalismus, in: JBl., Bd. 84 (1962), 119; s. a. BVerfGE 13, 153, 160; BFHE 124, 480, 485.

[635] *Bleckmann* (FN 622), 331 f. mit Hinweis auf die Rechtsprechung des EuGH.

[636] *Koller* (FN 622), 102 ff.; a. A.: *Bleckmann* (FN 626), 281 f. m. w. Hinw. zur Diskussion.

[637] Vgl. Art. 31 ff. WVRK.

Unter Zugrundelegung der vorhergehenden Überlegungen könnte Art. 59 Abs. 2 GG wie folgt ergänzt werden:

Art. 59

(1) . . .

(2) Verträge, welche die politischen Beziehungen des Bundes regeln oder sich auf Gegenstände der Bundesgesetzgebung beziehen, bedürfen der Zustimmung oder der Mitwirkung der jeweils für die Bundesgesetzgebung zuständigen Körperschaften in Form eines Bundesgesetzes. *Völkerrechtlichen Verträgen zum Schutze der Menschenrechte und Grundfreiheiten kann die Zustimmung in dem für Grundgesetzänderungen vorgesehenen Verfahren mit der Wirkung erteilt werden, daß sie den Gesetzen vorgehen.* Für Verwaltungsabkommen gelten die Vorschriften über die Bundesverwaltung entsprechend.

III. Beispiele für internationale Menschenrechtsverträge in Übergesetzesrang

Zur Untersuchung steht nun an, ob die der österreichischen Verfassung koordinierten Menschenrechtsinstrumente in gleicher Weise geeignet sind, in Übergesetzesrang in das deutsche Recht integriert zu werden. Für die Änderung der deutschen Rechtslage steht dabei im Vordergrund, ob diese Vertragswerke aufgrund ihres Regelungsgehaltes besonders sicherungsbedürftig sind. Vermitteln sie dem einzelnen unmittelbare Rechte, belegt diese zusätzliche Qualifikation darüber hinaus die Zweckmäßigkeit ihrer Rangerhöhung.

a) Als Hauptvertragswerk, das in Österreich eine umfassende Rechtsentwicklung eingeleitet hat, bietet sich die EMRK einschließlich ihrer Zusatzprotokolle an. Ihre Eignung zur nationalen Rechtsanwendung hat die EMRK im deutschen Recht schon unter Beweis gestellt.

aa) Materiell entspricht der Regelungsgehalt der Konvention dem der deutschen Grundrechte. Das Ziel der Konvention, der Schutz der Menschenrechte und Grundfreiheiten, kommt durch die Wahl der geschützten Rechtsgüter zum Ausdruck. Ein europäischer Mindeststandard wird jedenfalls in den Bereichen aufgestellt, in denen nicht durch eine Schrankenziehung der Umfang der Rechte relativierbar ist.[638] Im Vergleich zu den nationalen Verfassungen bildet die EMRK keinen geschlossenen Katalog von Elementarrechten. Vielmehr sind einige Einzelbestimmungen sehr präzise und detailliert formuliert, um der Konvention im Hinblick auf ihre Effektivität möglichst konkrete Gestalt zu geben.

[638] *Huber*, Das Zusammentreffen der EMRK mit den Grundrechten der Verfassungen, in: *Conrad / Mikat / Nipperdey / Jahrreiß / Mosler / Salzwedel* (Hrsg.), Gedächtnisschrift für *Hans Peters*, Berlin/Heidelberg/New York 1967, 383.

Der Regelungsgehalt der Grundrechte und Konventionsartikel deckt sich teilweise inhaltlich.[639] Ursache dieser Übereinstimmung bilden Gemeinsamkeiten der universellen Erklärung der Menschenrechte, die als Entwurf bei der Ausarbeitung des Grundrechtskatalogs vorlag, und dem ihr folgenden Pakt über bürgerliche und politische Rechte, dessen Vorarbeiten 1949/50 wiederum Eingang in die EMRK fanden.[640] Des weiteren sind die europäischen Vorschriften häufig konkreter gefaßt,[641] was allerdings auch zu einer einschränkenden Anwendung führen kann[642]. Andererseits gehen Bestimmungen der EMRK über Regelungen des Grundgesetzes hinaus.[643] Insbesondere die Vorschriften zum Schutz der persönlichen Freiheit und zur Gewährleistung eines gerechten Verfahrens (Art. 5 und 6 EMRK) beinhalten umfassendere Garantien. Schließlich enthält die EMRK auch Bereiche, die vom Grundgesetz bisher nicht ausdrücklich geschützt wurden. Hier sind das Verbot der Folter und der Sklaverei zu nennen.

bb) Ganz überwiegend wird den materiell-rechtlichen Vorschriften des Abschnitts I Rechtssatzqualität zugesprochen;[644] die in Abschnitt I EMRK aufgeführten Individualrechte sind in ausreichender Weise bestimmt genug formuliert.

Vereinzelt werden darüber hinaus auch die Art. 50 und 53 EMRK als unmittelbar anwendbar angesehen.[645] Gegen die Eignung als nationale Rechtsgrundlage spricht aber, daß Art. 50, eingebettet in die Vorschriften über den Europäischen Gerichtshof für Menschenrechte, den Gerichtshof selbst zum Adressaten hat; ebenso werden in Art. 53 die vertragschließenden Parteien zur Beachtung der Urteile verpflichtet.

Eine unmittelbare Anwendbarkeit kommt außerdem für die ersten Artikel des 1. und 4. Zusatzprotokolls zur EMRK in Betracht. Beide Protokolle erweitern die in Abschnitt I festgelegten Rechte und Freiheiten um bisher nicht geregelte Materien. Der Rechtssatzcharakter der Art. 2 ff.

---

[639] z. B. Art. 7 Abs. 1 EMRK/Art. 103 Abs. 2 GG; Art. 8 EMRK/Art. 1 Abs. 1, 6 Abs. 1, 10 Abs. 1, 13 GG.

[640] *Partsch*, Bekämpfung der rassischen Diskriminierung im Rahmen des Schutzes der Menschenrechte, in: *Scheuner / Lindemann* (Hrsg.), Die Vereinten Nationen und die Mitarbeit der Bundesrepublik Deutschland, Wien 1973, 111 ff.

[641] Art. 14 EMRK / Art. 3 Abs. 3 GG.

[642] Art. 2 Abs. 2 lit. a EMRK / Art. 2 Abs. 2 GG.

[643] Art. 11 i.V.m. Art. 16 EMRK / Art. 9 GG (Art. 9 GG gilt nur für Deutsche).

[644] s. dazu *Guradze*, Die Europäische Menschenrechtskonvention, Berlin/Frankfurt 1968, 11 f., 41; *Huber* (FN 638), 391; *Stöcker*, Wirkungen der Urteile des Europäischen Gerichtshofs für Menschenrechte in der Bundesrepublik Deutschland, in: NJW, Bd. 35 (1982), 1907; a. A.: *Jescheck*, Die Europäische Konvention zum Schutz der Menschenrechte und Grundfreiheiten, in: NJW, Bd. 7 (1954), 784; vgl. auch *Partsch*, Die Rechte und Freiheiten der EMRK, in: Die Grundrechte, Bd. I/1, 266 ff.; *H. Walter*, Die Europäische Menschenrechtsordnung, Köln/Berlin 1970, 17 f.

[645] *Stöcker* (FN 644), 1907.

EMRK wurde in gleicher Weise fortgeführt.[646] Teil beider Zusatzprotokolle sind auch Verfahrensbestimmungen zum Beitrittsrecht der Vertragsstaaten, die keiner unmittelbaren Anwendung zugänglich sind.

Insgesamt kann festgestellt werden, daß die EMRK sich als übergesetzesrangiges Recht anbietet. Gewährt sie im Verhältnis zum nationalen Recht doppelten Schutz, kann sich der Berechtigte auf das Günstigkeitsprinzip berufen.[647]

b) Weiter stehen in Österreich das Übereinkommen über die politischen Rechte der Frau und die Konvention zur Beseitigung jeder Form von Diskriminierung der Frau in Verfassungsrang, die durch einen Erfüllungsvorbehalt jeweils von der unmittelbaren Anwendung ausgeschlossen werden.

aa) Ziel des Übereinkommens über die politischen Rechte ist die Sicherung der politischen Stellung der Frau. Als Ausformung des Gleichheitssatzes entspricht der Gehalt der Konvention deutschem Verfassungsrecht. Die Konkretisierung von Art. 3 GG führt zu keiner abweichenden Normierung. Aus diesem einheitlichen Schutzzweck könnte man nun folgern, für die Übernahme in Übergesetzesrang bestehe kein Anlaß. Dem ist entgegenzuhalten, daß gerade die politische Betätigung der Frau den Ansatz zur allgemeinen Gleichberechtigung bildet. Die ausdrückliche Manifestierung in privilegierter Rangstellung fördert die Gleichberechtigung vor allem auch deshalb, weil Art. 1—3 unmittelbar anwendbar sind. Dieser Vertrag ist damit als übergesetzesrangiges Recht geeignet.

bb) Eine umfassende Gleichstellung der Frau für alle gesellschaftlichen Bereiche enthält die Konvention zur Beseitigung jeder Form der Diskriminierung der Frau. Im Gegensatz zu der vorgenannten internationalen Vereinbarung sind aber nur die Staaten die Adressaten der vertraglichen Pflichten.[648] Sie haben jeweils geeignete Maßnahmen zur Vertragserfüllung zu ergreifen. Trotz dieser Ausrichtung auf die Vertragspartner sollte aufgrund der materiell-rechtlichen Parallele zu Art. 3 Abs. 2 GG eine Rangerhöhung erfolgen. Die konkrete Ausgestaltung des Gleichberechtigungsgrundsatzes macht diesen Vertrag sicherungsbedürftig.

c) Ferner wurde von den internationalen Menschenrechtsabkommen das Übereinkommen über die Beseitigung aller Formen rassischer Dis-

---

[646] Obwohl sowohl die grammatikalische, die historische (s. dazu *Partsch* (FN 644), 475 ff.) und die teleologische Auslegung von Art. 3 1. ZP einem subjektiven und allgemeinen Wahlrecht entgegenstehen, haben die Straßburger Organe dem Wahlrecht im Laufe der Zeit eine subjektivrechtliche Stellung eingeräumt; vgl. Appl. 2728/66, 6745/74, 7700/76, 8364/78, 8621/79.

[647] Art. 60 EMRK.

[648] *Delbrück*, Die Konvention der Vereinten Nationen zur Beseitigung jeder Form der Diskriminierung der Frau von 1979 im Kontext der Bemühungen um einen völkerrechtlichen Schutz der Menschenrechte, in: *v. Münch* (Hrsg.), Festschrift für *Hans-Jürgen Schlochauer*, Berlin/New York 1981, 261.

kriminierung in Österreich der Verfassung gleichgestellt. Mit einem Erfüllungsvorbehalt belegt, wird es durch ein Bundesverfassungsgesetz ausgeführt.

Als übergesetzesrangiges deutsches Recht müßte diese internationale Konvention schutzbedürftig sein. Adressaten der einzelnen Bestimmungen sind vorrangig die Vertragsstaaten; aber auch den Individuen wird jede Rassendiskriminierung untersagt. Die konkretisierende Ausgestaltung des Art. 3 GG, nämlich das Verbot der Diskriminierung eines Menschen wegen seiner Rasse, Hautfarbe, Abstammung oder seines nationalen Ursprungs, begründet aufgrund der historischen Erfahrungen die Notwendigkeit einer erschwerten Abänderbarkeit. Hinzu kommt, daß zumindest Art. 2 Abs. 1 1. Halbs.[649] subjektive Rechte begründet. Aus Art. 3 sind ebenfalls Handlungspflichten des Staates gegenüber dem einzelnen ablesbar. Eine Rangstärkung für diese internationale Vereinbarung ist somit zu befürworten.

d) Während bei den zuvor aufgeführten Völkerrechtsverträgen die Einordnung in das österreichische Verfassungsrecht keine Kritiker fand, standen einige Staatsverträge in der Diskussion, die der Nationalrat jedoch dem Gesetzesrecht zuordnete.

aa) Für den Übergesetzesrang kommt die Europäische Sozialcharta in Betracht. Sie enthält 19 soziale Grundrechte, die in dieser konkreten Ausgestaltung im Grundgesetz keine Entsprechung finden. Die unmittelbare Anwendbarkeit der Sozialcharta ist umstritten. Überwiegend wird ihr eine unmittelbare Rechtswirkung abgesprochen.[650] Zum Teil wertet man zumindest Art. 6 Ziff. 4, der kollektive Maßnahmen für Arbeitgeber und Arbeitnehmer einräumt, und Art. 18 Ziff. 4, der die Ausreisefreiheit zum Zwecke der Erwerbstätigkeit festschreibt, als subjektive Rechte.[651] Hauptargument gegen die unmittelbare Anwendbarkeit ist der Einwand, die Charta enthalte lediglich eine Verpflichtung zur Anerkennung von Rechten und keine direkte Rechtsetzung.[652] Zu beachten ist, daß daneben ein Wille der vertragschließenden Parteien, insbesondere auch der deutschen Bundesregierung[653] nachweisbar ist, wonach eine unmittelbare Anwendung in den nationalen Rechtsordnungen ausgeschlossen werden

---

[649] *Partsch*, Die Konvention zur Beseitigung der Rassendiskriminierung, in: VN 1971, 3.

[650] *Randelzhofer*, Der Einfluß des Völker- und Europarechts auf das deutsche Ausländerrecht, Berlin 1980, 28; *Wengler*, Die Unanwendbarkeit der Europäischen Sozialcharta im Staat, Bad Homburg v. d. H./Berlin/Zürich 1969, 10 ff.; *Schambeck*, Grundrechte und Sozialordnung — Gedanken zur Europäischen Sozialcharta, Berlin 1969, 97.

[651] *Bleckmann*, Allgemeine Grundrechtslehren, Berlin 1979, 30; *Zuleeg* (FN 622), 359.

[652] s. Erster Absatz des Anhangs zu Teil III der Europäischen Sozialcharta.

[653] s. Nachweis bei *Papadotos*, Journal of the International Commission of Jurists 7 (1966), 238; BT-Drucks. 1984/2117, 28.

soll. Eine Rangerhöhung trotz fehlender unmittelbarer Rechtsanwendung sicherte jedoch zumindest die international verbrieften sozialen Staatsleistungen vor dem Zugriff des einfachen Gesetzgebers. Als auslegungssteuernde Kraft der Sozialstaatsklausel käme der Charta für die Rechtsanwendung ein übergeordneter Stellenwert zu. Die sozialen Verpflichtungen des Staates nähmen auch formell eine übergeordnete Position ein.

bb) Im Gegensatz zur österreichischen Praxis könnten der Internationale Pakt über wirtschaftliche, soziale und kulturelle Rechte (Pakt I) und der Internationale Pakt über bürgerliche und politische Rechte (Pakt II) gleichfalls eine Rangstärkung erfahren.

Pakt I bildet in Erweiterung zur entsprechenden europäischen Regelung eine Welt-Sozialcharta. Schon aufgrund dieser sachlichen Parallele sollte der Sozialpakt in Übergesetzesrang eingeordnet werden.

Es stellt sich weiterhin, wie bei allen sozialen Grundsatzregelungen die Frage, ob subjektiv-öffentliche Rechte eingeräumt werden oder ob lediglich ein verfassungs- oder einfachgesetzlicher Sozialgestaltungsauftrag an Gesetzgebung und Vollziehung erteilt wird. Untersucht man die Einzelregelungen des Teils III isoliert auf ihre unmittelbare Anwendbarkeit, so sind sie teilweise hinreichend bestimmt genug, Individualrechte zu vermitteln.[654] Beachtlich ist aber für die Auslegung der Einzelvorschriften wiederum der Wille der Vertragsparteien, der sich aus der Ziel- und Zweckbestimmung des Vertrages aufzeigen läßt. Art. 2 Abs. 1 legt den Staaten die Verpflichtung auf, „nach und nach" durch geeignete Mittel, vor allem durch gesetzgeberische Maßnahmen, den Vertragsinhalt zu verwirklichen. Diese dynamische Zielvorgabe verdeutlicht, daß dem einzelnen keine unmittelbaren Rechte eingeräumt werden sollen.[655] Welche Mittel jeweils einzusetzen sind, steht im Ermessen eines jeden Vertragspartners, wobei häufig die wirtschaftsverfassungsrechtliche Konzeption die innerstaatliche Richtschnur bildet. Uneingeschränkt hat der staatliche Gesetzgeber das in Art. 2 Abs. 2 enthaltene Diskriminierungsverbot zu beachten. Trotz der fehlenden unmittelbaren Anwendbarkeit sollte die Welt-Sozialcharta ebenso wie ihre europäische Vorläuferin innerhalb der deutschen Rangordnung privilegiert werden. In diesem Zusammenhang bleibt zu erwähnen, daß mit einer Rangerhöhung der Sozialpakte keine Spannungslagen zum Grundgesetz ausgelöst würden. Diese mög-

---

[654] *Zuleeg*, Der Internationale Pakt über wirtschaftliche, soziale und kulturelle Rechte, in: RdA, Bd. 27 (1974), 327 ff.

[655] *Echterhölter*, Der Internationale Pakt über wirtschaftliche, soziale und kulturelle Rechte, in: BB, Bd. 28 (1973), 1959; *Tomuschat*, Die Bundesrepublik Deutschland und die Menschenrechtspakte der Vereinten Nationen, in: VN 1978, 2; s. a. Denkschrift der Bundesregierung zum Sozialpakt, BT-Drucks. 7/658; *Zuleeg* (FN 654), 324.

liche Rechtsfolge hatte in Österreich dazu geführt, beide Verträge vom Verfassungsrang auszuschließen. Im deutschen Recht nähme ihre Bedeutung gegenüber der geltenden Rechtslage zu. Ohne soziale Grundrechte auch im formellen Sinne zu sein, fänden sie zunehmende Verwirklichung über den staatlichen Auftrag des sozialen Rechtsstaats. Mangels unmittelbarer Anwendbarkeit wäre ihre Justiziabilität jedoch ausgeschlossen.

Typisch für den Pakt über bürgerliche und politische Rechte ist eine weitgehend konkrete Ausgestaltung der einzelnen Rechtsgüter. Teilweise geht der Schutz des Paktes II über den des Grundgesetzes und der EMRK hinaus.[656] Art. 10 enthält besondere Rechte für Gefangene; Art. 13 verbietet die unrechtmäßige Ausweisung von Ausländern; Art. 16 formuliert ausdrücklich ein Recht auf Anerkennung des Menschen als Rechtspersönlichkeit; Art. 20 spricht ein Verbot der Kriegspropaganda aus; schließlich seien für einen weitergehenden Rechtsschutz die Rechte der Kinder und Minderheiten betont. Durch die universelle Kodifikation rückt die Schutzwürdigkeit der hinzugekommenen Rechtsgüter in den Vordergrund, als Ergebnis der Erkenntnis, daß über die traditionellen Grundrechte hinaus weitere oder detailliertere Garantien notwendig sind.

Die in Teil III des Paktes aufgeführten Rechte werden teilweise als unmittelbar anwendbar angesehen.[657] Die objektive Eignung des Katalogs von unmittelbaren Rechten und Pflichten kann bejaht werden, wenn man die Regelungen der Art. 6 ff. isoliert betrachtet; die Formulierungen stehen in der Grundrechtstradition der geschriebenen Verfassungen. Teilweise deckt sich der Wortlaut mit dem der EMRK, da der Europarat bei der Ausarbeitung auf Ergebnisse der Menschenrechtskommission der Vereinten Nationen zur Erarbeitung eines universellen Vertragswerkes zurückgegriffen hat. Der unmittelbaren Anwendbarkeit steht jedoch grundsätzlich Art. 2 entgegen. Zwar spricht Absatz 1 von der Gewährleistung der in diesem Pakt anerkannten Rechte im Gegensatz zu den Verpflichtungen aus dem Weltsozialpakt, die erst „nach und nach" zu verwirklichen sind. Beiden Pakten gemeinsam ist jedoch das Anerkenntnis, den in ihnen enthaltenen Rechten durch geeignete Mittel, speziell durch gesetzgeberische Maßnahmen, zur Wirksamkeit zu verhelfen. Ein staatlicher Durchführungsakt wird von den Vertragspartnern als geeignetes Mittel zur Vertragserfüllung angeführt.

---

[656] Vgl. die Gegenüberstellung im Bericht des Sachverständigenausschusses für Menschenrechte beim Europarat zur Koexistenz der VN-Pakte über Menschenrechte und der EMRK, 230 BlgNR 14. GP, 54 = BR-Drucks. 304/73, 47 f.

[657] *Bleckmann* (FN 651), 309; *Tomuschat* (FN 655), 4; a. A. *Goose*, Der Internationale Pakt über bürgerliche und politische Rechte, in: NJW, Bd. 27 (1974), 1306; *Partsch*, Freedom of Conscience and Expression, and Political Freedoms, in: *Henkin* (Hrsg.), The International Bill of Rights, New York 1981, 209 ff.; s. a. *Schachter*, The Obligation to Implement the Covenant in Domestic Law, in: *Henkin* (Hrsg.), The International Bill of Rights, New York 1981, 311 ff.

Auch der Pakt über bürgerliche und politische Rechte ist aufgrund seines Regelungsgehalts geeignet, in Übergesetzesrang eingeordnet zu werden.

Die Untersuchung hat somit ergeben, daß sämtliche in Österreich in Verfassungsrang stehende Menschenrechtsverträge als übergesetzesrangiges deutsches Recht geeignet sind; darüber hinaus eröffnet der Übergesetzesrang auch die Möglichkeit, solche Völkerrechtsverträge zu privilegieren, denen in Österreich der Verfassungsrang versagt blieb.

IV. Auswirkungen der internationalen Menschenrechtsverträge in Übergesetzesrang auf die deutsche Rechtsordnung

1. Die Erweiterung der deutschen Rechtsquellenordnung

Durch die Schaffung von übergesetzesrangigem Völkervertragsrecht würde die deutsche Stufenordnung des geschriebenen Rechts erweitert, die gegenwärtig aus generell-abstrakten Normen auf Verfassungs-, Gesetzes- und Verordnungsebene besteht. Internationale Menschenrechtsinstrumente hätten fortan die gleiche Stellung innerhalb der deutschen Rechtsordnung wie die allgemeinen Regeln des Völkerrechts.[658]

a) Das Rechtsverhältnis der übergesetzesrangigen Vertragsnormen zum Grundgesetz würde sich von der gegenwärtigen Rechtslage nicht wesentlich unterscheiden. Nach wie vor bliebe das Grundgesetz die dominierende Rechtsgrundlage, die den internationalen und nationalen niederrangigen Rechtsnormen vorginge. Eine gleichberechtigte kumulative Rechtsanwendung bei inhaltlicher Konkurrenz von internationalen und nationalen Grundrechten scheiterte an der unterschiedlichen Rangeinordnung. Über eine auslegungssteuernde Wirkung der einschlägigen internationalen Vertragsartikel bei der Grundrechtsanwendung käme es gleichwohl zu einer Einflußnahme durch internationale Menschenrechte.

b) Weitergehenden Einfluß nähmen die übergesetzesrangigen Völkerrechtsverträge jedoch auf niederrangiges Recht, speziell auf Gesetzesrecht.

Soweit die einschlägigen Menschenrechtsartikel zur Rechtsanwendung geeignet sind, müßten die staatlichen Organe sie anwenden. Ohne mit der Verfassung auf einer Stufe zu stehen, gingen die unmittelbar anwendbaren Vorschriften den gesetzlichen Bestimmungen vor. Sämtliche niederrangigen Rechtsnormen würden bei widersprechendem Inhalt verdrängt. Die Rechtmäßigkeit des Verwaltungshandelns hinge bei einem

---

[658] Vgl. *Geck*, Das Bundesverfassungsgericht und die allgemeinen Regeln des Völkerrechts, in: *Starck* (Hrsg.), Festgabe aus Anlaß des 25-jährigen Bestehens des Bundesverfassungsgerichts, Bd. II, Tübingen 1976, 125 ff.

logischen Widerspruch zwischen Gesetzes- und Vertragsrecht von der Vereinbarkeit mit den internationalen Menschenrechtsartikeln ab. Die Rechtsprechung hätte neben dem Verfassungsrecht das privilegierte Vertragsrecht zur Entscheidungsfindung heranzuziehen. Auch gegenwärtig finden völkerrechtliche Verträge als in Gesetzesrang stehend Eingang in die Rechtsprechung, sei es als Anspruchsnorm oder zur Auslegung nationalen Rechts.[659] Überdies werden insbesondere die Entscheidungen der Straßburger Instanzen von der nationalen Rechtsprechung berücksichtigt, wenn auch ohne einheitliches Konzept.[660] Zukünftig käme der Rechtsprechung jedoch die Aufgabe zu, den von den Straßburger Organen, die als einzige internationale Instanzen vergleichbar der innerstaatlichen Judikative über den europäischen Menschenrechtsschutz urteilen, dynamisch weiterentwickelten Rechten der EMRK verstärkt Beachtung zu schenken. Schließlich müßte der Gesetzgeber die rangerhöhten Vertragsbestimmungen ebenso wie das Grundgesetz im Sinne von Schranken würdigen. Die in den Menschenrechtskodifikationen enthaltenen Gesetzesvorbehalte begrenzten die Eingriffe sowohl in Grundrechte als auch in durch die internationalen Vertragsnormen geschützten Rechtsgüter.

2. *Zunehmende Internationalisierung der deutschen Rechtsordnung*

Die Rangstärkung hätte neben ihren unmittelbaren Wirkungen auf die Rechtsanwendung auch mittelbare Folgen.

Nach außen würde der internationalen Rechtsgemeinschaft mit der Rangerhöhung ebenso wie durch das österreichische Modell größtmögliche Solidarität signalisiert. Der Übernahme dieses wichtigen Teils des internationalen Vertragsrechts auf die im deutschen Recht zulässige höchste Ebene käme für die internationale Menschenrechtspolitik eine weitreichende Integrationswirkung zu.

Ein Internationalisierungsprozeß der nationalen Rechtsordnung konnte in Österreich trotz der verfassungskoordinierten Stellung zahlreicher Vertragsnormen in einer zögernden, wenn auch stetig zunehmenden Anwendung der internationalen Rechtsquellen nachgewiesen werden. Im deutschen Recht brächte die Privilegierung des internationalen Menschenrechtsschutzes eine Fortschreibung der bereits existierenden Internationalisierung mit sich. Schon zum gegenwärtigen Zeitpunkt korrespondiert die bewußte Entscheidung für eine „offene Staatlichkeit"[661] der

---

[659] BVerfGE 18, 112, 118; 27, 71, 82; 31, 56, 67 f.; 39, 1, 94 f., wo die EMRK im Zusammenhang mit der Rechtsprechung des VfGH zitiert wird; BVerfGE 45, 187, 201; 63, 197, 211; BGHSt 14, 358, 359; 18, 136, 139 f.; 23, 82, 84 f. ebenfalls mit Bezug auf Österreich; BVerwGE 3, 235, 236; 5, 153, 160; 38, 87, 88; 65, 188, 195.

[660] *Ress*, Die EMRK und die Vertragsstaaten, in: Europäischer Menschenrechtsschutz, 280 ff. m. w. Nachw.

[661] *Vogel*, Die Verfassungsentscheidung des Grundgesetzes für eine internationale Zusammenarbeit, Tübingen 1964, 42.

Bundesrepublik Deutschland mit einer Beeinflussung des Rechts durch internationale Einbindungen.[662] Die „weitgehende Umklammerung des Staates"[663] durch internationale Entscheidungsformen bedingt eine Verflechtung nationalen und internationalen Rechts auch im innerstaatlichen Bereich. Naturgemäß steht dabei eine rechtliche Verknüpfung von Rechtsinhalten im Vordergrund, die sich materiell entsprechen. Bei den Grund- und Menschenrechten kommt es deshalb zu einer umfassenden Wechselwirkung. Den kooperativen Verfassungsstaat trifft die Pflicht der Grundrechtsverwirklichung nach außen.[664] Dem entspricht nach innen die Beeinflussung des Verfassungswandels durch die Erweiterung des Verfassungsverständnisses um internationale Inhalte.[665]

Die Tendenz der Internationalisierung fände ihre Fortsetzung in der Rangerhöhung. Zum einen erführe der Grundsatz der Völkerrechtsfreundlichkeit eine Festigung. Während gegenwärtig diesem Grundsatz als Bestandteil der verfassungsrechtlichen Ordnung keine sachliche Gewichtung zu entnehmen ist, sondern allgemein die internationale Wertordnung bei geeigneten Tatbeständen als auslegungssteuerndes Element angewendet wird, läge in Zukunft ein Schwerpunkt auf dem Menschenrechtsschutz. Ein Abbau der Verfassungshoheit aufgrund der Überlagerung mit internationalen Werten muß jedoch nicht befürchtet werden, da die staatliche Grundnorm als ranghöchstes Recht formal unangetastet bleibt.

Zum anderen käme es zu einer Beeinflussung der auswärtigen Gewalt. In Österreich versagt das Verständnis der Grundrechte als Abwehrrechte sowie die Verpflichtung zur immerwährenden Neutralität der auswärtigen Gewalt eine offizielle aktive Menschenrechtspolitik. Der Status der Neutralität verbietet nicht den Eintritt für die Menschenrechte, doch empfehlen sich anstelle von offiziellen Äußerungen zu Menschenrechtsverletzungen diskretere Formen der auswärtigen Politik.[666] Demgegenüber wird dem geltenden deutschen Recht schon heute teilweise eine Pflicht zur Verwirklichung der Grundrechte durch die auswärtige Gewalt entnommen. Welche Handlungsformen unter die auswärtige Gewalt fallen, läßt sich nicht abschließend definieren. Jedenfalls umfassen die auswärtigen Angelegenheiten neben der Ausübung staatlicher Funktionen mit Außenwirkung[667] sämtliche sonstigen Beziehungen, die

---

[662] *Fiedler*, Auswärtige Gewalt und Verfassungsgewichtung, in: *v. Münch* (Hrsg.), Festschrift für *Hans-Jürgen Schlochauer*, Berlin / New York 1981, 67.

[663] *Tomuschat* (FN 611), 57.

[664] *Häberle* (FN 615), 173.

[665] *Fiedler* (FN 662), 72.

[666] So *Wildhaber*, Menschenrechte — Föderalismus — Demokratie und die verfassungsrechtliche Verankerung der Außenpolitik, in: *Häfelin / Haller / Schindler* (Hrsg.), Festschrift für *Werner Kägi*, Zürich 1979, 440, mit Hinweis auf die schweizerische Außenpolitik.

[667] *Bleckmann* (FN 626), 201.

sich aus der Stellung des Staates als Völkerrechtssubjekt zu anderen Völkerrechtssubjekten ergeben[668]. Eine aktive Menschenrechtspolitik durch die vielfältigen Formen auswärtiger Beziehungen kann gegenwärtig auf die Präambel, Art. 1 Abs. 2 GG sowie auf Art. 24 ff. GG gestützt werden.[669] Gegen eine einseitige Bindung insbesondere an die Menschenwürde ohne Rücksicht auf die eigenstaatlichen Interessen[670] sprechen andere gleichberechtigte Staatsinteressen.[671] Ebenso lassen sich politische Gründe gegen eine einseitige Ausrichtung der auswärtigen Gewalt anführen.[672] Deshalb werden, ausgehend von einem weiten Gestaltungsspielraum der auswärtigen Politik[673], innerhalb eines Abwägungsvorgangs die kollidierenden Allgemeininteressen in Relation zur Grundrechtsverwirklichung gesetzt[674].

Hebt man nun die internationalen Menschenrechtsverträge in Zwischenrang, begründet dies für die auswärtige Gewalt zwar noch keinen Verfassungsauftrag zu einer offensiven Menschenrechtspolitik. Auswärtige Beziehungen werden weniger von rechtlichen als von zweckmäßigen Kriterien bestimmt. In seiner Rechtsprechung hat das Bundesverfassungsgericht ausdrücklich auf den weiten Rahmen der politischen Erwägungen hingewiesen.[675] Dennoch erführe der Gestaltungsspielraum der auswärtigen Gewalt eine sachliche Eingrenzung. Der Menschenrechtsschutz als eine außenpolitische Handlungsmaxime beinhaltete, daß die Teilnahme am diplomatischen Verkehr, die völkerrechtlichen Vertragshandlungen, der Schutz der Staatsangehörigen sowie die Bereinigung von internationalen Streitigkeiten als Hauptbereiche der außenpolitischen Aktivitäten[676] jeweils auch unter dem Aspekt des Menschenrechtsschutzes zu sehen sind. Die Akte der auswärtigen Gewalt stünden unter dem wachsenden Einfluß des Gedankens einer aktiven Menschenrechtspolitik. Bei der Abwägung mit anderen im Konflikt stehenden staatlichen Interessen müßte dem Menschenrechtsschutz ein größerer Stellenwert als gegenwärtig eingeräumt werden, ohne daß gleichzeitig einer formalisierten Rechtspflicht zu folgen wäre.

---

[668] *Maunz*, in: *Maunz / Dürig / Herzog*, Art. 32 GG Rdnr. 1; *Rojahn*, in: *v. Münch*, Art. 32 GG Rdnr. 2; gegen eine solche Begrenzung: *Fastenrath*, Auswärtige Gewalt im offenen Verfassungsstaat, in: *Dittmann / Kilian* (Hrsg.), Kompetenzprobleme der Auswärtigen Gewalt, Tübingen 1982, 18 ff., 24; *Fiedler* (FN 662), 63 ff.

[669] *Tomuschat* (FN 611), 42 ff.

[670] So aber *Tomuschat* (FN 611), 62 Leitsatz 11 a; *Vogel*, ebd., (Diskussionsbeitrag), 163.

[671] *Geck, ebd.* (Diskussionsbeitrag), 144, 160; kritisch auch der Diskussionsbeitrag von *Zacher, ebd.* 135.

[672] *Roellecke*, ebd. (Diskussionsbeitrag), 165.

[673] BVerfGE 40, 141 ff.; 55, 349, 365 ff.

[674] *Bleckmann* (FN 651), 201.

[675] BVerfGE 5, 85, 126 ff.; 12, 45, 51 f.

[676] *Weiß*, Auswärtige Gewalt und Gewaltenteilung, Berlin 1971, 56.

3. *Die Auswirkungen auf die Rechtsprechung des Bundesverfassungsgerichts*

Schließlich könnten die internationalen Vertragsbestimmungen über die Rechtsprechung des Bundesverfassungsgerichts verstärkt Eingang in das deutsche Recht finden. Eine solche Rechtswirkung setzte jedoch voraus, daß diese übergesetzesrangigen Normen Prüfungsgegenstand und Prüfungsmaßstab für Verfahren vor dem höchsten deutschen Gericht werden.

a) In der Praxis des österreichischen Verfassungsgerichtshofes hat es bislang keine Überprüfung der Rechtswidrigkeit von verfassungskoordinierten Staatsverträgen gegeben. Gemäß Art. 140 a B-VG ist das oberste Gericht dazu berufen, die Rechtswidrigkeit eines verfassungsrangigen Staatsvertrages festzustellen. Eine Fehlerhaftigkeit kann auf formellen Mängeln beruhen oder sich aus einem Verstoß gegen die grundlegenden Prinzipien der Bundesverfassung herleiten, die einer Volksabstimmung vorbehalten sind.[677]

Die gegenwärtige Rechtslage ermöglicht es dem deutschen Bundesverfassungsgericht, ein Zustimmungsgesetz innerhalb eines Organstreits sowie im Rahmen eines Bund - Länder - Streits auf seine Übereinstimmung mit dem Grundgesetz zu überprüfen.[678] Vorrangige Bedeutung im Zusammenhang mit der Verfassungsmäßigkeit eines Vertragsgesetzes kommt der abstrakten[679] und konkreten[680] Normenkontrolle und der Verfassungsbeschwerde[681] zu. Keines der einzelnen Verfahren ist ausdrücklich im Grundgesetz für völkerrechtliche Verträge vorgesehen. Das Bundesverfassungsgericht hat seine Zuständigkeit zur verfassungsrechtlichen Kontrolle jedoch aus verfahrensrechtlichen Vorschriften abgeleitet,[682] vor allem aus der Zustimmung des Parlaments in Form eines Gesetzes[683].

Ordnet man nun bestimmte Verträge mittels eines Zustimmungs-Verfassungsgesetzes mit erhöhtem Rang in das deutsche Recht ein, ergibt sich für die Kompetenz des Bundesverfassungsgerichts nichts anderes: Auch eine solche Rechtsnorm muß der verfassungsgerichtlichen Prüfung zugänglich sein.

---

[677] s. zum Umfang einer Verfassungsgesamtänderung durch Staatsverträge S. 58 f.

[678] *Bernhardt*, Grundgesetz und völkerrechtliche Verträge, in: *Starck* (FN 658), 170 f., 173.

[679] BVerfGE 1, 396 ff.; 4, 157 ff.; 36, 1 ff.; a. A. *Kaufmann*, Normenkontrollverfahren und völkerrechtliche Verträge, in: *v. d. Heydte* (Hrsg.), Festschrift für *Walter Jellinek*, München 1955, 453.

[680] BVerfGE 12, 281 ff.; 14, 1 ff.; 18, 353 ff.; 29, 348 ff.; 30, 272 ff.

[681] BVerfGE 6, 290 ff.; s. a. 40, 141 ff.

[682] *Rupp*, Die Überprüfung völkerrechtlicher Verträge durch das Bundesverfassungsgericht, in: EuGRZ, Bd. 1 (1974), 97 f.

[683] BVerfGE 1, 396, 410 f.

Theoretisch kommen die auf gesetzesrangige Verträge anzuwendenden Verfahren zur Anwendung. In diesem Zusammenhang wird relevant, welche formellen und materiellen Schranken des Grundgesetzes den Prüfungsumfang bestimmen, da die Mitwirkung des Parlaments dem Verfahren der Verfassungsgesetzgebung angeglichen ist. Uneingeschränkt müssen die formellen Voraussetzungen des Art. 79 GG beachtet worden sein, auf die in Art. 59 Abs. 2 S. 2 (n. F.) GG verwiesen wird. Eine Überprüfung auf die materielle Übereinstimmung mit der Verfassung hat dagegen im gleichen Umfang zu erfolgen wie bei gesetzesrangigen Völkerrechtsverträgen. Abzustellen ist dabei auf den Rang der Menschenrechtsinstrumente innerhalb der deutschen Rechtsordnung. Als unterhalb der Verfassung stehend müßten sie wie sonstiges niederrangiges Recht mit der Grundnorm konform gehen. Das für die Übernahme in das innerstaatliche Recht gewählte Verfahren, das dem der Verfassungsgesetzgebung entspricht, rechtfertigt allein nicht, sie von einer solchen inhaltlichen Kontrolle auszunehmen. Die Einbindung in die staatliche Normenhierarchie ist vielmehr entscheidend. Für diese im Mittelpunkt des Interesses stehende Vertragsgruppe dürfte allerdings die praktische Relevanz einer verfassungsgerichtlichen Kontrolle gering bleiben.

b) Die grundlegende Frage ist jedoch die nach der Zuständigkeit des Bundesverfassungsgerichts, übergesetzesrangige Menschenrechtsverträge als Prüfungsmaßstab einzusetzen.

Die Rechtsprechung des österreichischen Verfassungsgerichtshofes, der die Akte der Gesetzgebung und Vollziehung auf ihre Verfassungsmäßigkeit überprüft, stützt ihre Entscheidungsfindung, wenn auch zögernd, auf die unmittelbar anwendbaren Vorschriften der EMRK. Obwohl der Verfassungsgerichtshof die EMRK als Rechtsgrundlage zunehmend beachtet und die Judikatur der Straßburger Instanzen zumindest auch mittelbar in denjenigen Fällen, in denen Österreich Partei ist, respektiert, besteht darüber hinaus Zurückhaltung. Die dynamische Auslegung der Vertragsbestimmungen durch die rechtsprechenden Organe der EMRK bleibt weitgehend unberücksichtigt. Diese zurückhaltende Einstellung erklärt sich aus dem Grundrechtsverständnis des Verfassungsgerichtshofs. Gleichzeitig kann man unterstellen, daß die widerstrebende Haltung auch auf dem Unbehagen beruht, als oberstes österreichisches Verfassungsorgan von internationalen Entscheidungsgremien präjudiziell beeinflußt worden zu sein. Insoweit besteht ein Widerspruch zwischen der Integration internationaler Verträge als formelles Verfassungsrecht und ihrer effektiven Rechtsanwendung.

Auch in der Bundesrepublik Deutschland wurde der Versuch gemacht, die EMRK zum Prüfungsmaßstab einer Verfassungsbeschwerde zu machen[684], der aber an dem Wortlaut des § 90 BVerfGG und später des Art. 93 Abs. 1 Nr. 4 a GG scheitern mußte.[685] Gleichwohl bezieht das Bundesverfassungsgericht die EMRK vereinzelt in seine Argumentation mit ein.[686] Vor allem zur Konkretisierung des Rechtsstaatsprinzips wird aus Gründen der Rechtssicherheit eine weitergehende Heranziehung der Art. 5 und 6 EMRK befürwortet.[687]

aa) Stünden nun die EMRK sowie die sonstigen geeigneten Menschenrechtsinstrumente in Übergesetzesrang, käme dem Bundesverfassungsgericht keine Kompetenz zu, sämtliche niederrangigen Rechtsakte der Legislative, Exekutive und Judikative auf ihre Übereinstimmung mit den internationalen Vertragsregeln zu überprüfen. Prüfungsmaßstab des Bundesverfassungsgerichts sind gegenwärtig grundsätzlich nur Normen des formellen Verfassungsrechts, von Ausnahmen innerhalb der einzelnen Verfahren einmal abgesehen. Trotz der Rangstärkung der Menschenrechtsverträge bliebe es dem einzelnen wie bisher versagt, eine Verfassungsbeschwerde unmittelbar auf einen Vertragsartikel zu stützen.

Um auch die privilegierten Verträge zur Entscheidungsgrundlage des höchsten deutschen Gerichts zu machen, ist an die Neuschaffung einer umfassenden Kompetenz beim Bundesverfassungsgericht zu denken. Mit der Folge einer weitgehenden Konzentration von Rechtsstreitigkeiten mit völkerrechtlichem Bezug könnte Art. 100 Abs. 2 GG entsprechend erweitert werden.

Dagegen läßt sich die bewährte Rechtspraxis der Zuständigkeit sämtlicher nachgeordneter Gerichte für völkerrechtliche Fragen außerhalb von Art. 100 Abs. 2 GG anführen. Gegenwärtig hat jeder Richter die Kompetenz, die für die Entscheidungsfindung wesentlichen Rechtsakte auf ihre Vereinbarkeit mit höherrangigem Recht, somit auch mit Völkerrecht zu untersuchen. Zu der richterlichen Zuständigkeit gehört auch die Prüfung und gegebenenfalls die Verwerfung von untergesetzlichen Rechtsnormen, wenn diese mit höherrangigen Rechtssätzen kollidieren. Ordnet man nun das Völkervertragsrecht in Übergesetzesrang ein, bildet dieses weiterhin einen gültigen Prüfungsmaßstab für Verordnungsrecht und individuelle Rechtsakte. Bei Beibehaltung der Zuständigkeiten wäre

---

[684] *Guradze*, Kann die Verfassungsbeschwerde auf eine Verletzung der Konvention zum Schutze der Menschenrechte gestützt werden?, in: DÖV, Bd. 13 (1960), 286 ff.; *Klug*, Das Verhältnis zwischen der Europäischen Menschenrechtskonvention und dem Grundgesetz, in: *Conrad / Mikat / Nipperdey / Jahrreiß / Mosler / Salzwedel* (FN 638), 443; s. a. *Ress* (FN 612), 52 FN 223; *Seibert*, Europäische Menschenrechtskonvention und Bundesverfassungsgericht, in: *Vogel / Simon / Podlech* (Hrsg.), Festschrift für *Burkhard Hirsch*, Baden-Baden 1981, 520 f.

[685] BVerfGE 6, 389, 440; 10, 271, 274; 41, 126, 149; 64, 135, 157.

[686] BVerfGE 19, 342, 348; 27, 71, 82; 63, 266, 303.

[687] *Seibert* (FN 684), 523 ff.

zwar auch in Zukunft keine einheitliche nationale Rechtsprechung zu völkerrechtlichen Sachverhalten gewährleistet, aber aufgrund der instanzlichen Kontrolle müßte jedenfalls keine Rechtsschutzverkürzung befürchtet werden. Die Verlagerung der gesamten Rechtsprechung mit internationalem Menschenrechtsbezug auf das Bundesverfassungsgericht widerspräche des weiteren der Position dieser Verträge unterhalb des formellen Verfassungsrechts. Das Bundesverfassungsgericht hat Verfassungsorganqualität.[688] Seine Funktion ist im wesentlichen die gerichtliche Garantie am Maßstab der rechtlichen Grundordnung des Staates.[689] Die generelle Erweiterung des Prüfungsmaßstabs um übergesetzesrangige Menschenrechtsverträge ginge über die eigentliche Aufgabe der Verfassungsgerichtsbarkeit hinaus. Im übrigen verstärkte die allgemeine Zuständigkeit des Bundesverfassungsgerichts dessen Überlastung. Ohne Änderung der gerichtlichen Kompetenzen sollten deshalb wie bisher die übrigen Gerichte dazu berufen bleiben, die menschenrechtlichen Vertragsbestimmungen als Entscheidungsgrundlage heranzuziehen. Voraussetzung hierfür ist allerdings, daß die vorrangigen internationalen Rechtsgrundlagen bekannt und gleichzeitig akzeptiert werden, eine in Österreich nur langsam nachweisbare Folge der privilegierten Rangeinstufung.

Obwohl die ordentlichen Gerichte und die sonstigen Gerichte Verordnungsrecht wegen Unvereinbarkeit mit höherrangigem Recht, also mit Verfassungs- und Gesetzesrecht, verwerfen können und dem Bundesverfassungsgericht dieses Verwerfungsrecht bezüglich verfassungswidriger Bundesgesetze zukommt, fehlt es an einer entsprechenden gerichtlichen Kompetenz, Bundesgesetze auf ihre Vertragskonformität zu kontrollieren. Um übergesetzesrangige Menschenrechtsverträge als Prüfungsmaßstab auch für Gesetze zu gewinnen, bedarf es einer neuen gerichtlichen Zuständigkeit.

bb) Somit stellt sich die Frage, welches Gericht diese Rechtsschutzlücke schließen sollte.

Die Notwendigkeit der Übereinstimmung von niederrangigem mit höherrangigem Recht resultiert aus der Normenhierarchie der Rechtsordnung, die auf einer Grundnorm basiert. Aufgund der Gleichwertigkeit der nationalen und internationalen Normen nach deren Übernahme in das deutsche Recht hat jeweils das höherrangige Recht unabhängig von seiner Herkunft die Richtschnur für die Rechtmäßigkeit nachgeordneten Rechts zu bilden. Daß auch tatsächlich Normenkonflikte zwischen deutschen Gesetzen und internationalen Menschenrechtsbestimmungen bestehen können, verdeutlichen die Verfahren vor der höchsten Straß-

---

[688] *Hesse* (FN 593), Rdnr. 670.

[689] *Stern*, Das Staatsrecht der Bundesrepublik Deutschland, Bd. II, München 1980, 944; *Wahl*, Der Vorrang der Verfassung, in: Der Staat, Bd. 20 (1981), 486.

burger Instanz, bei denen die Bundesrepublik Deutschland unterlegen ist[690].

Auszugehen ist bei der Schaffung eines neuen Verfahrens davon, daß das Recht der Normenkontrolle für förmliche Gesetze bislang bei den Verfassungsgerichten konzentriert ist. Aus Gründen der Rechtseinheit und Rechtssicherheit hat der Verfassungsgeber das Verwerfungsrecht bei den Verfassungsgerichten monopolisiert.[691] Anknüpfend an diese systematischen Erwägungen kann es für die gerichtliche Kontrolle von Gesetzen auf ihre Vertragsmäßigkeit kein aufgesplittertes Prüfungs- und Verwerfungsrecht sämtlicher Gerichte geben. Ebenso wie bei einem Verstoß von Gesetzesrecht gegen die allgemeinen Regeln des Völkerrechts gemäß Art. 25 GG bedarf es deshalb einer vergleichbaren Kompetenz des Bundesverfassungsgerichts, Gesetze auf ihre Vertragskonformität zu untersuchen.

cc) Eine ausdrückliche Übertragung dieser Zuständigkeit auf das Bundesverfassungsgericht ist jedoch nur dann geboten, wenn insoweit tatsächlich eine Regelungslücke besteht.

Der Widerspruch von einfachen Bundesgesetzen zu übergesetzesrangigen Völkerrechtsverträgen könnte gleichzeitig eine Verfassungswidrigkeit zur Folge haben und damit unmittelbar die geltenden Verfahrensvoraussetzungen der abstrakten beziehungsweise konkreten Normenkontrolle erfüllen. Prämisse eines solchen Verfassungsverstoßes wäre, daß die Kollision von rangverschiedenem Recht eine Verletzung der angeregten Vorrangregel nach sich zöge. Die Rangregel müßte Maßstab der Verfassungsmäßigkeit werden können. Verfassungswidrigkeit bedeutet einen inhaltlichen Widerspruch der niederrangigen zur höchstrangigen Norm. Kollidierte nun ein Bundesgesetz mit einer übergesetzesrangigen Menschenrechtsbestimmung, so läge darin kein unmittelbarer Verstoß gegen das Grundgesetz. Vielmehr käme durch die Vertragsverletzung die verfassungsrechtliche Vorrangregel erst zum Tragen. Eine Verfassungswidrigkeit läge nur dann vor, wenn Art. 59 Abs. 2 S. 2 (n. F.) GG selbst inhaltlich abgeändert würde. Ein Verfassungsverstoß durch eine Vertragswidrigkeit kann deshalb nicht angenommen werden.

Des weiteren könnten unter dem Gesichtspunkt, daß das Bundesverfassungsgericht in den Normenkontrollverfahren nicht nur formelles Verfassungsrecht, sondern auch Bundesrecht als Prüfungsmaßstab einsetzt, übergesetzesrangige Menschenrechtsverträge in vergleichbarer Weise Anwendung finden. Zur Feststellung der Bundesrechtmäßigkeit von Lan-

[690] z. B. Fall König, EuGRZ, Bd. 3 (1976), 406 ff.; Fall Luedicke u. a., EuGRZ, Bd. 6 (1979), 34 ff.; Fall Öztürk, NJW, Bd. 38 (1985), 1273 ff.

[691] *Maunz*, in: *Maunz / Dürig / Herzog*, Art. 100 GG Rdnr. 4; *Meyer*, in: *v. Münch*, Art. 100 GG Rdnr. 2; *Stern*, in: Bonner Kommentar, Art. 100 GG Rdnr. 18.

desrecht werden gegenwärtig auch die allgemeinen Regeln des Völkerrechts herangezogen, soweit ihre Existenz zweifelsfrei ist.[692] Nach der angeregten Rangeinstufung der Menschenrechtsverträge bestehen deshalb keine Zweifel, daß diese Völkerrechtsquellen gleichfalls zur Rechtmäßigkeitskontrolle von Landesrecht herangezogen werden könnten. Als Prüfungsmaßstab von Bundesgesetzen scheiden die übergesetzesrangigen Vertragsnormen nach geltendem Recht jedoch aus. Innerhalb der abstrakten Normenkontrolle wird zwar eine Überprüfung von untergesetzlichem Bundesrecht an einfachen Bundesgesetzen mit dem Hinweis auf § 76 BVerfGG befürwortet.[693] Diese Differenzierung läßt sich aber nicht für die anstehende Problematik nutzbar machen, da es um die Bundesgesetze selbst als Prüfungsgegenstand geht.

Die gegenwärtig existierenden Normenkontrollverfahren eröffnen demnach keine Möglichkeit, Normenkonflikte von Bundesgesetzen mit höherrangigem Völkerrecht zu lösen.

dd) Von Relevanz ist daher, welches der existierenden verfassungsgerichtlichen Normenkontrollverfahren als erweiterungsfähig geeignet ist.

Einerseits besteht eine offensichtliche Parallele zu den Normenkontrollverfahren gemäß Art. 93 Abs. 1 Ziff. 2 und Art. 100 Abs. 1 GG; andererseits ist aufgrund des völkerrechtlichen Bezugs an eine Zuordnung zu Art. 100 Abs. 2 GG zu denken.

Auszugehen ist bei der Bestimmung der neuen Zuständigkeit des Bundesverfassungsgerichts aus Gründen der Einheitlichkeit von der geltenden Rechtslage im Zusammenhang mit den allgemeinen Regeln des Völkerrechts. Verstößt ein Bundesgesetz gegen eine gemäß Art. 25 GG innerstaatlich geltende allgemein anerkannte Regel des Völkerrechts, ohne daß diese ungeschriebene Rechtsquelle in ihrer Existenz bestritten ist, so werden sowohl die klassischen Normenkontrollverfahren als auch das Verfahren gemäß Art. 100 Abs. 2 GG als einschlägig angesehen.

Die überwiegende Ansicht wendet Art. 93 Abs. 1 Ziff. 2 bzw. Art. 100 Abs. 1 GG an, wenn deutsche Gesetze mit dem ungeschriebenen Völkerrecht kollidieren.[694] Aufgabe dieser verfahrensrechtlichen Zuständigkeiten

---

[692] *Maunz*, in: *Maunz / Dürig / Herzog*, Art. 100 GG Rdnr. 43; *Meyer*, in: *v. Münch*, Art. 100 GG Rdnr. 24; *Ulsamer*, in: *Maunz / Schmidt-Bleibtreu / Klein / Ulsamer*, Das Bundesverfassungsgerichtsgesetz, München, Stand: 1979, § 80 Rdnr. 151; *Stern*, in: Bonner Kommentar, Art. 100 GG Rdnr. 221 ff.; s. schon *Ipsen*, Grundgesetz und richterliches Prüfungsrecht, Deutsche Verwaltung 1948/49, 486, 490.

[693] *Stern*, in: Bonner Kommentar, Art. 93 GG Rdnr. 264 m. w. Nachw.

[694] *Friesenhahn*, Die Verfassungsgerichtsbarkeit in der Bundesrepublik Deutschland, in: *Mosler* (Hrsg.), Verfassungsgerichtsbarkeit in der Gegenwart, Länderbericht, Köln/Berlin 1962, 149; *Leibholz / Rinck*, Kommentar zum Bundesverfassungsgerichtsgesetz, Köln 1968, § 80 Rdnr. 15; *Maunz*, in: *Maunz / Dürig / Herzog*,

ist es, Kollisionen innerhalb der staatlichen Normenhierarchie festzustellen und die rechtswidrige Norm zu verwerfen.[695] Aus diesem systematischen Zusammenhang heraus sei die Überprüfung von originärem nationalen Recht auf seine Übereinstimmung mit den übernommenen allgemeinen Völkerrechtsregeln Gegenstand eines Normenkontrollverfahrens im eigentlichen Sinne.

Demgegenüber spricht sich *Stern* gegen die völlige Gleichstellung der allgemeinen Völkerrechtsregeln mit dem originären staatlichen Recht im Hinblick auf das Verfahren der Normenverifikation (Art. 100 Abs. 2 GG) aus.[696] Dieses Normenkontrollverfahren im weiteren Sinne beschäftigt sich mit Zweifelsfragen der Existenz, inhaltlichen Tragweite und dem Adressatenkreis einer allgemeinen Regel innerhalb eines konkreten Rechtsstreits.[697] In den Vordergrund der Eignung dieses Verfahrens stellt *Stern* die völkerrechtliche Herkunft der als Maßstab anzuwendenden Normen. Ebenso wie bei der Feststellung der Gültigkeit von ungeschriebenen Völkerrechtsquellen das Bundesverfassungsgericht völkerrechtliche Auslegungsmethoden anwenden müsse, bildeten bei der Prüfung von Kollisionen mit nationalem Recht völkerrechtliche Norminhalte den Gegenstand des Verfahrens.[698] Vor allem Zweckmäßigkeitserwägungen wie die Verfahrenskonzentration von Völkerrechtsfragen bei einem Senat sowie die „Effektivierung des Völkerrechts"[699] sprächen dafür, die Kollisionsprüfung in das Verfahren gemäß Art. 100 Abs. 2 GG zu integrieren.

Bei der Beantwortung der Frage, welches Verfahren sich anbietet, zukünftig die Normenkontrolle im Verhältnis zu den übergesetzesrangigen Menschenrechtsverträgen aufzunehmen, kann an diese Diskussion angeknüpft werden. Obwohl aufgrund der gleichberechtigten Eingliederung der privilegierten Menschenrechtsverträge die Normenkontrollverfahren im engeren Sinne geeignet sind, sollte durch die Erweiterung des Verfahrens gemäß Art. 100 Abs. 2 GG die Tendenz zur Konzentration von Sachverhalten mit völkerrechtlichem Bezug in einem Verfahren fortgesetzt werden. Während sodann die eigentlichen Normenkontrollverfahren ihre Entscheidungen maßgeblich auf die Grundrechte und die verfassungsmäßige Ordnung im übrigen stützten, bildeten in dem Verfahren gemäß Art. 100 Abs. 2 GG Rechtsquellen völkerrechtlichen Ursprungs die Grundlage der Entscheidungsfindung. Die Herkunft der Rechtsquellen, die den Prüfungsmaßstab darstellen, wäre das entscheidende Kriterium für die verfassungsgerichtliche Zuständigkeit. Eine Integration in das Verfahren

---

Art. 100 GG Rdnr. 43; *Meyer*, in: *v. Münch*, Art. 100 GG Rdnr. 24; *Ulsamer* (FN 692), § 80 Rdnr. 151.

695 *Hesse* (FN 593), Rdnr. 682.

696 *Stern*, in: Bonner Kommentar, Art. 100 GG Rdnrn. 222 ff.; *ders.* (FN 633), 498.

697 BVerfGE 15, 25, 30 ff.; 23, 288, 316 ff.

698 *Stern*, in: Bonner Kommentar, Art. 100 GG Rdnr. 223.

699 *ebd.*

der Normenverifikation entspräche dem Normzweck von Art. 100 Abs. 2 GG und erweiterte ihn in sinnverwandter Weise, denn die Anwendung von menschenrechtlichen Vertragsbestimmungen setzte ebenfalls die Bestimmung ihres Regelungsinhaltes voraus. Für eine Zusammenlegung der Verfahren mit völkerrechtlichem Bezug spricht ferner die fachliche Spezialisierung eines Senats auf Völkerrechtsfragen. Ebenso wäre eine widerspruchsfreie Stellungnahme zur völkerrechtlichen Rechtsanwendung im nationalen Bereich zu erwarten. Insoweit würde auch die Rechtsprechung des Bundesverfassungsgerichts richtungweisend für die übrigen Gerichte. Von Interesse wäre dabei die Auslegung völkerrechtlicher Regelungen, insbesondere die Frage nach der Akzeptanz völkerrechtlicher Auslegungsmethoden durch die nationale Rechtsanwendung. Die Beschränkung der Normprüfung auf konkrete, zur gerichtlichen Entscheidung anstehende Sachverhalte bedeutete schließlich keine Rechtsschutzverkürzung. Ausgangspunkt der Überlegung war ja gerade die fehlende gerichtliche Kompetenz, innerhalb eines Rechtsstreits Bundesgesetze an Menschenrechtsinstrumenten messen zu können.

Getragen von Zweckmäßigkeitserwägungen kann demnach, korrespondierend mit der Rangerhöhung bestimmter Völkerrechtsverträge, eine Erweiterung des Verfahrens gemäß Art. 100 Abs. 2 GG befürwortet werden.

Eine Ergänzung der Vorschrift könnte folgenden Wortlaut haben:

(1) . . .

(2) Ist in einem Rechtsstreit zweifelhaft, ob eine Regel des Völkerrechts Bestandteil des Bundesrechtes ist und ob sie unmittelbar Rechte und Pflichten für den Einzelnen erzeugt (Artikel 25), so hat das Gericht die Entscheidung des Bundesverfassungsgerichtes einzuholen. *Hält ein Gericht ein Gesetz, auf dessen Gültigkeit es bei der Entscheidung ankommt, für unvereinbar mit einem völkerrechtlichen Vertrag zum Schutze der Menschenrechte und Grundfreiheiten, der dem Bundesrecht vorgeht (Artikel 59 Abs. 2 S. 2), so ist das Verfahren auszusetzen und die Entscheidung des Bundesverfassungsgerichtes einzuholen.*

c) Zu bestimmen ist weiter, welche Rechtsfolgen an eine Vertragswidrigkeit zu knüpfen wären. Grundsätzlich wird bei der Unvereinbarkeit einer niederrangigen mit einer höherrangigen Norm die Nichtigkeit der vorgelegten Norm gemäß §§ 82 Abs. 1, 78 BVerfGG festgestellt.[700] Eine Ausnahme macht das Bundesverfassungsgericht aber bei einem Konflikt eines Gesetzes mit einer allgemeinen Völkerrechtsregel. Die widersprechende staatliche Norm werde verdrängt;[701] sie sei nicht rechtswirk-

---

[700] Ständige Rechtsprechung: BVerfGE 16, 307; 17, 1, 2; 18, 52, 53; s. a. *Maunz*, in: *Maunz / Dürig / Herzog*, Art. 100 GG Rdnr. 26 m. w. Hinw.

[701] BVerfGE 23, 288, 316.

sam[702]. Die allgemeinen Regeln vernichteten nicht entgegenstehendes Recht, sondern sie gingen den Gesetzen vor.[703]

Für die übergesetzesrangigen Völkerrechtsverträge ist zu klären, ob ein widersprechender originär staatlicher Rechtssatz nichtig wäre oder lediglich als rechtsunwirksam aufgehoben werden müßte. Abzustellen ist für die Entscheidung des Bundesverfassungsgerichts auf die Rechtssatzqualität der Norm, die den Prüfungsmaßstab bildet. Während bei den Entscheidungen des Bundesverfassungsgerichts zu Art. 25 S. 2 GG ein Verstoß gegen ungeschriebenes internationales Recht, das einer ständigen Wandlung unterworfen ist, festgestellt wird, läge bei einer Kollision mit einem Menschenrechtsartikel ein Verstoß gegen einen der Form nach geschriebenen Rechtssatz internationalen Ursprungs vor. Diese Formenidentität mit nationalen Gesetzen erfordert eine Gleichbehandlung auch in der Rechtsfolge. Eine Vertragswidrigkeit müßte deshalb entsprechend § 78 BVerfGG die Feststellung der Nichtigkeit des kollidierenden Gesetzes nach sich ziehen. Entsprechende Ergänzungen, welche diese Rechtsfolge anordneten, hätten Eingang in das Bundesverfassungsgerichtsgesetz zu finden.

d) Abschließend bleibt der Einfluß der privilegierten Menschenrechtsinstrumente auf die Entscheidungsfindung des höchsten deutschen Gerichts zu erörtern.

Eine Folge der Einführung von internationalen Prüfungsmaßstäben wird die nicht mehr ausschließlich an nationalen Kriterien ausgerichtete Rechtsfindung sein. Das Bundesverfassungsgericht müßte sich, ebenso wie für den österreichischen Verfassungsgerichtshof aufgezeigt, vor allem mit der Rechtsprechung judizierender internationaler Organe befassen und sie in die nationale Entscheidungsfindung mit aufnehmen. Eine Präjudizierung im Sinne einer vierten Gewalt dürfte jedoch aufgrund der korrespondierenden Regelungsinhalte von nationalen Grundrechten und internationalen Menschenrechten nicht zu erwarten sein.

4. Ergebnis

Somit haben sich die Völkerrechtsverträge, soweit sie Grund- und Freiheitsrechte zum Inhalt haben, als geeignet erwiesen, ebenso wie die allgemeinen Regeln des Völkerrechts in Übergesetzesrang eingestuft zu werden. Nach außen würde der internationalen Rechtsgemeinschaft die Bedeutung dokumentiert, die die Bundesrepublik Deutschland dem internationalen Menschenrechtsschutz beimißt. Wenn auch nicht auf national höchster Stufe stehend, käme durch die Gleichstellung mit den allgemei-

702 BVerfGE 23, 288, 300.

703 BVerfGE 36, 342, 365; a. A. wohl BVerfGE 6, 309, 363; s. a. *Stern*, in: Bonner Kommentar, Art. 100 GG Rdnr. 224 m. w. Nachw.

nen Völkerrechtsregeln zum Ausdruck, daß dem Völkerrecht, entsprechend seiner internationalen Rechtsentwicklung, national der ihm gebührende Rang eingeräumt wird. Als übergesetzesrangiges Recht träten die kodifizierten Menschenrechte innerstaatlich in den Vordergrund, ohne gleichzeitig auch in das Verfassungsgefüge integriert worden zu sein.

Den einfachen Bundesgesetzen vorgeordnet, übten sie weitreichenden Einfluß aus, weil das gesamte nachrangige Recht mit ihnen konform gehen müßte. In Zukunft würde zum Beispiel die EMRK auf das deutsche Strafverfahrensrecht einwirken. Ohne die Ausrichtung der deutschen Rechtsordnung an internationalen Werten und die damit einhergehende Internationalisierung zu unterschätzen, kann wegen der überwiegenden inhaltlichen Parallelität zu den deutschen Grundrechten eine Einordnung der Menschenrechtsverträge in Übergesetzesrang befürwortet werden.

C. Die Ausschaltung der lex posterior-Regel für völkerrechtliche Verträge

I. Der Ausschluß der lex posterior-Regel als weiteres Mittel zur Bestandssicherung völkerrechtlicher Verträge

Eine Alternative zur Rangerhöhung völkerrechtlicher Verträge als Mittel zur Sicherung ihres Bestandes bietet die Beseitigung der lex posterior-Regel durch Aufnahme einer entsprechenden Kollisionsregel in das Grundgesetz.[704] Die Derogation durch ranggleiche spätere Gesetze aufgrund der Vorrangregel als eigentliche Ursache der Bestandsgefährdung wäre dadurch zu verhindern, daß der Verfassungsgesetzgeber diese ungeschriebene Rechtsregel außer Kraft setzt.

1. Der Ausschluß der lex posterior-Regel für sämtliche Völkerrechtsverträge, die gemäß Art. 59 Abs. 2 S. 1 GG der Zustimmung bedürfen

Als geeignetes Mittel zur Bestandssicherung völkerrechtlicher Verträge kommt anstelle der Rangerhöhung einiger privilegierter Völkerrechtsabkommen der Ausschluß der lex posterior-Regel für sämtliche internationalen Verträge in Betracht, die in Form eines Bundesgesetzes Eingang in das deutsche Recht finden. Konnte zuvor eine Rangerhöhung nur für bestimmte Verträge befürwortet werden, eröffnete eine solche Maßnahme allen Völkerrechtsverträgen in Gesetzesform Bestandsschutz.

---

[704] Zwischenbericht der Enquete-Kommission, Fragen der Verfassungsreform, Zur Sache 1/73, 71; s. a. *Ress*, Die EMRK und die Vertragsstaaten, in: Europäischer Menschenrechtsschutz, 273 f.

Jedoch ergibt sich auch an dieser Stelle die Frage nach der Zweckmäßigkeit einer so umfassenden Modifizierung der Kollisionsregel. Hier kann auf die Bedenken Bezug genommen werden, die im Zusammenhang mit der Einordnung aller Verträge in Übergesetzesrang geäußert wurden und die auch für den vollständigen Ausschluß der lex posterior-Regel Beachtung verdienen.[705] Eingewendet wurde, daß die Fortentwicklung des nationalen Rechts eingeschränkt werde. Um diese Rechtsfolge zu vermeiden, könnte sich der Gesetzgeber veranlaßt sehen, nur noch wenigen Völkerrechtsverträgen zuzustimmen oder sich aber Vertragsverpflichtungen durch Kündigung zu entziehen.[706] Wenn auch aus der österreichischen Rechtspraxis eine solche Rechtsentwicklung nicht aufgezeigt werden konnte, bleiben gleichwohl Bedenken bestehen. In zunehmendem Maße regeln völkerrechtliche Verträge Sachverhalte, die bislang ausschließlich der staatlichen Rechtsetzung vorbehalten waren. Eine Hemmung der staatlichen Rechtsentwicklung kann deshalb zumindest nicht ausgeschlossen werden.

Im Vordergrund steht aber auch hier die Frage nach der Notwendigkeit einer solch umfassenden Bestandssicherung. Ausgehend von den eingangs aufgezeigten Kollisionsfällen von nationalen Gesetzen mit Vertragsnormen sollte die lex posterior-Regel nur partiell aufgehoben werden. Die Gefahr der Verletzung von völkerrechtlichen Vertragspflichten durch widersprechendes nationales Gesetzesrecht besteht vorrangig für die Vertragsnormen, die unmittelbar anwendbar sind. Eine gänzliche Aufhebung der lex posterior-Regel ist deshalb nicht geboten.

2. Der Ausschluß der lex posterior-Regel zugunsten völkerrechtlicher Verträge zum Schutze der Menschenrechte und Grundfreiheiten

Die negativen Folgen eines vollständigen Ausschlusses der lex posterior-Regel sind wiederum durch eine sachliche Festschreibung der zu bevorzugenden Vertragsgruppe zu beseitigen. Ebenso wie der Übergesetzesrang für die Menschenrechtsverträge einen wirksamen Bestandsschutz gewährleistete, könnte als alternative Lösung hierzu diese Vertragsgruppe von der lex posterior-Regel ausgenommen werden. In diesem Zusammenhang kann ebenfalls auf die Argumente zugunsten der Menschenrechtsverträge in Übergesetzesrang zurückgegriffen werden. Besonders schutzwürdig sind die Verträge deshalb, weil Normenkonflikte zwischen nationalen Gesetzen und unmittelbar anwendbaren Artikeln die Rechte des einzelnen verringern können. Würde diese Vertragsgruppe in eine grundgesetzliche Kollisionsnorm aufgenommen, bedürften die auch hier

[705] s. S. 122 f.

[706] Zwischenbericht (FN 704), 71.

einschlägigen Abkommen[707] nicht wie bei einer übergesetzesrangigen Einstufung einer qualifizierten Mehrheit des Parlaments. Vielmehr wären diese Verträge von Verfassungs wegen vor späteren ranggleichen Gesetzen geschützt. Somit sprechen auch Praktikabilitätsgründe für die Entscheidung, Menschenrechtskodifikationen der lex posterior-Regel zu entziehen. Die Erweiterung des auch insoweit geeigneten Art. 59 Abs. 2 GG durch einen eingeschobenen Satz 2 könnte folgenden Wortlaut haben:

(1) . . .

(2) Verträge, welche die politischen Beziehungen des Bundes regeln oder sich auf Gegenstände der Bundesgesetzgebung beziehen, bedürfen der Zustimmung oder der Mitwirkung der jeweils für die Bundesgesetzgebung zuständigen Körperschaften in der Form eines Bundesgesetzes. *Völkerrechtliche Verträge zum Schutze der Menschenrechte und Grundfreiheiten, die gemäß Satz 1 innerstaatliche Geltung erlangt haben, können ohne Vertragsänderung nicht durch ein späteres Gesetz von der Rechtsanwendung ausgeschlossen werden.* Für Verwaltungsabkommen gelten die Vorschriften über die Bundesverwaltung entsprechend.

II. Die Auswirkungen der Ausschaltung der lex posterior-Regel zugunsten der internationalen Menschenrechtskodifikationen auf die deutsche Rechtsordnung

1. Keine Änderung bei der unmittelbaren Rechtsanwendung

Abgesehen von der gewünschten Rechtsfolge würde die Einfügung einer verfassungsrechtlichen Kollisionsnorm zugunsten der gesetzesrangigen Menschenrechtsverträge zu keinen Veränderungen bei der Rechtsanwendung führen. Wie schon gegenwärtig könnten die unmittelbar anwendbaren Vertragsartikel von staatlichen Organen als Rechtsgrundlage herangezogen werden, oder der einzelne könnte Rechte aus ihnen ableiten. Ohne daß die geschriebene deutsche Rechtsquellenordnung erweitert werden müßte, wie bei der zuvor erörterten Alternative der übergesetzesrangigen Verträge, könnte der Zugang zu den als Rechtsgrundlage geeigneten Vertragsnormen nachhaltig gesichert werden. Selbst wenn der Gesetzgeber unbeabsichtigt den Menschenrechtsbestimmungen entgegenstehende Gesetze schaffen würde, gingen die internationalen Bestimmungen vor. Die Internationalisierung der deutschen Rechtsordnung in Richtung Menschenrechtsschutz würde bewußt fortgesetzt, ohne daß aus dem Vertragsinhalt für die staatlichen Organe weitergehende Rechtspflichten als gegenwärtig erwüchsen.

---

[707] s. S. 131 ff.

2. *Die Auswirkungen der Ausschaltung der lex posterior-Regel auf die Rechtsprechung*

Ob und wieweit ein späteres nationales Gesetz eine menschenrechtliche Vertragsbestimmung derogiert, bedarf der gerichtlichen Überprüfung. Konnte für die Variante der Bestandssicherung der Menschenrechtsinstrumente in Übergesetzesrang eine erweiterte Zuständigkeit des Bundesverfassungsgerichts über das Verfahren des Art. 100 Abs. 2 GG befürwortet werden, stellt sich nunmehr für die Alternative der gezielten Ausschaltung der lex posterior-Regel die Frage, ob das höchste deutsche Gericht ebenfalls mit der gerichtlichen Kontrolle von Kollisionen betraut werden sollte.

Nach der gegenwärtigen Rechtslage obliegt es jedem Richter, in eigener Kompetenz über eine Kollision zwischen einer lex posterior und einem älteren Gesetz zu entscheiden.[708] Ohne Begründung einer ausdrücklichen Zuständigkeit des Bundesverfassungsgerichts bliebe demnach, auch nach verfassungsrechtlicher Modifizierung der Kollisionsregel, jeder Richter weiterhin berufen, über eine Derogation zu befinden.

a) Für eine Verlagerung der Kompetenz zur Feststellung von bestimmten Normenkonflikten auf Gesetzesebene auf das Bundesverfassungsgericht spricht die Fortführung der Konzentration von Verfahren mit völkerrechtlich tangierten Sachverhalten. Gleichzeitig könnte innerhalb von Normenkontrollverfahren den parallelen Norminhalten von internationalen Menschenrechten und nationalen Grundrechten bei der Entscheidungsfindung Rechnung getragen werden. Außerdem läßt sich der Gesichtspunkt der Rechtssicherheit für die Vorlagepflicht des Richters anführen, wenn er die Überzeugung eines logischen Widerspruchs zwischen einem jüngeren Gesetz und einem menschenrechtlichen Vertragsartikel gewonnen hat. Eine einheitliche Rechtsprechung in diesen völkerrechtlichen Fragen wäre gewährleistet.

b) Diesen Erwägungen steht die Systematik der verfassungsgerichtlichen Zuständigkeiten gegenüber. Aufgabe der Verfassungsgerichtsbarkeit ist vorrangig, Normenkonflikte innerhalb des Stufenbaus der Rechtsordnung zu bereinigen. Kollisionen ranggleichen Rechts werden als nicht so schwerwiegend erachtet, sie der Entscheidung des einfachen Richters zu entziehen. Eine Aufnahme in die verfassungsgerichtliche Zuständigkeit widerspräche der eigentlichen Aufgabe des Bundesverfassungsgerichts. Für die Beibehaltung der gegenwärtigen Rechtslage spricht weiter ein zunehmender Einfluß menschenrechtlicher Normen auf die gesamte nachgeordnete Rechtsprechung. Eine verstärkte Beachtung von allen übrigen staatlichen Organen könnte eine wünschenswerte Folge sein.

---

[708] *Stern*, in: Bonner Kommentar, Art. 100 GG Rdnr. 88.

Des weiteren bliebe jedes Gericht auch in Zukunft berufen, menschenrechtliche Normen auszulegen. Ein Entscheidungsmonopol des Bundesverfassungsgerichts entstünde insoweit nicht.

Allerdings bleibt zu bedenken, daß jedem Richter mit der Anwendung der angeregten verfassungsrechtlichen Kollisionsregel auch die Befugnis zukäme, völkerrechtswidriges Verhalten des Gesetzgebers aufzuzeigen. Erläßt der Gesetzgeber gegenwärtig eine widersprechende lex posterior innerhalb seiner Zuständigkeit, so setzt er sich nicht in Widerspruch zum geltenden Recht. Vielmehr besteht zu seinen Gunsten die Vermutung, daß er den betreffenden Sachverhalt neu bzw. abweichend regeln will. Diese gesetzgeberische Freiheit wäre durch die vorgeschlagene Kollisionsregel eingeschränkt. Wenn auch durch die verfassungsrechtliche Kollisionsregel bei einer widersprechenden lex posterior keine Völkerrechtswidrigkeit entstehen kann, hat sich doch zumindest der Gesetzgeber nicht völkerrechtskonform verhalten. Die Feststellung von bundesrechts- beziehungsweise verfassungswidrigen Rechtsakten des Gesetzgebers ist Aufgabe des Bundesverfassungsgerichts. In dem hier zu erörternden Zusammenhang steht jedoch die Anwendung der Kollisionsregel im Vordergrund und nicht der Nachweis eines rechtswidrigen Verhaltens des Gesetzgebers. Der Richter könnte nicht den jüngeren legislatorischen Akt verwerfen, sondern erklärte ihn im konkreten Fall für nicht anwendbar. Er übernähme somit nicht verfassungsgerichtliche Kompetenzen, sondern er prüfte anhand der ihm vorgegebenen Kollisionsregel die Einschlägigkeit einer Norm für den von ihm zu entscheidenden Sachverhalt. Eine Kompetenzverschiebung zulasten des höchsten deutschen Gerichts fände folglich nicht statt.

Es würde jedoch möglich, daß das Bundesverfassungsgericht über ein Gerichtsurteil zu befinden hätte, das ein Gericht aufgrund der verfassungsrechtlichen Kollisionsnorm gefällt hat. Das Urteil als Prüfungsgegenstand einer Verfassungsbeschwerde bliebe aber nur dann ohne Bestand, wenn die unrichtige Entscheidung einer kollisionsrechtlichen Frage gleichzeitig auch einen Verfassungsverstoß beinhaltete. In einem solchen Verfahren hätte das Bundesverfassungsgericht ein nationales Gesetz an einem menschenrechtlichen Vertrag zu messen, wenn auch nur als Vorfrage zu der Prüfung, ob die gegebenenfalls unrichtige Lösung des Normenkonflikts gleichzeitig einen Grundrechtsverstoß nach sich gezogen hat. Daß internationale Menschenrechtsinstrumente so im Vorfeld der verfassungsgerichtlichen Kontrolle mittelbar zum Prüfungsgegenstand für spätere Gesetze werden könnten, dürfte jedoch die Ausnahme bleiben. Die Systematik der verfassungsgerichtlichen Kontrolle steht einer solchen Prüfung jedenfalls nicht entgegen. Abzustellen ist in diesem Zusammenhang auf die Gesetzesform des Menschenrechtsvertrags. Zusammenfassend sollte deshalb der geltenden gerichtlichen Zuständigkeit der Vorrang eingeräumt werden. Auch der Normenkonflikt mit menschenrechtlichen Vertragsbestimmungen könnte nach Einfügung der zuvor entwickelten Kollisionsregel von jedem Richter entschieden werden. Gegenüber der Möglichkeit, den Bestand der Menschenrechtsinstrumente im deutschen Recht durch Übergesetzesrang zu sichern, böte die partielle Ausschaltung der lex posterior-Regel den Vorzug, keine neue gerichtliche Zuständigkeit begründen zu müssen.

3. *Ergebnis*

Als weiteres Mittel zur Sicherung des Bestandes der Verträge zum Schutze der Menschenrechte und Grundfreiheiten kommt deshalb die Ausschaltung der lex posterior-Regel in Betracht. Der konstante Einfluß dieser Vertragsgruppe auf gleich- und niederrangiges Recht bewirkte eine zusätzliche Ausrichtung an grundrechtlichen Gehalten. Über die EMRK prägte ein europäischer Standard die weitere Rechtsentwicklung mit. Obwohl die schutzwürdigen Verträge keine Rangstärkung erfahren würden, käme ihrer neuen rechtlichen Stellung ähnliche Bedeutung zu wie in einer übergesetzesrangigen Position. Die auslegungssteuernde Wirkung sowie der Anteil an der Festigung des Grundsatzes der Völkerrechtsfreundlichkeit bliebe zwar hinter übergesetzesrangigen Vertragsbestimmungen zurück.

Jedoch liegen die Vorteile dieser zweiten Alternative in der unveränderten Rechtslage zur gerichtlichen Zuständigkeit, Normenkonflikte mit menschenrechtlichen Verträgen zu entscheiden. Zur Erreichung des angestrebten Ziels ist deshalb vornehmlich die Kollisionsnorm geeignet.

D. Ausblick

Obwohl Parallelen zwischen dem österreichischen und dem deutschen Verfassungsrecht bestehen, hat sich zur Erreichung einer umfassenden Bestandsgarantie von völkerrechtlichen Verträgen die österreichische Entscheidung für Staatsverträge in Verfassungsrang als nicht übertragbar erwiesen. Aufgrund von unterschiedlichen rechtlichen Merkmalen, die die zu vergleichenden Verfassungsgesetze im formellen und materiellen Bereich prägen, bleibt eine Übertragung dieser Verfassungsrechtslage ausgeschlossen.

Trotzdem ist die Privilegierung bestimmter Völkerrechtsverträge im Bundes-Verfassungsgesetz richtungweisend für eine Bestandssicherung dieser Völkerrechtsquellen auch im deutschen Recht. Internationale Menschenrechtsverträge als ausgelagertes materielles Verfassungsrecht haben sich im österreichischen und deutschen Recht als vorrangig schutzbedürftig erwiesen.

Zwei Alternativen zur Sicherung von Menschenrechtsabkommen vor späterem deutschen Gesetzesrecht konnten als rechtlich zulässig aufgezeigt werden.

Der Übergesetzesrang für die zu schützende Vertragsgruppe brächte eine Angleichung an die Rangordnung gemäß Art. 25 GG und somit eine einheitliche Stellung internationaler Rechtsquellen innerhalb der deutschen Rechtsordnung mit sich. Während von den allgemeinen Regeln des Völkerrechts nur eine begrenzte Rechtswirkung ausgeht, nähmen die internationalen Menschenrechtsinstrumente einen weitreichenden Einfluß auf das niederrangige deutsche Recht. Als Rechtsgrundlage und als Auslegungsmaxime käme ihnen umfassende Bedeutung zu. Die fortschreitende Internationalisierung des deutschen Rechts wäre die Folge.

Die Bestandssicherung bestimmter völkerrechtlicher Verträge läßt sich jedoch mit der Ausschaltung der lex posterior-Regel in vergleichbarer Weise erreichen. Die Einfügung lediglich einer Vorrangregel in die Verfassung bei weitgehend gleichbleibender Rechtslage tritt damit als geeignetes Mittel für den zu erreichenden Zweck in den Vordergrund. Gegenüber einer Rangerhöhung hat der partielle Ausschluß der lex posterior-Regel den Vorteil, daß die gegenwärtige Normenhierarchie, Art. 25 GG einmal ausgenommen, in ihrer bisherigen Struktur erhalten bliebe. Ohne Notwendigkeit sollte die geltende Rangordnung nicht mit Ausnahmen versehen werden. Wesentlich ist ferner, daß bei der unmittelbaren Rechtsanwendung keine Änderung einträte, der Rechtsadressat sich jedoch bei einem Verstoß des Gesetzgebers gegen die neue verfassungsrechtlich abgesicherte Rangregel weiterhin auf die Rechtsnorm internationalen Ursprungs berufen könnte. Ebenso ist von Bedeutung, daß es wie bisher den dem Bundesverfassungsgericht nachgeordneten Gerichten überlassen bliebe, Kollisionen ranggleichen Rechts zugunsten der kodifizierten Menschenrechtsbestimmungen zu entscheiden. Diese Rechtslage hat sich in der Vergangenheit bewährt und wurde auch von den Gerichten sachgerecht bewältigt, wie das Bemühen zeigte, der internationalen Norm durch Auslegung zur Anwendung zu verhelfen. Schließlich ist noch unter dem Gesichtspunkt der Verhältnismäßigkeit zu beachten, daß lediglich das erforderliche Mittel eingesetzt werden sollte, um das gewünschte Ergebnis zu erreichen. Wie eingangs aufgezeigt wurde, besteht zugunsten des Gesetzgebers die Vermutung zur völkerrechtskonformen Gesetzgebung. Auch aus diesem Grund ist es ausreichend, eine Kollisionsregel zu schaffen. Anstelle einer Rangerhöhung ist deshalb eine Bestandssicherung durch die Ausschaltung der lex posterior-Regel vorzuziehen.

Nach Kenntnis der rechtlichen Konsequenzen bleibt es Aufgabe der politischen Organe, zu entscheiden, in welcher Form in Zukunft die internationalen Menschenrechtsverträge der Verfügung des einfachen Gesetzgebers entzogen werden sollten.

Literaturverzeichnis

Stand: Herbst 1984

Ludwig Adamovich / Hans Spanner: Handbuch des österreichischen Verfassungsrechts, 5. Auflage, Wien 1957

Ludwig K. Adamovich: Handbuch des österreichischen Verfassungsrechts, 6. Auflage, Wien/New York 1971

— Zur Lage des österreichischen Bundesverfassungsrechts, in: JBl., Bd. 97 (1975), 629—639

Ludwig K. Adamovich / Bernd-Christian Funk: Österreichisches Verfassungsrecht, Wien/New York 1982

Gerhard Anschütz / Richard Thoma: Handbuch des deutschen Staatsrechts, Bd. I, Tübingen 1930, Bd. II, Tübingen 1932

Gerhard Anschütz: Die Verfassung des Deutschen Reiches, 14. Auflage, Berlin 1933

Dionisio Anzilotti: Lehrbuch des Völkerrechts, Bd. I, Berlin 1929

Reinhart Bauer: Die niederländische Verfassungsänderung von 1956 betreffend die auswärtige Gewalt, in: ZaöRV, Bd. 18 (1957/58), 137—155

Hermann-Wilfried Bayer: Die Aufhebung völkerrechtlicher Verträge im deutschen parlamentarischen Regierungssystem, Köln/Berlin 1969

Klaus Berchtold: Über die Durchführung von Staatsverträgen durch die Länder, in: JBl., Bd. 89 (1967), 244—252

Walter Berka: Die Europäische Menschenrechtskonvention und die österreichische Grundrechtstradition, in: ÖJZ, Bd. 34 (1979), 365—375 und 428—432

Rudolf Bernhardt: Grundgesetz und völkerrechtliche Verträge, in: *Christian Starck* (Hrsg.), Bundesverfassungsgericht und Grundgesetz, Festgabe aus Anlaß des 25-jährigen Bestehens des Bundesverfassungsgerichts, Bd. II, Tübingen 1976, 154—186

— Internationaler Menschenrechtsschutz und nationaler Gestaltungsspielraum, in: *Rudolf Bernhardt / Wilhelm Karl Geck / Günther Jaenicke / Helmut Steinberger* (Hrsg.), Festschrift für *Hermann Mosler*, Berlin/New York 1983, 75—88

Bruno Binder: Das Völkerrecht im österreichischen Staatsrecht, in: ZaöRV, Bd. 35 (1975), 282—340

Albert Bleckmann: Begriff und Kriterien der unmittelbaren Anwendbarkeit völkerrechtlicher Verträge, Berlin 1970

— Grundgesetz und Völkerrecht, Berlin 1975

— Allgemeine Grundrechtslehren, Berlin 1979

— Die Völkerrechtsfreundlichkeit der deutschen Rechtsordnung, in: DÖV, Bd. 32 (1979), 309—318

Ernst-Wolfgang Böckenförde: Grundrechtstheorie und Grundrechtsinterpretation, in: NJW, Bd. 27 (1974), 1529—1538

Gerhard Boehmer: Der völkerrechtliche Vertrag im deutschen Recht, Köln/Berlin 1965

Dieter Bös: Staatsvertrag und innerstaatliches Recht, in: Berichte und Informationen 1964, 3—6

Brun-Otto Bryde: Verfassungsentwicklung — Stabilität und Dynamik im Verfassungsrecht der Bundesrepublik Deutschland, Baden-Baden 1982

Franz Bydlinski: Der Gleichheitsgrundsatz im österreichischen Privatrecht, 1. ÖJT 1961, Bd. I/1, Österreichischer Juristentag (Hrsg.), Wien 1961

— Juristische Methodenlehre und Rechtsbegriff, Wien 1982

Carl Friedrich Curtius: Die Verfassungsnovelle vom 26. März 1954 und die Schranken der Verfassungsrevision, in: DÖV, Bd. 7 (1954), 705—707

— Völkerrechtliche Schranken der Änderung des Grundgesetzes, in: DÖV, Bd. 8 (1955), 145—146

Jost Delbrück: Die Konvention der Vereinten Nationen zur Beseitigung jeder Form der Diskriminierung der Frau von 1979 im Kontext der Bemühungen um einen völkerrechtlichen Schutz der Menschenrechte, in: *Ingo von Münch* (Hrsg.), Festschrift für *Hans-Jürgen Schlochauer*, Berlin/New York 1981, 247—270

— Menschenrechte im Schnittpunkt zwischen universalem Rechtsschutz und staatlicher Souveränität, in: *Johannes Schwartländer* (Hrsg.), Menschenrechte und Demokratie, Kehl 1981, 11—26

Deutscher Bundestag (Hrsg.), Fragen der Verfassungsreform, Zwischenbericht der Enquete-Kommission des Deutschen Bundestages, Zur Sache 1/73 (zit.: Zwischenbericht der Enquete-Kommission, Fragen der Verfassungsreform, Zur Sache 1/73)

Karl Doehring: Die staatsrechtliche Stellung der Ausländer in der Bundesrepublik Deutschland, in: VVDStRL, Bd. 32 (1974), 7—48

Klaus Berto von Doemming / Rudolf-Werner Füsslein / Werner Matz (Hrsg.): Entstehungsgeschichte der Artikel des Grundgesetzes, in: JöR, Bd. 1 (1951)

Walter Dohr: Art. 8 MRK, in: *Felix Ermacora / Manfred Nowak / Hannes Tretter* (Hrsg.), Die Europäische Menschenrechtskonvention in der Rechtsprechung der österreichischen Höchstgerichte, Wien 1983, 387—424

Rudolf Echterhölter: Die Europäische Menschenrechtskonvention im Rahmen der verfassungsmäßigen Ordnung, in: JZ 1955, 689—693

— Der Internationale Pakt über wirtschaftliche, soziale und kulturelle Rechte, in: BB, Bd. 28 (1973), 1595—1598

Horst Ehmke: Grenzen der Verfassungsänderung, Berlin 1953

— Verfassungsänderung und Verfassungsdurchbrechung, in: AöR, Bd. 79 (1953/54), 385—418

— Noch einmal: Die Verfassungsnovelle vom 26. März 1954, in: DÖV, Bd. 9 (1956), 449—456

Felix Ermacora: Der Staatsvertrag und die österreichische Bundesverfassung, in: JBl., Bd. 77 (1955), 317—321

— Die Menschenrechtskonvention als Bestandteil der österreichischen Rechtsordnung, in: JBl., Bd. 81 (1959), 396—405

— Die Menschenrechte und der Formalismus, in: JBl., Bd 84 (1962), 118—120

— Handbuch der Grundfreiheiten und der Menschenrechte, Wien 1963
— Die vierte Gewalt: Eine regional-supranationale Gewalt zum Schutze der Menschenrechte, in: *Karl Dietrich Bracher / Christopher Donson / Willi Geiger / Rudolf Smend* (Hrsg.), Festschrift für *Gerhard Leibholz*, Tübingen 1966, 673—692
— Quellen zum Österreichischen Verfassungsrecht (1920), Wien 1967
— Österreichische Verfassungslehre, Wien/Stuttgart 1970
— Die UN-Menschenrechtspakte-Bestandteil der österreichischen Rechtsordnung?, in: JBl., Bd. 101 (1979), 191—196
— Zur Entstehung, in: *Herbert Schambeck* (Hrsg.), Das österreichische Bundes-Verfassungsgesetz und seine Entwicklung, Berlin 1980, 3—32
— Die Menschenrechte als Grundnorm des Rechts, in: *Ludwig Adamovich / Peter Pernthaler* (Hrsg.), Festschrift für *Hans R. Klecatsky*, Wien 1980, 151—160
— Verfassungsnovelle 1981 und Staatsgrundgesetznovelle 1982, in: JBl., Bd. 104 (1982), 577—584
— Die österreichische Bundesverfassung und Hans Kelsen, Wien 1982
— Artikel 6 MRK (OGH), in: *Felix Ermacora / Manfred Nowak / Hannes Tretter* (Hrsg.), Die Europäische Menschenrechtskonvention in der Rechtsprechung der österreichischen Höchstgerichte, Wien 1983, 329—363
— Auswirkungen der menschenrechtlichen Rechtsprechung der Straßburger Instanzen auf die österreichische Rechtsordnung, in: *Felix Ermacora / Manfred Nowak / Hannes Tretter* (Hrsg.), Die Europäische Menschenrechtskonvention in der Rechtsprechung der österreichischen Höchstgerichte, Wien 1983, 51—58

Alfred Fadinger: Rechtsschutz gegenüber Beschlüssen internationaler Organe, in: Rechtswissenschaftliche Fakultät der Universität Graz (Hrsg.), Festschrift zur 200-Jahr-Feier der Rechtswissenschaftlichen Fakultät der Universität Graz, Graz 1979, 867—879

Ulrich Fastenrath: Auswärtige Gewalt im offenen Verfassungsstaat, in: *Armin Dittmann / Michael Kilian* (Hrsg.), Kompetenzprobleme der Auswärtigen Gewalt, Tübingen 1982, 1—42

Wilfried Fiedler: Auswärtige Gewalt und Verfassungsgewichtung, in: *Ingo von Münch* (Hrsg.), Festschrift für *Hans-Jürgen Schlochauer*, Berlin/New York 1981, 57—77

Hans Floretta: Die Menschenrechtspakte der Vereinten Nationen, in: *Hans Floretta / Theo Öhlinger* (Hrsg.), Wien 1978, 9—26
— Probleme mit zwei UNO-Pakten, in: Der Staatsbürger 1978, 13—15

Ernst Forsthoff: Die Umbildung des Verfassungsgesetzes, in: *Hans Barion / Ernst Forsthoff / Werner Weber* (Hrsg.), Festschrift für *Carl Schmitt,* Berlin 1959, 35—62

Hanskarl Freund: Einige Bemerkungen zu unmittelbar anwendbaren Verträgen, in: ÖZÖR, Bd. 20 (1970), 105—125

Ernst Friesenhahn: Die Verfassungsgerichtsbarkeit in der Bundesrepublik Deutschland, in: *Hermann Mosler* (Hrsg.), Verfassungsgerichtsbarkeit in der Gegenwart, Länderbericht, Köln/Berlin 1962, 89—197

Georg Froehlich: Staatsrechtliche Eigentümlichkeiten der Österreichischen Bundesverfassung, in: ZfV 1921, 81—85

Bernd-Christian Funk: Der verfahrensfreie Verwaltungsakt — Die „faktische Amshandlung" in Praxis und Lehre, Wien/New York 1975

Bernd-Christian Funk / Monika Gimpel-Hinteregger: Der Schutz der persönlichen Freiheit in Österreich, in: EuGRZ, Bd. 12 (1985), 1—17

Wilhelm Karl Geck: Das Bundesverfassungsgericht und die allgemeinen Regeln des Völkerrechts, in: *Christian Starck* (Hrsg.), Bundesverfassungsgericht und Grundgesetz, Festgabe aus Anlaß des 25-jährigen Bestehens des Bundesverfassungsgerichts, Bd. II, Tübingen 1976, 125—153

Heribert Golsong: Die Beurteilung des Art. 6 der Menschenrechtskonvention durch den Verfassungsgerichtshof, in: JBl, Bd. 83 (1961), 530—531

Heribert Golsong / Herbert Petzold / Hans Peter Furrer: Entscheidungen des Europäischen Gerichtshofes für Menschenrechte, Bd. 1, Köln 1970, Bd. 2, Köln 1972, Bd. 3, Köln 1976

Peter Ernst Goose: Der Internationale Pakt über bürgerliche und politische Rechte, in: NJW, Bd. 27 (1974), 1305—1310

Wilhelm Grewe: Die auswärtige Gewalt der Bundesrepublik, in: VVDStRL Bd. 12 (1954), 129—178

Stefan Griller: Drittwirkung und Fiskalgeltung von Grundrechten, in: ZfV, Bd. 8 (1983), 1—13 und 109—125

Marianne von Grüningen: Die österreichische Verfassungsnovelle über Staatsverträge vom 4. März 1964, in: ZaöRV, Bd. 25 (1965), 76—99

Heinz Guradze: Kann die Verfassungsbeschwerde auf eine Verletzung der Konvention zum Schutze der Menschenrechte gestützt werden?, in: DÖV, Bd. 13 (1960), 286—288

— Die Europäische Menschenrechtskonvention, Berlin/Frankfurt 1968

Peter Häberle: Der kooperative Verfassungsstaat, in: *Friedrich Kaulbach / Werner Krawietz* (Hrsg.), Festschrift für *Helmut Schelsky*, Berlin 1978, 141—177

Ernst C. Hellbling: Die Menschenrechte und Grundfreiheiten, in: ÖJZ, Bd. 15 (1960), 281—286

— Art. 9 B-VG — Einmal einfach gesehen, in: *Max Imboden / Friedrich Koja / René Marcic / Kurt Ringhofer / Robert Walter* (Hrsg.), Festschrift für *Adolf Merkl*, München/Salzburg 1970, 71—98

Roman Herzog: Das Verhältnis der Europäischen Menschenrechtskonvention zu späteren deutschen Gesetzen, in: DÖV, Bd. 12 (1959), 44—47

Thomas Herzog: Das österreichische Heeresdisziplinarrecht im Lichte des Engel-Urteils des Europäischen Gerichtshofes für Menschenrechte, in: EuGRZ, Bd. 5 (1978), 537—542

Konrad Hesse: Grundzüge des Verfassungsrechts der Bundesrepublik Deutschland, 14. Auflage, Heidelberg 1984

Franz Horner: Die sozialen Grundrechte, Salzburg/München 1974

Hans Huber: Das Zusammentreffen der Europäischen Konvention zum Schutze der Menschenrechte und Grundfreiheiten mit den Grundrechten der Verfassungen, in: *Hermann Conrad / Paul Mikat / Hans Carl Nipperdey / Hermann Jahrreiß / Hermann Mosler / Jürgen Salzwedel* (Hrsg.), Gedächtnisschrift für *Hans Peters*, Berlin/Heidelberg/New York 1967, 375—392

Waldemar Hummer: Österreichs „besondere Beziehungen" zur EWG und EGKS in rechtlicher Sicht, in: *Fried Esterbauer / Reinhild Hinterleitner* (Hrsg.), Die Europäischen Gemeinschaften in Österreich, Wien 1977, 25—70

Hans Peter Ipsen: Grundgesetz und richterliche Prüfungszuständigkeit, in: Deutsche Verwaltung 1948/49, 486—492

Josef Isensee: Die staatsrechtliche Stellung des Ausländers in der Bundesrepublik Deutschland, in: VVDStRL, Bd. 32 (1974), 49—106

Erwin Jacobi: Die Diktatur des Reichspräsidenten nach Art. 48 der Reichsverfassung, in: VVDStRL, Bd. 1 (1924), 105—136

Hans D. Jarass: Die Erklärung von Vorbehalten zu völkerrechtlichen Verträgen, in: DÖV, Bd. 28 (1975), 117—124

Hans-Heinrich Jescheck: Die Europäische Konvention zum Schutz der Menschenrechte und Grundfreiheiten, in: NJW, Bd. 7 (1954), 783—786

Erich Kaufmann: Normenkontrollverfahren und völkerrechtliche Verträge, in: *Friedrich August Freiherr von der Heydte* (Hrsg.), Festschrift für *Walter Jellinek*, München 1955, 445—456

Hans Kelsen: Reichsgesetz und Landesgesetz nach österreichischer Verfassung, in: AöR, Bd. 32 (1914), 202—245
— Das Problem der Souveränität und die Theorie des Völkerrechts, Tübingen 1920
— Allgemeine Staatslehre, Berlin 1925
— Wesen und Entwicklung der Staatsgerichtsbarkeit, in: VVDStRL, Bd. 5 (1929), 30—88
— Reine Rechtslehre, 1. Auflage, Leipzig 1934, 2. Auflage, Wien 1960

Hans Kelsen / Georg Froehlich / Adolf Merkl: Die Bundesverfassung vom 1. 10. 1920, 5. Teil, Wien/Leipzig 1922

Andreas Khol: Die Europäische Sozial-Charta und die österreichische Rechtsordnung, in: JBl., Bd. 87 (1965), 75—82
— Internationale Gesetzgebung und staatliche Rechtsanwendung, in: *René Marcic / Hermann Mosler / Erik Suy / Karl Zemanek* (Hrsg.), Festschrift für *Alfred Verdross*, München/Salzburg 1971, 167—196

Hans R. Klecatsky: Die Bundesverfassungsnovelle vom 4. März 1964 über die Staatsverträge, in: JBl., Bd. 86 (1964), 349—358
— Bundes-Verfassungsgesetz und Bundesverfassungsrecht, in: *Herbert Schambeck* (Hrsg.), Das österreichische Bundes-Verfassungsgesetz und seine Entwicklung, Berlin 1980, 83—110

Hans R. Klecatsky / Siegbert Morscher: Das österreichische Bundes-Verfassungsgesetz mit Nebenverfassungsgesetzen, 2. Auflage, Wien 1983

Ulrich Klug: Das Verhältnis zwischen der Europäischen Menschenrechts-Konvention und dem Grundgesetz, in: *Hermann Conrad / Paul Mikat / Hans Carl Nipperdey / Hermann Jahrreiß / Hermann Mosler / Jürgen Salzwedel* (Hrsg.), Gedächtnisschrift für *Hans Peters*, Berlin/Heidelberg/New York 1967, 434—444

Herbert Franz Köck: Das allgemeine Völkerrecht, in: *Herbert Schambeck* (Hrsg.), Das österreichische Bundes-Verfassungsgesetz und seine Entwicklung, Berlin 1980, 739—769

Arnold Koller: Die unmittelbare Anwendbarkeit völkerrechtlicher Verträge und des EWG-Vertrages im innerstaatlichen Bereich, Bern 1971

Kommentar zum Bonner Grundgesetz, Hamburg, Stand: Oktober 1984 (zit.: *Bearbeiter*, in: Bonner Kommentar)

Christian Kopetzki: Neue Aspekte des Art. 6 MRK für Österreich, in: JBl, Bd. 103 (1981), 468—473

— Zur Anwendbarkeit des Art. 6 MRK im (österreichischen) Verwaltungsstrafverfahren, in: ZaöRV, Bd. 42 (1982), 1—57

— Art. 5 und 6 EMRK und das österreichische Verwaltungsverfahrensrecht, in: EuGRZ, Bd. 10 (1983), 173—190

— Art. 5 und 6 MRK (VfGH), in: *Felix Ermacora / Manfred Nowak / Hannes Tretter* (Hrsg.), Die Europäische Menschenrechtskonvention in der Rechtsprechung der österreichischen Höchstgerichte, Wien 1983, 207—300

Karl Korinek / Brigitte Gutknecht: Der Grundrechtsschutz, in: *Herbert Schambeck* (Hrsg.): Das österreichische Bundes-Verfassungsgesetz und seine Entwicklung, Berlin 1980, 291—324

Hans René Laurer: Der Beitritt Österreichs zu internationalen Organisationen als Problem der innerstaatlichen Normerzeugung, in: ÖZÖR, Bd. 20 (1970), 341—372

Gerhard Leibholz: Die Verfassungsdurchbrechung, in: AöR, Bd. 61 (1932), 1—26

Gerhard Leibholz / Hans Justus Rinck: Kommentar zum Bundesverfassungsgerichtsgesetz, Köln 1968

Karl Loewenstein: Erscheinungsformen der Verfassungsänderung, Tübingen 1931

— Kritische Betrachtungen zur Verfassungsänderung vom 27. März 1954, in: DÖV, Bd. 7 (1954), 385—388

Heinz Mayer: Die Kompetenzverschiebungen zwischen Bund und Ländern, in: *Heinz Mayer / Heinz-Peter Rill / Bernd-Christian Funk / Robert Walter* (Hrsg.), Neuerungen im Verfassungsrecht, Wien 1976, 9—28

Arnold Duncan McNair: The Law of Treaties, Oxford 1961

Hermann von Mangoldt / Friedrich Klein: Das Bonner Grundgesetz, Bd. I, 2. Auflage, Berlin/Frankfurt 1957, Bd. II, 2. Auflage, Berlin/Frankfurt 1964, Bd. III, 2. Auflage, München 1974.

Theodor Maunz / Günter Dürig / Roman Herzog: Grundgesetz, Kommentar, Bd. I bis III, München, Stand: Januar 1985 (zit.: *Bearbeiter*, in: *Maunz / Dürig / Herzog)*

Theodor Maunz / Bruno Schmidt-Bleibtreu / Friedrich Klein / Gerhard Ulsamer (Hrsg.), Das Bundesverfassungsgerichtsgesetz, München, Stand: September 1979

Erwin Melichar: Die Entwicklung der Grundrechte in Österreich, 2. ÖJT 1964, Bd. I/2, Österreichischer Juristentag (Hrsg.), Wien 1964

— Der Schutz der Menschenrechte im Verfassungsrecht der Republik Österreich, in: Österreichische Landesreferate zum IX. Internationalen Kongreß für Rechtsvergleichung Teheran 1974, Wien 1974, 121—134

Eberhard Menzel: Die Einwirkung der Europäischen Menschenrechtskonvention auf das deutsche Recht, in: DÖV, Bd. 23 (1970), 509—517

Adolf Julius Merkl: Die Rechtseinheit des österreichischen Staates, in: AöR, Bd. 37 (1918), 56—121

— Prolegomena einer Theorie des rechtlichen Stufenbaus, in: *Alfred Verdross* (Hrsg.), Festschrift für *Hans Kelsen*, Wien 1931, 252—294

Rudolf Aladar Metall: Das allgemeine Völkerrecht und das innerstaatliche Verfassungsrecht, Zur Auslegung des Art. 9 der österreichischen Bundesverfassung, in: ZVR, Bd. 14 (1928), 161—187

Lüder Meyer-Arndt: Rechtsfragen zur Grundgesetzänderung, in: AöR, Bd. 82 (1957), 275—300

Jörg Manfred Mössner: Rechtsvergleichung und Verfassungsrechtsprechung, in: AöR, Bd. 99 (1974), 193—242

Berthold Moser: Die Europäische Menschenrechtskonvention und das bürgerliche Recht, Wien 1972

Hanswerner Müller: Handbuch der Gesetzgebungstechnik, 2. Auflage, Köln/Berlin/Bonn/München 1968

Ingo von Münch: Grundgesetz — Kommentar, Bd. 1, 3. Auflage, München 1985, Bd. 2, 2. Auflage, München 1983, Bd. 3, 2. Auflage, München 1983 (zit.: *Bearbeiter*, in: *v. Münch*)

Heinrich Neisser: Die verfassungsrechtliche Garantie der Kunstfreiheit, in: ÖJZ, Bd. 38 (1983), 1—10

Heinrich Neisser / Manfried Welan: Betrachtungen und Bemerkungen zur Judikatur des VfGH, in: ÖJZ, Bd. 23 (1968), 89—95

Richard Novak: Probleme des Bundesverfassungsgesetzes vom 4. März 1964 über Staatsverträge, in: JBl., Bd. 91 (1969), 307—315

— Erfordernisse für die Zusammensetzung der Landesgrundverkehrsbehörden und der Agrarsenate gemäß Art. 6 Abs. 1 MRK, in: ÖZW 1974, 85—92

— Quasi-Instanzenzüge im österreichischen Recht, in: ZfV, Bd. 1 (1976), 53—63

— Reform oder Ruin der Bundesverfassung, in: Rechtswissenschaftliche Fakultät der Universität Graz (Hrsg.), Festschrift zur 200-Jahr-Feier der Rechtswissenschaftlichen Fakultät der Universität Graz, Graz 1979, 549—560

— Gesetzgebung im Rechtsstaat, in: VVDStRL, Bd. 40 (1982), 40—62

Manfred Nowak: Erfüllt Österreich seine Verpflichtungen nach dem UN-Pakt über bürgerliche und politische Rechte?, in: EuGRZ, Bd. 8 (1981), 513—520

— Allgemeine Bemerkungen zur Europäischen Menschenrechtskonvention aus völkerrechtlicher und innerstaatlicher Sicht, in: *Felix Ermacora / Manfred Nowak / Hannes Tretter* (Hrsg.), Die Europäische Menschenrechtskonvention in der Rechtsprechung der österreichischen Höchstgerichte, Wien 1983, 37—50

— Art. 5 und 6 MRK (VwGH), in: *Felix Ermacora / Manfred Nowak / Hannes Tretter* (Hrsg.), Die Europäische Menschenrechtskonvention in der Rechtsprechung der österreichischen Höchstgerichte, Wien 1983, 301—313

Theo Öhlinger: Europäische Integration und Bundesverfassung, in: JBl., Bd. 90 (1968), 169—184

— Auslegung des öffentlichen Rechts, in: JBl., Bd. 93 (1971), 284—293

— Der völkerrechtliche Vertrag im staatlichen Recht, Wien 1973

— Institutionelle Grundlagen der österreichischen Integrationspolitik in rechtlicher Sicht, in: *Theo Öhlinger / Hans-Manfred Mayrzedt / Gustav Kucera* (Hrsg.), Institutionelle Aspekte der österreichischen Integrationspolitik, Wien 1976, 9—151

— Die Menschenrechtspakte der Vereinten Nationen, in: *Hans Floretta / Theo Öhlinger* (Hrsg.), Wien 1978, 27—70

— Die föderative Verfassung Österreichs, in: DÖV, Bd. 31 (1978), 897—906

— Die Grundrechte in Österreich, in: EuGRZ, Bd. 9 (1982), 216—245
— Soziale Grundrechte, in: *Oswin Martinek* / *Erwin Migsch* / *Walter Schwarz* / *Kurt Ringhofer* / *Michael Schwimann* (Hrsg.), Festschrift für *Hans Floretta*, Wien 1983, 271—288

Willibald Pahr: Die Europäische Menschenrechtskonvention als Beitrag zur Rechtsentwicklung in Österreich, in: Österreichische Richterwoche 1977 (Hrsg.), Verfassung, Verwaltung, Gerichtsbarkeit, Wien 1978, 56—68

Georgios Papadimitriu: Die Stellung der allgemeinen Regeln des Völkerrechts im innerstaatlichen Recht, Berlin 1972

Karl Josef Partsch: Die Anwendung des Völkerrechts im innerstaatlichen Recht, Berichte der Deutschen Gesellschaft für Völkerrecht, Heft 6, Karlsruhe 1964, 13—155 (zit.: *Partsch*, Die Anwendung des Völkerrechts im innerstaatlichen Recht, in: Bericht DGV 6 (1964))
— Die Rechte und Freiheiten der europäischen Menschenrechtskonvention, in: *Karl August Bettermann* / *Franz L. Neumann* / *Hans Carl Nipperdey* (Hrsg.), Die Grundrechte, Bd. I/1, Berlin 1966, 235—492 (zit.: *Partsch*, Die Rechte und Freiheiten der EMRK, in: Die Grundrechte, Bd. I/1)
— Die Konvention zur Beseitigung der Rassendiskriminierung, in: VN 1971, 1—8
— Bekämpfung der rassischen Diskriminierung im Rahmen des Schutzes der Menschenrechte, in: *Ulrich Scheuner* / *Beate Lindemann* (Hrsg.), Die Vereinten Nationen und die Mitarbeit der Bundesrepublik Deutschland, Wien 1973, 109—152
— Stichwort: Menschenrechte, in: *Rüdiger Wolfrum* / *Norbert J. Prill* / *Jens A. Brückner* (Hrsg.), Handbuch Vereinte Nationen, München 1976, 278—283
— Freedom of Conscience and Expression, and Political Freedoms, in: *Louis Henkin* (Hrsg.), The International Bill of Rights, New York 1981, 209—245

Peter Pernthaler: Die Grundrechtsreform in Österreich, in: AöR, Bd. 94 (1969), 31—84
— Die Kollegialbehörden mit richterlichem Einschlag, Wien 1977
— Zur verfassungsrechtlichen Verankerung von Ehe und Familie in der österreichischen Rechtsordnung, in: *Ludwig Adamovich* / *Peter Pernthaler* (Hrsg.), Festschrift für *Hans R. Klecatsky*, Wien 1980, 743—758

Helfried Pfeifer: Der Verfassungsgerichtshof zu Art. 6 der Menschenrechtskonvention, in: JBl., Bd. 83 (1961), 527—530
— Die parlamentarische Genehmigung von Staatsverträgen in Österreich, in: ÖZÖR, Bd. 12 (1962/63), 1—70

Wolfgang Pigorsch: Die Einordnung völkerrechtlicher Normen in das Recht der Bundesrepublik Deutschland, Hamburg 1959

Georg Posch: Regierungsübereinkommen — Ressortübereinkommen — Verwaltungsübereinkommen, in: ÖZÖR(V), Bd. 34 (1983/84), 201—215

Karl Preslmayr: Vergleichende Werbung und Äußerungsfreiheit gemäß Art. 10 EMRK, in: EuGRZ, Bd. 12 (1985), 221—224

Reinhard Rack: Die unvollendete Reform — einige Gedanken zur verfassungsrechtlichen Neuregelung der Stellung des Völkerrechts im österreichischen Staatsrecht, in: Rechtswissenschaftliche Fakultät der Universität Graz (Hrsg.), Festschrift zur 200-Jahr-Feier der Rechtswissenschaftlichen Fakultät der Universität Graz, Graz 1979, 835—847
— Das Völkerrecht im staatlichen Recht, Wien 1979

Albrecht Randelzhofer: Der Einfluß des Völker- und Europarechts auf das deutsche Ausländerrecht, Berlin 1980

Gerhard Hans Reichel: Die auswärtige Gewalt nach dem Grundgesetz für die Bundesrepublik Deutschland vom 23. Mai 1949, Berlin 1967

Georg Ress: Der Rang völkerrechtlicher Verträge nach französischem Verfassungsrecht, in: ZaöRV, Bd. 35 (1975), 445—501

— Die Europäische Menschenrechtskonvention und die Vertragsstaaten: Die Wirkungen der Urteile des Europäischen Gerichtshofes für Menschenrechte im innerstaatlichen Recht und vor innerstaatlichen Gerichten, in: *Irene Maier* (Hrsg.), Europäischer Menschenrechtsschutz, Heidelberg 1982, 227—287 (zit.: *Ress*, Die EMRK und die Vertragsstaaten, in: Europäischer Menschenrechtsschutz)

— Wechselwirkungen zwischen Völkerrecht und Verfassung bei der Auslegung völkerrechtlicher Verträge, in: Berichte der Deutschen Gesellschaft für Völkerrecht, Heft 23 (1982), 7—52 (zit.: *Ress*, Wechselwirkungen zwischen Völkerrecht und Verfassung bei der Auslegung völkerrechtlicher Verträge, in: Bericht DGV 23 (1982))

Heinz Peter Rill: Der Rang der allgemein anerkannten Regeln des Völkerrechts in der österreichischen Rechtsordnung, in: ÖZÖR, Bd. 10 (1959/60), 439—451

Kurt Ringhofer: Grenzen der Verfassungsgesetzgebung, in: Salzburger Symposium 1980 (Hrsg.), 60 Jahre Bundesverfassung, Salzburg 1980, 53—57

— Über Grundrechte und deren Durchsetzung im innerstaatlichen Recht, in: Universität Salzburg (Hrsg.), Festschrift für *Carl Hellbling*, Berlin 1981, 355—370

— Genehmigungsbedürftige, insbesondere „verfassungsergänzende" Staatsverträge, in: *Oswin Martinek* / *Erwin Migsch* / *Walter Schwarz* / *Kurt Ringhofer* / *Michael Schwimann* (Hrsg.), Festschrift für *Hans Floretta*, Wien 1983, 80—107

Stefan Rosenmayr: Art. 3 MRK, in: *Felix Ermacora* / *Manfred Nowak* / *Hannes Tretter* (Hrsg.), Die Europäische Menschenrechtskonvention in der Rechtsprechung der österreichischen Höchstgerichte, Wien 1983, 139—181

Wilhelm Rosenzweig: Die Entwicklung der Grundrechte in Österreich, 2. ÖJT 1964, Bd. II/2, Österreichischer Juristentag (Hrsg.), Wien 1964

— Bedeutung der Grundrechte in Österreich, in: EuGRZ, Bd. 5 (1978), 467—474.

Manfred Rotter: Die Staatsverträge, in: *Herbert Schambeck* (Hrsg.), Das österreichische Bundes-Verfassungsgesetz und seine Entwicklung, Berlin 1980, 771—798

Walter Rudolf: Völkerrecht und deutsches Recht, Tübingen 1967

Hans G. Rupp: Die Überprüfung völkerrechtlicher Verträge durch das Bundesverfassungsgericht, in: EuGRZ, Bd. 1 (1974), 96—101

Andreas Saxer: Bestand der Grundrechte in Österreich, in: EuGRZ, Bd. 5 (1978), 462—467

Oscar Schachter: The Obligation to Implement the Covenant in Domestic Law, in: *Louis Henkin* (Hrsg.), The International Bill of Rights, New York 1981, 311—331

Heinz Schäffer: Verfassungsinterpretation in Österreich, Wien 1971

— Rechtsquellen und Rechtsanwendung, 5. ÖJT 1973, Bd. I/1 B, Österreichischer Juristentag (Hrsg.), Wien 1973

— Die Interpretation, in: *Herbert Schambeck* (Hrsg.), Das österreichische Bundes-Verfassungsgesetz und seine Entwicklung, Berlin 1980, 57—81

Herbert Schambeck: Grundrechte und Sozialordnung — Gedanken zur Europäischen Sozialcharta, Berlin 1969

— Der Verfassungsbegriff und seine Entwicklung, in: *Adolf Merkl / Alfred Verdross / René Marcic / Robert Walter* (Hrsg.), Festschrift für *Hans Kelsen*, Wien 1971, 211—241

— Zur Gegenwartslage des österreichischen Föderalismus, in: ÖJZ, Bd. 34 (1979), 477—482

— Möglichkeiten und Grenzen der Verfassungsinterpretation in Österreich, in: JBl., Bd. 102 (1980), 225—236.

Gernot Schantl / Manfried Welan: Betrachtungen über die Judikatur des Verfassungsgerichtshofs zur Menschenrechtskonvention, in: ÖJZ, Bd. 25 (1970), 647—655

Ulrich Scheuner: Der Grundrechtsschutz in der Europäischen Gemeinschaft und die Verfassungsrechtsprechung, in: AöR, Bd. 100 (1978), 30—52

— Verfassungsgerichtsbarkeit und Gesetzgebung, in: DÖV, Bd. 33 (1980), 473—480

— Die Fortbildung der Grundrechte in internationalen Konventionen durch die Rechtsprechung, in: *Ingo von Münch* (Hrsg.), Festschrift für *Hans-Jürgen Schlochauer*, Berlin 1981, 899—926

Dietrich Schindler: Wechselwirkungen zwischen der inneren Struktur der Staaten und der internationalen Ordnung, in: *Georg Müller / René Rhinow / Gerhard Schmid / Luzius Wildhaber* (Hrsg.), Festschrift für *Kurt Eichenberger*, Basel 1982, 71—80

Bruno Schmidt-Bleibtreu / Franz Klein: Kommentar zum Grundgesetz für die Bundesrepublik Deutschland, 6. Auflage, Neuwied/Darmstadt 1983

Carl Schmitt: Freiheitsrechte und institutionelle Garantien (1931), in: Verfassungsrechtliche Aufsätze aus den Jahren 1924 bis 1954, 2. Auflage, Berlin 1973, 140—173

Hans Schneider: Gesetzgebung, Heidelberg 1982

Hubert Schorn: Die Europäische Konvention zum Schutz der Menschenrechte und Grundfreiheiten, Frankfurt 1965

Christoph Schreuer: Beschlüsse internationaler Organe im österreichischen Staatsrecht, in: ZaöRV, Bd. 37 (1977), 468—503

— Der neue Art. 9 Abs. 2 der österreichischen Bundesverfassung: Übertragung von Hoheitsrechten auf internationale und ausländische Organe, in: ZaöRV, Bd. 42 (1982), 93—99

Helga Seibert: Europäische Menschenrechtskonvention und Bundesverfassungsgericht, in: *Hans-Jochen Vogel / Helmut Simon / Adalbert Podlech* (Hrsg.), Festschrift für *Burkhard Hirsch*, Baden-Baden 1981, 519—528

Ignaz Seidl-Hohenveldern: International Law and Internal Law in Austria, in: AJIL, Bd. 49 (1955), 451—476

— Die Übertragung von Hoheitsrechten nach österreichischem und deutschem Verfassungsrecht, in: *Bodo Börner / Hermann Jahrreiß / Klaus Stern* (Hrsg.), Festschrift für *Karl Carstens*, Köln/Berlin/Bonn/München 1984, 497—505

Michael Silagi: Die allgemeinen Regeln des Völkerrechts als Bezugsgegenstand in Art. 25 GG und Art. 26 EMRK, in: EuGRZ, Bd. 7 (1980), 632—635

Giuseppe Sperduti: Le principe de souveraineté et le problème des rapports entre le droit international et le droit interne, in: Recueil des Cours, Bd. 153 (1976 V), 319—411

Gerhard Stadler: Internationale Einflüsse auf die österreichische Grundrechtsordnung, in: EuGRZ, Bd. 9 (1982), 210—215

Klaus Stern: Das Staatsrecht der Bundesrepublik Deutschland, Bd. I, 2. Auflage, München 1984, Bd. II, München 1980

Hans A. Stöcker: Wirkungen der Urteile des Europäischen Gerichtshofs für Menschenrechte in der Bundesrepublik Deutschland, in: NJW, Bd. 35 (1982), 1905—1909

Helmut Strebel: Vergleichung und vergleichende Methode im öffentlichen Recht, in: ZaöRV, Bd. 24 (1964), 405—430

Theodor Tomandl: Der Einbau sozialer Grundrechte in das positive Recht, Tübingen 1967

Christian Tomuschat: Der Verfassungsstaat im Geflecht der internationalen Beziehungen, in: VVDStRL, Bd. 36 (1977), 7—63

— Die Bundesrepublik Deutschland und die Menschenrechtspakte der Vereinten Nationen, in: VN 1978, 1—10

Hanns Tretter: Artikel 1-4 4. ZP, in: *Felix Ermacora / Manfred Nowak / Hannes Tretter* (Hrsg.), Die Europäische Menschenrechtskonvention in der Rechtsprechung der österreichischen Höchstgerichte, Wien 1983, 659—687

— Übersicht zur Rechtsprechung der Höchstgerichte, in: *Felix Ermacora / Manfred Nowak / Hannes Tretter* (Hrsg.), Die Europäische Menschenrechtskonvention in der Rechtsprechung der österreichischen Höchstgerichte, Wien 1983, 59—82

Heinrich Triepel: Völkerrecht und Landesrecht, Leipzig 1899

Karl Vasak: Was bedeutet die Aussage, ein Staatsvertrag sei „self-executing"?, in: JBl., Bd. 83 (1961), 621—622

Alfred Verdross: Zur Konstruktion des Völkerrechts, in: ZVR, Bd. 8 (1914), 329—359

— Das Verhältnis der verfassungsmäßigen Staatsverträge zum österreichischen Gesetzesrecht, insbesondere zum Strafrecht, in: JBl., Bd. 46 (1917), 541—543

— Die völkerrechtliche Kriegshandlung und der Strafanspruch der Staaten, Berlin 1920

— Die Einheit des rechtlichen Weltbildes auf Grundlage der Völkerrechtsverfassung, Tübingen 1923

— Völkerrecht, 5. Auflage, Wien 1964

Alfred Verdross / Bruno Simma: Universelles Völkerrecht, 2. Auflage, Berlin 1976

Paul de Visscher: Cours Général de droit international public, in: Recueil des Cours, Bd. 136 (1972 II), 1—43

Klaus Vogel: Die Verfassungsentscheidung des Grundgesetzes für eine internationale Zusammenarbeit, Tübingen 1964

Theo Vogler: Das Recht auf unentgeltliche Beiziehung eines Dolmetschers (Art. 6 Abs. 3 Buchstabe e EMRK), in: EuGRZ, Bd. 6 (1979), 640—647

Rainer Wahl: Der Vorrang der Verfassung, in: Der Staat, Bd. 20 (1981), 485—516

Hannfried Walter: Die Europäische Menschenrechtsordnung, Köln/Berlin 1970

Robert Walter: Die Neuregelung der Transformation völkerrechtlicher Verträge im österreichischen Recht, in: ÖJZ, Bd. 19 (1964), 449—454

— Der Stufenbau nach der derogatorischen Kraft im österreichischen Recht, in: ÖJZ, Bd. 20 (1965), 169—174

— Österreichisches Bundesverfassungsgesetz, Wien 1972

— Der Aufbau der Rechtsordnung, 2. Auflage, Wien 1974

— Grundrechtsverständnis und Normenkontrolle in Österreich, in: *Klaus Vogel* (Hrsg.), Grundrechtsverständnis und Normenkontrolle, Wien/New York 1979, 1—23

Robert Walter / Heinz Mayer: Grundriß des österreichischen Verfassungsrechts, 4. Auflage, Wien 1982

Robert Walter / Heinz Mayer / Gabriele Stadlmayer: Wie soll der allgemeine Teil des Verwaltungsstrafrechts gestaltet werden?, 7. ÖJT 1979, Bd. II/5, Österreichischer Juristentag (Hrsg.), Wien 1979, 5—79

Gustav Adolf Walz: Völkerrecht und staatliches Recht, Stuttgart 1933

Siegfried Weiß: Auswärtige Gewalt und Gewaltenteilung, Berlin 1971

Manfried Welan: Die Lehre von der Gewaltentrennung und das Bundes-Verfassungsgesetz, in: ÖJZ, Bd. 25 (1970), 449—453

— Die Gewaltenteilung, in: *Herbert Schambeck* (Hrsg.), Das österreichische Bundes-Verfassungsgesetz und seine Entwicklung, Berlin 1980, 481—508

Wilhelm Wengler: Völkerrecht, Bd. I, Berlin/Göttingen/Heidelberg 1964

— Die Unanwendbarkeit der Europäischen Sozial-Charta im Staat, Bad Homburg v. d. H./Berlin/Zürich 1969

Gerhart Wielinger: Gesamtreform der Bundesverfassung — Gesamtreform des Verfassungsverständnisses, in: Rechtswissenschaftliche Fakultät der Universität Graz (Hrsg.), Festschrift zur 200-Jahr-Feier der Rechtswissenschaftlichen Fakultät der Universität Graz, Graz 1979, 561—580

Luzius Wildhaber: Menschenrechte — Föderalismus — Demokratie und die verfassungsrechtliche Verankerung der Außenpolitik, in: *Ulrich Häfelin / Walter Haller / Dietrich Schindler* (Hrsg.), Festschrift für *Werner Kägi*, Zürich 1979, 423—441

Norbert Wimmer: Materiales Verfassungsverständnis, Wien/NewYork 1971

Günther Winkler: Der Verfassungsrang von Staatsverträgen, in: ÖZÖR, Bd. 10 (1959/60), 514—539

— Zur Frage der unmittelbaren Anwendbarkeit von Staatsverträgen, in: JBl., Bd. 83 (1961), 8—15

— Das österreichische Konzept der Gewaltentrennung in Recht und Wirklichkeit, in: Der Staat, Bd. 6 (1967), 293—326

Christian Zeileissen: Die unmittelbare Anwendung von Staatsverträgen in Österreich, in: ÖZÖR, Bd. 21 (1971), 317—345

Franz-Joseph Zeitler: Verfassungsgericht und völkerrechtliche Verträge, Berlin 1974

Manfred Zuleeg: Der Internationale Pakt über wirtschaftliche, soziale und kulturelle Rechte, in: RdA, Bd. 27 (1974), 321—332

— Die innerstaatliche Anwendbarkeit völkerrechtlicher Verträge am Beispiel des GATT und der europäischen Sozialcharta, in: ZaöRV, Bd. 35 (1975), 341—363

Konrad Zweigert: Stichwort: Rechtsvergleichung, in: *Karl Strupp / Hans-Jürgen Schlochauer* (Hrsg.), Wörterbuch des Völkerrechts, 3. Bd., Darmstadt 1978, 79—82

Konrad Zweigert / Hein Kötz: Einführung in die Rechtsvergleichung auf dem Gebiete des Privatrechts, Bd. I, Grundlagen, 2. Auflage, Tübingen 1984

FSC
www.fsc.org
MIX
Papier | Fördert gute Waldnutzung
FSC® C083411

Kolibri 360 GmbH
Ferdinand-Jühlke-Straße 7
99095 Erfurt, Deutschland
produktsicherheit@kolibri360.de

Druck:
CPI Druckdienstleistungen GmbH
im Auftrag der
Kolibri 360 GmbH
Ferdinand-Jühlke-Str. 7
99095 Erfurt